Progetto grafico di copertina: Adria Villa
Progetto grafico, impaginazione e redazione:
Pier Paolo Puxeddu+Francesca Vitale studio associato
Testi: Michele Lauro

Referenze fotografiche
Fotolia: pp. 8-9 ©photlook; pp. 36-37 ©Katrina Brown; p. 55 alto ©Elisa Locci;
p. 115 basso ©npologuy; pp. 162-163 © Horticulture; pp. 194-195 ©Stefano Viola;
pp. 222-223 (automobile) ©claudio; pp. 238-239 ©Anterovium.
Nasa: p. 44 alto; p. 56 basso; p. 217 basso
Dove non altrimenti indicato, le immagini appartengono all'Archivio Giunti.
L'editore si dichiara disponibile a regolare le eventuali spettanze
per quelle immagini di cui non sia stato possibile reperire la fonte.

I disegni del ragazzino e della ragazzina che accompagnano le domande
sono di Simone Massoni

www.giunti.it

© 2010, 2017 Giunti Editore S.p.A.
Via Bolognese, 165 - 50139 Firenze - Italia
Piazza Virgilio, 4 - 20123 Milano - Italia
Prima edizione: settembre 2001

Stampato presso Lito Terrazzi srl, stabilimento di Iolo

il grande libro dei PERCHÉ

GIUNTI

INDICE

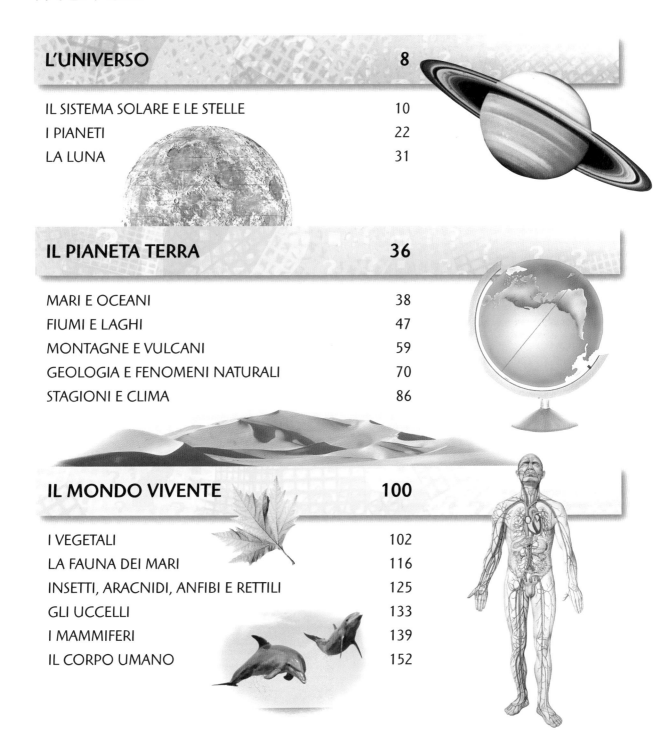

POPOLI E CIVILTÀ 162

LUOGHI E CITTÀ 194

SCOPERTE E INVENZIONI 222

COMUNICAZIONE E INFORMATICA 238

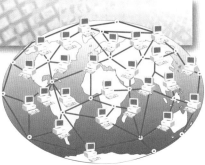

L'UNIVERSO

IL nostro Sistema Solare è nato 4 miliardi e mezzo di anni fa da una vasta nube di gas e polveri in rotazione su se stessa, la nebulosa primordiale. Sotto l'effetto di una perturbazione, forse l'esplosione di una vicina stella, la rotazione subì un'accelerazione e la nube collassò sotto il proprio peso, appiattendosi sotto l'azione della forza centrifuga. Grani di polveri e gas formarono un disco spesso, all'interno del quale la pressione e la temperatura favorirono l'accensione della nostra stella, il Sole. Tutt'intorno si organizzava la materia, sotto l'effetto della gravità, le polveri si agglomeravano formando dei "planetoidi" di alcune centinaia di metri, che a loro volta si aggregavano tra di loro. Dopo un centinaio di milioni di anni si formarono gli attuali pianeti. Sembra incredibile ma tutto forse cominciò così…

IL SISTEMA SOLARE E LE STELLE

PERCHÉ NON È POSSIBILE OSSERVARE TUTTO L'UNIVERSO?

Indipendentemente dalla potenza degli strumenti utilizzati, non tutto l'universo è accessibile alle osservazioni degli astronomi.

Per esempio, una galassia distante 10 miliardi di **anni luce** possiamo osservarla soltanto com'era 10 miliardi di anni fa, ma non com'era, poniamo, 8 miliardi di anni fa: la luce che essa ha emesso in quel momento ci arriverà infatti solamente tra 2 miliardi di anni.

Ciò significa che in ogni istante ci sono settori dello spazio e del tempo a noi inaccessibili, così come parte del passato del nostro pianeta è inaccessibile a galassie lontane.

Il cosiddetto "**orizzonte cosmologico**" definisce quel settore dello spazio-tempo accessibile alla nostra osservazione.

La nebulosa di Orione, simile a una nube di gas e, qui sotto, un'antica raffigurazione del Sole.

PERCHÉ GLI ASTRONOMI MISURANO LA DISTANZA IN ANNI-LUCE?

Dovendo fare i conti con distanze enormi e misurabili soltanto mediante sofisticati calcoli, gli studiosi hanno introdotto una particolare unità di misura per le distanze nello spazio: l'anno-luce.

Un **anno-luce** corrisponde alla distanza percorsa da un oggetto a una velocità uguale a quella della luce nel vuoto (300.000 chilometri al secondo) in un anno, cioè per 365 giorni, 5 ore, 48 minuti e 46 secondi. L'anno-luce equivale a circa **9.460 miliardi di chilometri**.

PERCHÉ POTREMMO NON ESSERE SOLI NELL'UNIVERSO?

Nella nostra galassia vi sono circa 100 miliardi di stelle e potrebbero esserci milioni di sistemi di pianeti.

Le **stelle simili al Sole** sono numerosissime e in teoria è possibile che esistano pianeti con caratteristiche fisiche non troppo differenti da quelle della Terra.

Quindi non si può escludere a priori la possibilità dell'esistenza di forme di vita intelligente in qualche parte della nostra galassia.

da altri gas come **ossigeno** e **azoto**), il Sole produce enormi quantità di luce e calore.

All'interno del suo nucleo la temperatura è di circa **20 milioni di gradi** e ogni secondo emette tanta energia nello spazio quanta ne produrrebbero circa 10 miliardi di potenti centrali elettriche.

Tale emissione di energia è prodotta da un processo chiamato "**fusione nucleare**", grazie al quale il Sole continua a splendere da migliaia di milioni di anni e, secondo le previsioni, continuerà a irradiare luce e calore per un periodo altrettanto lungo.

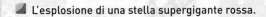 La superficie della nostra stella, il Sole, non è regolare ma presenta macchie e protuberanze.

PERCHÉ IL SOLE CONTINUA A RISPLENDERE?

Il Sole è il corpo principale e centrale del Sistema Solare: attorno a esso ruotano numerosi corpi celesti, fra cui pianeti e satelliti, e quindi anche la Terra. Formato per oltre il 90% da atomi di **idrogeno** (per il 9% da **elio** e per l'1%

PERCHÉ NON SI DEVE MAI GUARDARE DIRETTAMENTE IL SOLE?

Le temperature all'interno del Sole sono elevatissime. Il nostro astro emette delle forti **radiazioni termiche** che, se lo si guardasse senza adeguati schermi protettivi, finirebbero per distruggere la retina dell'occhio. Bisogna prestare attenzione soprattutto in occasione

CULTURA

COME HA AVUTO ORIGINE L'UNIVERSO?

Secondo una teoria oggi largamente accettata, l'universo si sarebbe formato 10 o 12 miliardi di anni fa in seguito a un'enorme esplosione, il Big Bang, la cui origine non è però ancora chiarita, anche se molte sono le ipotesi avanzate. Alcuni studiosi pensano che inizialmente l'universo fosse concentrato in un volume più piccolo di un atomo, con una densità pressoché infinita e a una temperatura di miliardi di gradi. Come una sorta di nucleo primordiale di energia esso si sarebbe squarciato con un'esplosione immane, aumentando il suo volume di miliardi e miliardi di volte. Quando scese la temperatura, dopo circa 300.000 anni, gli elettroni furono catturati dai nuclei e si formò un gas costituito da idrogeno e in piccola parte da elio, che poi avrebbe dato vita alle nebulose, alle galassie, alle stelle e al nostro Sistema Solare.

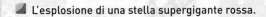 L'esplosione di una stella supergigante rossa.

delle eclissi: anche se il Sole è totalmente o parzialmente oscurato, le sue radiazioni continuano a essere pericolose.

Meglio servirsi di **schermi protettivi**, oppure far riflettere l'immagine, tramite un binocolo o un telescopio, su un foglio di carta.

PERCHÉ IL SOLE HA UNA CORONA?

Il Sole è composto da un nucleo interno e dalla corona, lo **strato più esterno**. La corona è formata da atomi di idrogeno, azoto, ossigeno, ferro e altri elementi, a una temperatura che raggiunge 1 milione di gradi.

La luminosità del Sole impedisce di osservare la corona, che si può invece distinguere durante le eclissi totali, con speciali apparecchi detti coronografi.

La corona appare allora come un'**aureola bianco-perlacea** che si estende sul bordo del disco solare.

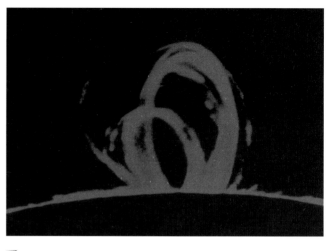
Una protuberanza solare eruttiva.

PERCHÉ IL SOLE PRESENTA MACCHIE E PROTUBERANZE?

Le cosiddette macchie solari sono delle chiazze scure che appaiono sul Sole, seppure per pochi istanti. Lungi dall'essere scure, sono semplicemente meno luminose e più fredde (solo 4000 gradi!) rispetto alla superficie del disco solare, per cui appaiono scure.

Le protuberanze solari, invece, sono imponenti **getti di gas** incandescente che si innalzano dalla superficie del Sole. In genere durano qualche ora o pochi giorni, poi le masse di gas vengono riassorbite.

Il fenomeno è osservabile in particolare durante le eclissi, mentre in condizioni normali, essendo **meno luminose della fotosfera** (la superficie luminosa del Sole e delle stelle), le protuberanze si possono vedere solo con l'ausilio di particolari strumenti.

Una macchia solare e, qui sotto, una protuberanza solare eruttiva in dettaglio. Nella pagina a fronte, una raffigurazione approssimativa delle proporzioni della Terra rispetto a quelle del Sole.

PERCHÉ IL SOLE CAMBIA COLORE?

L'atmosfera terrestre si comporta come un filtro rosso pallido che rende lievemente rossastra tutta la luce che proviene dallo spazio.

La luce bianca solare è in realtà una miscela di tutti i colori, ma gli **strati dell'atmosfera** che attraversa la diffondono in modi differenti. A seconda di quando lo osserviamo, il Sole presenta dunque un aspetto diverso.

Quando è alto nel cielo, lo vediamo attraverso uno strato di atmosfera relativamente sottile di circa 300 chilometri. In questo caso solo parte della luce blu viene dispersa, rendendo il cielo azzurro e il Sole giallo.

All'alba e al tramonto invece, quando il Sole è più vicino all'orizzonte, lo schermo d'aria attraverso cui passa la luce è molto più spesso, così lo **spettro solare** risulta assai più impoverito delle sue componenti azzurre e viola e il Sole ci appare rossastro.

PERCHÉ LA LUCE DEL SOLE È VISIBILE ANCHE DOPO IL TRAMONTO E PRIMA DELL'ALBA?

Alla debole luce che illumina il cielo poco prima dell'alba e subito dopo il tramonto si dà il nome di crepuscolo. Il fenomeno è dovuto alla **rifrazione** e alla **diffusione** della luce solare che attraversa gli strati superiori dell'atmosfera quando il Sole è al di sotto dell'orizzonte.

Quanto è grande il Sole?

Il diametro del Sole (1.392.000 chilometri) è circa 100 volte più grande di quello della Terra. Ciò significa che nel Sole potrebbero trovar posto un milione di Terre, oppure che, se il Sole fosse grande come un pallone, la Terra assomiglierebbe a una minuscola pallina, non più grande di un granello di polvere.

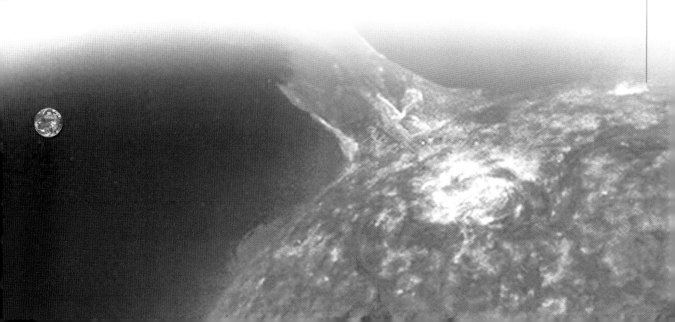

◉ PERCHÉ SI VERIFICANO LE ECLISSI DI SOLE?

Il diametro della Luna è 400 volte più piccolo di quello del Sole, ma la Luna è 400 volte più vicina alla Terra, perciò essa appare più o meno della stessa dimensione del Sole.

In alcuni periodi dell'anno la Luna passa davanti al disco solare e lo oscura alla nostra vista: si ha così un'eclissi di Sole. Il diametro dell'**ombra proiettata** dalla Luna sulla Terra entro cui si può osservare un'eclissi totale è largo al massimo qualche centinaio di chilometri.

La striscia della Terra in completa ombra si dice interessata da un'**eclissi totale**; gran parte del resto della Terra rimane in penombra e si ha così un'**eclissi parziale**. In genere si hanno due o tre eclissi di Sole all'anno.

La durata di un'eclissi, che dipende dal rapporto dei diametri apparenti di Luna e Sole, va da frazioni di secondo a poco più di 7 minuti.

◢ La corona solare durante un'eclissi totale.

In media, un'eclissi totale si vede da uno stesso punto **ogni 350 anni**.

L'ultima eclissi totale di Sole che ha interessato l'Europa occidentale (compresa l'Italia settentrionale) si è verificata nell'agosto 1999.

CULTURA

PERCHÉ NELL'ANTICHITÀ IL SOLE ERA CONSIDERATO "DIVINO"?

I popoli antichi erano affascinati dal Sole, considerato simbolo di fecondità e di vita, di energia, sovranità e potenza creatrice, e spesso lo ritennero una divinità suprema. Presso gli antichi Egizi, il culto del Sole era alla base delle pratiche religiose e l'astro, personificato dal dio Ra, assumeva diversi aspetti legati alla antica concezione astronomica. Il sorgere e tramontare del Sole erano interpretati come un viaggio: nelle ore notturne il Sole, su una barca di papiro, scendeva nel regno sotterraneo degli inferi, per uscire di nuovo nel cielo il mattino seguente. La notte era paragonata al soggiorno delle anime dei morti nell'oltretomba, l'aurora al loro risveglio in un'altra vita. Secondo gli Aztechi, antico popolo dell'America Centrale, il Sole moriva ogni sera per rinascere il mattino seguente e riprendere la sua eterna lotta contro la Luna e le stelle, facendole sparire dal cielo.

◢ Stele egizia con Ra, il dio Sole, che dispensa calore ed energia.

CURIOSITÀ

QUANDO SI VERIFICHERANNO LE PROSSIME ECLISSI TOTALI DI SOLE IN EUROPA?

Per poter vedere ancora un'eclissi totale di Sole in Europa dovremo attendere il 12 agosto del 2026. In tale data il punto di visibilità massima (100%), in cui il fenomeno durerà più a lungo, cadrà nel mar Glaciale Artico, a ovest dell'Islanda. In quell'occasione a Milano il Sole sarà oscurato per il 93%. Nel 2081 si verificherà un'eclissi durante la quale dall'Italia sarà visibile il totale oscuramento del Sole.

PERCHÉ LE ECLISSI SONO UN FENOMENO ANCORA "MISTERIOSO"?

Le eclissi di Sole fanno parte di quei fenomeni naturali che per molte popolazioni antiche costituivano un simbolo enigmatico: il mondo precipitava nelle tenebre e pareva che un orrendo mostro avesse inghiottito il Sole.

Numerosi fattori concorsero in passato a determinare la natura "misteriosa" delle eclissi: un attimo prima che il disco solare sia completamente coperto dalla Luna, si avverte una folata di aria fredda, detta **vento d'eclissi**, dovuta allo sbalzo di temperatura di alcuni gradi; si verifica infatti una discontinuità termica tra la fascia di Terra interessata dall'eclissi e le regioni vicine, dove il Sole non scompare del tutto.

Qualche secondo prima e dopo la totalità del fenomeno, i pochi raggi di Sole che filtrano dai margini del bordo lunare producono i cosiddetti "**grani di Baily**" e, subito dopo, appaiono delle protuberanze color rosso. Quindi si può vedere l'argentea **corona solare**.

Poiché la Luna si allontana dalla Terra di almeno un centimetro l'anno, è presumibile che in passato le eclissi avessero durata maggiore e, viceversa, che in futuro potranno non verificarsi più eclissi totali. Oggi gli astronomi sono in grado di **prevedere l'epoca esatta** in cui avverrà l'eclissi, fenomeno che permette loro di ricavare preziose informazioni sulla composizione dell'atmosfera solare.

PERCHÉ SI SONO FORMATE LE GALASSIE?

Le stelle si raggruppano in grandi ammassi simili a **gigantesche trottole**, le galassie. Queste concentrazioni dall'aspetto nebulare, ciascuna delle quali può contenere decine di miliardi di stelle, ruotano intorno al loro centro sotto l'influenza della forza di gravità.

Anche il Sole fa parte di una galassia, la **Via Lattea**, intorno al cui centro ruota, insieme a tutto il Sistema Solare.

Una rappresentazione del Big Bang e delle prime galassie.

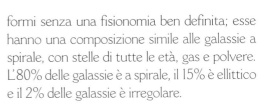

La galassia a spirale denominata NGC 598 e, qui a destra, una galassia ellittica.

L'origine delle galassie va inserita nel quadro delle teorie più avanzate per spiegare la **nascita dell'universo**. Secondo la teoria del Big Bang, le galassie a noi visibili nello spazio sarebbero i frammenti scagliati verso l'esterno dalla primigenia esplosione che diede origine all'intero universo.

PERCHÉ LE GALASSIE HANNO FORME DIVERSE?

Alcune galassie hanno una forma che ricorda quella di una **girandola**: esse girano velocemente attorno a un perno creando un effetto di ruota luminosa, con bracci a spirale che si avvolgono attorno al nucleo centrale. Nei bracci, in genere, si formano nuove stelle, mentre nel nucleo possono crearsi enormi buchi neri. È una **galassia a spirale** la Via Lattea, che comprende il Sole egli altri pianeti del Sistema Solare.

Altre galassie hanno **forma ellittica** e somigliano a galassie a spirale senza bracci. Contengono troppo poco gas e polveri perché si formino nuove stelle.

L'ultimo tipo di galassie presenta i masse in-formi senza una fisionomia ben definita; esse hanno una composizione simile alle galassie a spirale, con stelle di tutte le età, gas e polvere. L'80% delle galassie è a spirale, il 15% è ellittico e il 2% delle galassie è irregolare.

PERCHÉ SI FORMANO LE STELLE?

Le stelle nascono da **nubi di polvere e gas** che fluttuano nello spazio. Per effetto della forza di attrazione gravitazionale, particelle di polvere e gas si aggregano formando **ammassi**

CULTURA

PERCHÉ LA VIA LATTEA HA QUESTO NOME?

La Via Lattea è la galassia cui appartengono la Terra e tutti i pianeti del Sistema Solare. Essa ci appare — anche a occhio nudo — come un'enorme nube luminosa che fa da sfondo a splendide costellazioni. Sembra una fascia bianca lattiginosa e, secondo un antico mito greco, si formò da alcune gocce di latte stillate dal seno della dea Giunone, mentre nutriva il piccolo Ercole. Da qui, il suo nome.

Un tratto della Via Lattea.

globulari in rapida rotazione. Sempre per effetto della gravità, questi corpi si contraggono aumentando notevolmente la temperatura al loro interno fino a valori capaci di innescare **reazioni nucleari** in seguito alle quali si trasformano in stelle.

🌐 PERCHÉ LE STELLE APPAIONO COME PUNTINI LUMINOSI?

Quasi tutti i puntini luminosi che vediamo nel cielo notturno sono stelle, ma è impossibile contarle tutte: il loro numero è sconosciuto e neppure con l'uso degli strumenti più perfezionati si riuscirà mai a calcolarlo con esattezza.

Diversamenti dai pianeti, che brillano di luce riflessa, le stelle risplendono di **luce propria**; questa proviene dall'energia prodotta dai gas che compongono il loro nucleo.

Situate a **enormi distanze dalla Terra**, le stelle sono percepite come puntiformi ma in realtà, per la maggior parte, sono più grandi del Sole. In base all'anno-luce, che misura lo spazio in termini del tempo che un corpo celeste impiega a percorrerlo, la luce proveniente da una stella lontana fu emessa centinaia o anche migliaia di anni fa!

🔲 Una nube di gas con un gruppo di stelle nascenti.
Qui sotto, il cielo notturno nel deserto offre spettacolari stellate.

🌐 PERCHÉ LE STELLE "TREMOLANO" NEL CIELO?

Noi possiamo vedere le stelle grazie alla luce che emettono, che viaggia verso di noi alla velocità di quasi 300.000 chilometri al secondo.

Le stelle sembrano scintillare nel cielo: la loro **luminosità** apparente e il loro **colore** sembrano modificarsi, dando origine a un effetto simile a un tremolio.

Il fenomeno, chiamato "**scintillazione**", è

🔲 In basso a destra, Proxima Centauri.

Quali sono la stella più vicina alla Terra e quella più luminosa?

La stella più vicina alla Terra è Proxima Centauri, che si trova a circa 4,3 anni-luce dal nostro pianeta. Le stelle più distanti si trovano a miliardi di anni-luce: la luce che noi vediamo è quindi quella emessa dagli astri miliardi di anni fa. Sirio, nella costellazione del Cane Maggiore, è la stella più luminosa nel cielo dopo il Sole.

🔲 Le stelle più brillanti dell'Orsa Maggiore distano da 65 a 200 anni-luce dalla Terra. Sotto, la costellazione delle Pleiadi, che presenta stelle eccezionalmente luminose.

provocato dall'irregolare rifrazione subita dalla luce delle stelle quando attraversano l'atmosfera terrestre. È tanto più intenso quanto più l'atmosfera è interessata da rapide variazioni di **densità e temperatura**.

Alcune stelle mutano davvero il loro splendore nel tempo; la maggior parte, invece, brilla allo stesso modo per periodi lunghissimi.

🔵 PERCHÉ ALCUNE STELLE CI APPAIONO VICINE, E ALTRE LONTANE?

La luminosità apparente di una stella dipende da due fattori: la sua luminosità intrinseca e la distanza rispetto all'osservatore.

Un'indicazione della **distanza** di una stella è data, in primo luogo, dal suo splendore: meno ci appare brillante, più è probabile che sia lontana.

Per calcolarne la distanza, tuttavia, bisogna conoscerne la reale **luminosità**: se infatti è troppo debole, non ci apparirebbe luminosa nemmeno se fosse molto vicina. Alcune stelle sembrano tra loro vicinissime, ma in realtà non lo sono: si tratta di un effetto prospettico.

🔵 PERCHÉ "CADONO" LE STELLE?

Durante le serene notti d'estate si possono osservare scie luminose, alle quali si dà il nome di "stelle cadenti", percorrere il cielo.

Quegli oggetti celesti sono **meteore**: attraversando i diversi strati dell'atmosfera terrestre, essi si incendiano per il forte attrito e, quasi sempre, si consumano completamente prima di arrivare sulla superficie della Terra. Le loro tracce infuocate, prima di consumarsi, danno origine a quelle scie luminose.

A volte questi corpi celesti orbitano attorno al Sole in lunghi sciami. Quando la Terra attraversa uno di questi sciami il cielo è solcato da una "pioggia" di stelle cadenti. Il fenomeno è particolarmente spettacolare intorno alla notte di San Lorenzo, fra il 9 e l'11 agosto, quando la Terra attraversa lo **sciame delle Perseid**i.

🔵 PERCHÉ SI DICE CHE LE STELLE "INVECCHIANO" E "MUOIONO"?

Le stelle traggono energia dalla **fusione nucleare** di idrogeno in elio: passano il 90% della loro vita bruciando "combustibile" e generando un calore che le mantiene attive.

Un'immagine del Sole all'infrarosso. La nostra stella fa parte del gruppo delle stelle gialle.

Il combustibile delle stelle è l'**idrogeno** che si trova al loro interno; come tutti i combustibili, l'idrogeno di una stella non è eterno ma è destinato a esaurirsi.

Quando l'idrogeno si esaurisce, una stella comincia lentamente a "morire".

Esistono **stelle di tre tipi**, che si distinguono fra loro per composizione, massa e temperatura: le stelle rosse, avendo temperature e massa relativamente basse e bruciando più lentamente l'idrogeno, godono in media di una vita più lunga; le stelle gialle, come il Sole, contengono, in tracce, tutti gli elementi della tavola periodica e hanno massa e vita media; le stelle bianche o azzurre hanno grande massa, sono le più calde e consumano il loro idrogeno più rapidamente.

PERCHÉ IL SOLE SI RAFFREDDERÀ E "MORIRÀ"?

Quando l'idrogeno del Sole comincerà a scarseggiare il nucleo si contrarrà, mentre gli strati più esterni si espanderanno, trasformando la nostra stella in una **gigante rossa**.

A quel punto le sue radiazioni renderanno sempre più caldi i pianeti vicini, Terra compresa, fino a bruciarli. Poi il Sole si contrarrà, diventerà una **nana bianca** e muterà le sue dimensioni in quelle di un pianeta continuando a brillare, sempre più debolmente, per alcuni miliardi di anni, prima di raffreddarsi del tutto.

PERCHÉ SI FORMANO I BUCHI NERI?

Quando una stella invecchia ed esplode il suo nucleo può anche trasformarsi in una **stella a neutroni** o in un buco nero. È questo un oggetto molto strano, con un diametro di pochi

CULTURA

QUAL È L'ORIGINE DEL NOME QUASAR?

I quasar sono astri dall'aspetto puntiforme, distanti dalla Terra almeno 2 miliardi di anni luce. Gli studiosi pensano che siano nuclei di enormi galassie che si allontanano da noi a velocità prossime a quella della luce. Gli astronomi li hanno scoperti grazie alle onde radio: il termine *quasar* deriva infatti dall'inglese *quasi stellar radio source*, che significa "sorgente di radioonde quasi stellare". Queste stelle emettono in continuazione onde radio di straordinaria potenza, che riescono ad arrivare fino a noi nonostante la grande distanza dalla Terra. I primi quasar furono identificati tra il 1961 e il 1963 grazie a potenti telescopi. In seguito vennero anche individuati fotograficamente.

Un'immagine ai raggi X del quasar 3C273.

PERCHÉ FIN DALL'ANTICHITÀ SI "LEGGONO" LE STELLE?

La fascia della volta celeste in cui si trova il cammino che il Sole sembra compiere nel corso dell'anno è costituita da una sequenza di 12 costellazioni: lo Zodiaco. La sua origine risale agli antichi astronomi e astrologi Babilonesi che suddivisero il cielo in 12 sezioni contenenti altrettante costellazioni. A ciascuna di queste, essi assegnarono un segno detto zodiacale: in ogni segno le stelle sono associate a figure di animali o di eroi mitici. Su questa base predicevano il futuro ed erano molto richiesti. Ancora oggi, a prescindere dal suo valore scientifico, l'astrologia è una dottrina molto seguita e l'oroscopo – la "lettura" del futuro in base alle stelle – è presente nella società moderna nelle sue varie versioni: da quelli di carattere "scientifico" a quelli divulgativi stampati su calendari e giornali.

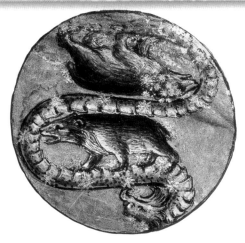

L'Orsa Maggiore, l'Orsa Minore e il Drago, da un manoscritto fiorentino del XV secolo. In basso, nel box, i segni zodiacali da un codice francese del XV secolo.

ARIETE — TORO — GEMELLI — CANCRO — LEONE — VERGINE — BILANCIA — SCORPIONE — SAGITTARIO — CAPRICORNO — ACQUARIO — PESCI

chilometri ma con una **densità elevatissima**, grazie alla quale esercita una tale forza d'attrazione da inghiottire tutto ciò che lo sfiori. Nulla ne può uscire, nemmeno la luce, ecco perché si chiama buco nero.

Pur essendo invisibile, gli astronomi possono rilevare un buco nero grazie a **perturbazioni** provocate nella regione che lo circonda.

PERCHÉ SI PARLA DI COSTELLAZIONI?

Fin dalle età più antiche, l'umanità ha creduto di ravvisare in determinati gruppi di stelle particolari configurazioni: le costellazioni.

Generalmente, le stelle di una costellazione non hanno fra loro alcun rapporto, anzi si trovano a distanze enormi. La loro è una vicinanza apparente: frutto di un'illusione ottica dovuta al fatto che dalla Terra si vedono tutte proiettate sulla volta celeste.

Le costellazioni più facilmente individuabili a occhio nudo nel nostro emisfero sono l'**Orsa Maggiore**, formata da sette stelle di cui quattro disposte a quadrilatero (da cui il nome

La cometa di Halley.

Grande Carro), e l'**Orsa Minore** (o Piccolo Carro), anch'essa formata da sette stelle principali, ma dalla minore luminosità. Di quest'ultima fa parte la Stella Polare, che si trova nella direzione del polo Nord celeste: un punto di riferimento per orientarsi durante la notte.

Una delle più belle costellazioni del nostro cielo è quella di **Orione**, in cui si possono osservare stelle dai colori differenti.

PERCHÉ LE COMETE HANNO LA "CODA"?

Le comete (dal latino *coma*, chioma) sono particolari corpi celesti che si muovono attorno al Sole con un'orbita ellittica. Sono costituite da un nucleo centrale lungo qualche chilometro, avvolto da un **involucro nebuloso** composto da varie sostanze a bassa temperatura come polvere, gas e ghiaccio.

Avvicinandosi al Sole, il nucleo si surriscalda e le sostanze che contiene evaporano, mentre le polveri si disperdono, dando origine a una chioma luminosa. Respinta dalle **radiazioni del Sole**, la chioma lascia dietro di sé una caratteristica scia, la "coda" della cometa, lunga anche centinaia di milioni di chilometri.

Di solito le comete perdono gradualmente il loro gas, conservando però un nucleo roccioso e trasformandosi in asteroidi.

Una delle comete più celebri è di certo quella di **Halley**, che dal 239 a.C. "passa" regolarmente ogni 76 anni. La si è vista per l'ultima volta nel 1986 e ritornerà nel 2062.

Lo studio delle comete è importante perché fornisce agli astronomi importanti indicazioni sulla formazione del Sistema Solare.

PERCHÉ IN PASSATO SI TEMEVANO LE COMETE?

Nell'antichità il passaggio delle comete era considerato un segno premonitore di **eventi straordinari**. Nella simbologia cristiana, per esempio, una stella cometa guidò il cammino dei Magi fino alla grotta ove era nato Gesù.

Spesso però l'apparizione delle comete è stata associata a **catastrofi**.

Nel 79 d.C. pare che una cometa abbia accompagnato l'eruzione del Vesuvio che distrusse Ercolano e Pompei. Nel 1665 una cometa apparve mentre la città di Londra era devastata da una violenta epidemia, e ancora nel 1835 una cometa fu associata a numerose disgrazie che si verificarono quell'anno.

Il passaggio di una cometa (incisione del XV secolo).

I PIANETI

⦿ PERCHÉ I PIANETI GIRANO ATTORNO AL SOLE?

I pianeti orbitano attorno al Sole per l'effetto combinato di due forze: la **forza centripeta**, data dall'attrazione del Sole, che tenderebbe a far precipitare i pianeti verso il Sole, e una forza contraria (**forza centrifuga**), che si sviluppa dal moto rotatorio dei pianeti lungo l'orbita.

Tale forza, da sola, farebbe sfuggire il pianeta lontano dal Sole per una traiettoria rettilinea. A parte Venere e Urano, i pianeti ruotano in senso antiorario.

⦿ PERCHÉ UN PIANETA È DIVERSO DA UNA LUNA?

Un pianeta è un corpo scuro che orbita **intorno a una stella** e può essere visto solo perché riflette la luce di una stella come il Sole.

Una luna, o satellite, è un corpo molto più piccolo che ruota **intorno a un pianeta**; anch'esso brilla di luce riflessa.

Dei 9 pianeti del Sistema Solare solo Mercurio e Venere non possiedono satelliti noti. Marte ne ha 2, Giove 63, Saturno 50, Urano 27, Nettuno 13. La Terra ne ha uno solo: la Luna.

◢ A fianco, i pianeti del Sistema Solare e, in alto, Saturno.

DATI E NUMERI

I PIANETI A CONFRONTO

	MERCURIO	VENERE	TERRA	MARTE	GIOVE	SATURNO	URANO	NETTUNO	PLUTONE
Distanza media dal Sole in milioni di km	58	108	150	228	778	1427	2870	4497	5900
Distanza dalla Terra in milioni di km	tra 219 e 81	tra 260 e 41	–	tra 400 e 57	tra 966 e 593	tra 1659 e 1199	tra 3143 e 2585	tra 4691 e 2492	tra 7473 e 4285
Superficie in milioni di km²	75	460	510	145	65039	45644	8209	8024	17
Temperatura in superf. in milioni di km	+350°C −170°C	+480°C	+60°C −60°C	−20°C −90°C	−150°C	−180°C	−214°C	−220°C	−230°C
Periodo di rivoluzione anno	88 giorni	225 giorni	365 giorni	687 giorni	12 anni	29 anni	84 anni	164,8 anni	247 anni
Periodo di rotazione giorno	58 giorni	243 giorni	24 ore	24 ore e 37 minuti	10 ore	10 ore	18 ore	19 ore	6,39 giorni

Giove con i satelliti Io ed Europa. Sotto, la sonda *Venere I*.

CURIOSITÀ

PERCHÉ MERCURIO È DETTO "PIANETA PIGRO"?

Nella mitologia greca, Mercurio (nella foto) era il veloce messaggero degli dei dell'Olimpo. Data la sua vicinanza al Sole, Mercurio è rapido nella rivoluzione attorno alla stella (88 giorni), ma molto lento nella rotazione su se stesso: un giorno dura infatti 58 giorni terrestri.

PERCHÉ MERCURIO È UN PIANETA INOSPITALE?

Mercurio, il più piccolo dei pianeti solari, si trova a una distanza dal Sole pari a 58 milioni di chilometri: è quindi il pianeta più vicino di tutti alla nostra stella e appare **visibile anche a occhio nudo**. La sua superficie è cosparsa di crateri prodotti dalla caduta di meteoriti e da fenomeni vulcanici.

Su Mercurio non ci sono né acqua, né vento, né atmosfera e le **temperature estreme** contribuiscono a renderlo particolarmente inospitale: durante il caldissimo giorno, infatti, il termometro può arrivare a 400°C, mentre sulla faccia in ombra le temperature possono scendere sotto i -150°C.

Immagine elaborata dai dati della sonda *Magellano* che mostra il monte Maat, su Venere.

PERCHÉ VENERE È UN PIANETA INCANDESCENTE?

Anche se l'atmosfera di Venere ha una densità superiore di circa 90 volte rispetto a quella della Terra, attraverso quel fitto strato riesce a passare una quantità di luce solare sufficiente per riscaldare il terreno. La spessa **coltre di nubi** trattiene poi il calore.

Le serre usano lo stesso principio: la luce del Sole passa attraverso i vetri ed è assorbita dal terreno che la restituisce sotto forma di calore, che viene bloccato dal vetro. A causa dell'"**effetto serra**", a mezzogiorno su Venere la temperatura arriva anche a 480°C.

PERCHÉ NON C'È VITA SU VENERE?

Con un diametro di 12.100 chilometri, Venere ha dimensioni solo poco inferiori rispetto alla Terra.

Il pianeta è circondato da spesse nubi, poste tra i 50 e i 70 chilometri di altitudine, oltre le quali, un

Venere ripreso dalla sonda *Mariner 10*, da una distanza di 720.000 chilometri. In basso, il monte Olimpo su Marte.

PERCHÉ SU VENERE IL SOLE SORGE A OCCIDENTE?

Venere gira attorno al Sole in 225 giorni. Ruota poi su se stesso, molto lentamente, in 243 giorni (la Terra ne impiega solo uno).

Un'ulteriore particolarità è data dal fatto che la rotazione sul proprio asse avviene in **senso inverso** rispetto agli altri pianeti. Il Sole perciò vi sorge a occidente e tramonta a oriente.

Visto dalla Terra, inoltre, Venere presenta delle fasi, proprio come la Luna.

PERCHÉ SULLA TERRA HA POTUTO SVILUPPARSI LA VITA?

La Terra si trova a 150 milioni di chilometri dal Sole e dispone di elevate quantità di due elementi fondamentali per la vita: l'**ossigeno** e l'**acqua**. Gli esseri viventi sono infatti formati da cellule contenenti innumerevoli atomi di carbonio e, per sopravvivere, hanno bisogno di sostanze come idrogeno, ossigeno e acqua.

Anche le **temperature superficiali** sulla Terra sono adatte alla vita, perfino nei ghiacci

tempo, si pensava che potesse esistere un mondo simile al nostro.

Le sonde spaziali hanno scoperto che l'atmosfera di Venere è molto diversa da quella del nostro pianeta. È costituita per il 96% da gas di **carbonio** e per il 4% da **azoto**: manca l'ossigeno dunque, fondamentale per la vita. Inoltre la pressione atmosferica alla superficie è un centinaio di volte più elevata rispetto alla Terra e le temperature sono altissime.

Qual è la montagna più alta del Sistema Solare?

È il monte Olimpo su Marte, un vulcano alto all'incirca 26.000 metri, più di tre volte l'Everest, la cima più alta della Terra.

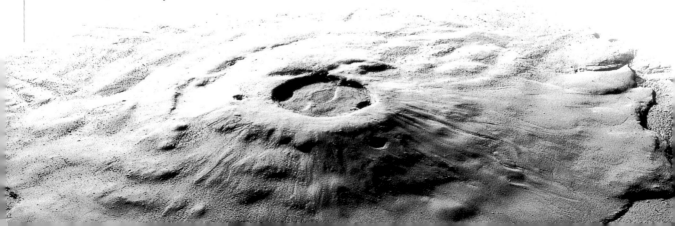

PERCHÉ SI CERCA LA VITA SU MARTE?

Recentemente gli scienziati hanno trovato tracce di vecchi batteri in una roccia reperita sul suolo di Marte. Potrebbero essere il segno che la vita è esistita su quel pianeta, milioni di anni fa. Marte ha un diametro pari a quasi la metà di quello terrestre ed è considerato il pianeta più simile al nostro. Presenta, come la Terra, variazioni stagionali e la sua temperatura, sebbene sia generalmente più fredda (con punte di −50°C), d'estate può arrivare fino a 21°C in prossimità dell'equatore.

Ma le differenze sono molte e importanti: l'atmosfera di Marte è composta di uno strato sottile in cui prevale l'anidride carbonica; acqua e ossigeno sono presenti solo in piccole quantità, le calotte polari sono formate da anidride carbonica congelata e la restante superficie è coperta di rocce e deserti di sabbia. Ciononostante Marte rimane il luogo più promettente del Sistema Solare per cercarvi la vita.

Nel luglio 1997 è atterrata su Marte la sonda della Nasa *Mars Pathfinder*, contenente un piccolo veicolo spaziale telecomandato da una base terrestre, che ha potuto esplorare il suolo del pianeta e inviare immagini ad alta risoluzione. Fra i successi della missione, la scoperta che su Marte potrebbe esserci stata acqua allo stato liquido, sebbene la sua presenza sia stata solo dedotta. Nuove sonde spaziali sono state dunque inviate su Marte alla ricerca di acqua, mentre la presenza di ghiaccio è stata confermata dalle osservazioni della missione *Phoenix* atterrata sul pianeta rosso nel 2008.

🔖 Qui sopra, il modulo di atterraggio della navicella *Viking* progettato per l'esplorazione del suolo marziano.

polari o nei deserti. Infine, la nostra **atmosfera** è capace di filtrare parte di quelle radiazioni solari che altrimenti risulterebbero mortali.

🌐 PERCHÉ MARTE È DETTO IL "PIANETA ROSSO"?

Se rimane esposto per un po' di tempo agli agenti atmosferici, sul ferro si forma la ruggine.

Le rocce della superficie di Marte contengono un **ossido di ferro** che si è in un certo qual modo arrugginito: polveri rosse provenienti da queste rocce coprono la superficie del pianeta e a volte si alzano in enormi **tempeste di sabbia**. Rocce di questo tipo si possono osservare anche sulla Terra, per esempio all'interno del Grand Canyon, in Arizona (Stati Uniti).

Su Marte la polvere è tanto fine da rimanere sospesa nell'aria rarefatta creando una sorta di "foschia" permanente; il **pulviscolo** sospeso nell'atmosfera fa dunque apparire rosso anche il cielo.

🔖 Un'immagine di Marte che ne evidenzia il colore rosso.

⊕ PERCHÉ SU MARTE SEMBRA APPARIRE UNA FACCIA?

Nel 1976 la sonda della Nasa *Viking 1*, al ritorno da Marte, riportò le strabilianti immagini di una "faccia" che pareva disegnata sul terreno. Alcuni ritennero addirittura che fosse la creazione di una **civiltà extraterrestre**.

La risposta al mistero arrivò nel 1998, quando la sonda *Mars Global Surveyor*, sorvolando il pianeta, scattò tre fotografie a una risoluzione 10 volte superiore. L'esame delle foto permise di concludere che la zona è formata da numerosi strati di **materiale roccioso** eroso in momenti successivi, da cui la formazione di strane figure, tra cui quella che sembra un volto.

◩ L'asteroide Gaspra, fotografato nel 1991 dalla sonda *Galileo* con dei filtri all'infrarosso. Sotto, Giove, il pianeta più grande del Sistema Solare.

◯ PERCHÉ SI SONO FORMATI GLI ASTEROIDI?

Gli asteroidi sono corpi celesti di piccole dimensioni che **ruotano attorno al Sole** a una distanza compresa fra i 320 e i 495 milioni di chilometri, mantenendosi per lo più tra le orbite di Giove e di Marte.

Alle origini il Sistema Solare era probabilmente formato da un numero elevatissimo di questi corpi incandescenti alcuni dei quali, entrati in collisione e unitisi fra loro, hanno dato vita ai pianeti.

Secondo gli astronomi, gli asteroidi rappresenterebbero dei frammenti della nebulosa che diede origine al Sistema Solare, impossibilitati a costituirsi in pianeti a causa della fortissima attrazione gravitazionale esercitata da Giove.

Fino a ora sono stati classificati **oltre 5000 asteroidi**, ma ogni anno se ne scoprono di nuovi. Il più grande che si conosce è Cerere, con un diametro di circa 1000 chilometri. I crateri che si osservano sulla Luna o su Mercurio si sono formati proprio in seguito a collisioni con asteroidi.

◉ PERCHÉ I PIANETI PIÙ GRANDI SONO GASSOSI?

Il Sistema Solare si è formato circa 4600 milioni di anni fa da una gigantesca nube di gas (in particolare **idrogeno**) e particelle solide.

I pianeti piccoli e con poca gravità, come la Terra, hanno perso molto dell'idrogeno originario, mentre i pianeti giganti lo hanno conservato del tutto. È l'**enorme forza di attrazione** di questi pianeti, dunque, che impedisce all'idrogeno di disperdersi nello spazio.

I pianeti gassosi (Giove, Saturno, Urano, Nettuno e Plutone) non hanno una superficie solida: il materiale gassoso diventa più denso avvicinandosi al centro del pianeta. Nell'osservare questi pianeti noi vediamo lo strato di nubi più alte della loro atmosfera.

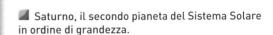

CHE COSA C'È INTORNO A SATURNO?

Il 15 Ottobre 1997 è stata lanciata in orbita la sonda *Cassini-Huygens*, progettata per l'esplorazione di Saturno e dei suoi principali satelliti. Cassini ha raggiunto l'atmosfera del pianeta il 1° Luglio 2004 e il 14 gennaio 2005 la sonda minore Huygens, distaccatasi dalla nave-madre, è atterrata sul satellite Titano registrando dati e immagini. Intanto Cassini ha continuato in questi ultimi anni il suo viaggio attorno a Saturno "incontrando" e studiando le sue lune e il sistema degli anelli e fornendo dati importantissimi. La missione, frutto di una collaborazione fra Nasa, Esa (Agenzia Spaziale Europea) e Asi (Agenzia Spaziale Italiana), continuerà fino al 2017, sempre che Cassini resti in funzione.

Saturno, il secondo pianeta del Sistema Solare in ordine di grandezza.

Saturno, finché nel 1977 furono scoperti dei deboli anelli attorno a Urano e, poco dopo, anche attorno a Giove e Nettuno.

PERCHÉ GIOVE È UN PIANETA "TURBOLENTO"?

Giove, il più grande pianeta del Sistema Solare, è circondato da un'**atmosfera spessa**, a base di idrogeno ed elio, nella quale circolano nubi costituite da gas solidificati o liquefatti.

Poiché il pianeta gira su se stesso a un'enorme velocità (impiega meno di 10 ore), queste

PERCHÉ SATURNO HA GLI ANELLI?

Dopo Giove, Saturno è il pianeta più grande del Sistema Solare: il suo diametro è quasi dieci volte quello della Terra.

La particolarità di Saturno risiede nel sistema di anelli che lo circonda osservabile anche con un semplice cannocchiale.

Composti da miriadi di piccoli blocchi di **ghiaccio polveroso** che girano attorno al pianeta come piccoli satelliti, gli anelli formano un disco del diametro di **circa 300 chilometri**, con uno spessore di appena un chilometro. La loro dimensione varia da pochi centimetri a molti metri (o addirittura ad alcuni chilometri).

Alcuni scienziati pensano che gli anelli siano i frammenti del processo di formazione di Saturno; secondo altri astronomi sarebbero invece resti dei satelliti naturali di Giove, esplosi a causa dell'estrema vicinanza al pianeta. Per molto tempo gli anelli rimasero prerogativa di

Un dettaglio del sistema di anelli di Saturno.

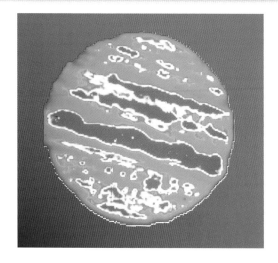

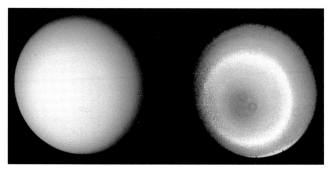

A sinistra, un'immagine di Giove all'infrarosso: le strisce rosse corrispondono alle zone negli strati superiori delle nubi. Sopra, Urano in colori reali e in falsi colori.

nubi si dispongono in forma di **bande** parallele all'equatore, come cinture avvolgenti.

Queste formazioni sono assai turbolente e vi si possono osservare terribili bufere: una di esse forma un'immensa macchia rossa e gli scienziati hanno stabilito che si tratta di un **uragano permanente**; le sue dimensioni sono tali da contenere due volte la Terra!

I venti sono mossi per la maggior parte dal calore interno al pianeta piuttosto che da quello proveniente dal Sole, come accade per i venti terrestri.

PERCHÉ URANO E NETTUNO SONO DETTI PIANETI "GEMELLI"?

Urano a Nettuno hanno pressappoco le **stesse dimensioni** e sono simili anche nella composizione.

Sono entrambi freddissimi (sui **-200°C**), composti probabilmente di idrogeno e metano. Urano è visibile a occhio nudo, anche se con una certa difficoltà. Nettuno invece solo con il telescopio.

PERCHÉ NETTUNO È DI COLORE BLU?

L'atmosfera di Nettuno è composta principalmente da elio e idrogeno, con tracce di metano. Il colore blu con il quale ci appare il pianeta è il risultato dell'**assorbimento** della luce rossa da parte del metano atmosferico.

Come gli altri pianeti gassosi, Nettuno possiede **venti velocissimi** confinati all'interno di bande di latitudine e grandi vortici. I venti di Nettuno sono i più veloci del Sistema Solare e raggiungono i 2000 chilometri orari.

PERCHÉ FU SCOPERTO PLUTONE?

Plutone fu scoperto perché… le **orbite di Urano e Nettuno** presentano un'anomalia. Cercando oggetti celesti abbastanza massicci da provocare quell'effetto di **disturbo**, gli scienziati hanno scoperto Plutone.

Calcoli poi rivelatisi errati avevano infatti predetto l'esistenza un pianeta al di là di Nettuno, basandosi sui moti

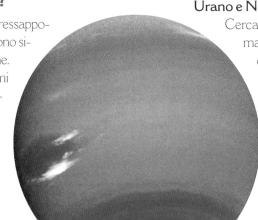

Nettuno.

CURIOSITÀ

PERCHÉ SONO PARTICOLARI I SATELLITI DI URANO?

Urano è il settimo pianeta dal Sole e il terzo in ordine di grandezza (per diametro). Fu scoperto nel 1781 dall'astronomo William Herschel mentre scandagliava il cielo con il suo telescopio. Urano possiede 27 satelliti, alcuni regolari e altri irregolari a seconda della loro orbita e della loro formazione. A differenza delle altre "lune" del Sistema Solare i cui nomi derivano dalla mitologia classica, i satelliti di Urano prendono i loro nomi dai personaggi delle opere dei drammaturghi inglesi Shakespeare e Pope: Cordelia, Ofelia, Bianca, Cressida, Desdemona, Giulietta, Porzia, Ariel, Miranda, Titania, Oberon...

Il suolo di Miranda, uno dei satelliti di Urano.

di Urano e Nettuno. Ignorando l'errore, nel 1930 Clyde W. Tombaugh compì un'analisi attenta del cielo che portò alla scoperta di Plutone. Dopo la scoperta, si trovò ben presto che Plutone era troppo piccolo per spiegare le discrepanze nelle orbite degli altri pianeti. La ricerca di un **nuovo pianeta** è continuata, finora senza successo.

PERCHÉ PLUTONE È UN "PIANETA DOPPIO"?

Gli astronomi non sono d'accordo se confermare a Plutone lo status di pianeta. Per la similarità delle loro dimensioni, alcuni scienziati considerano **Plutone** e il suo satellite **Caronte** un pianeta doppio. L'atmosfera di Plutone sembra infatti estendersi fino a includere Caronte, il che suggerirebbe che essi **condividano un'atmosfera**.

Caronte fu scoperto nel 1978, prima che il suo piano orbitale si muovesse verso l'interno del Sistema Solare: sono stati quindi osservati molti transiti di Plutone su Caronte e viceversa.

Ricostruzione fotografica al computer che mostra come apparirebbe Plutone visto dal suo satellite Caronte.

PERCHÉ PLUTONE HA UN'ORBITA STRANA?

Ogni 248 anni Plutone entra **nell'orbita di Nettuno**, dove rimane per una ventina di anni. Durante questo periodo Plutone si trova quindi più vicino al Sole di Nettuno.

Quando si avvicina al Sole Plutone possiede un'atmosfera, dato che i gas ghiacciati ai poli evaporano parzialmente. Quando torna ad allontanarsi, l'atmosfera si ghiaccia di nuovo e si deposita a terra.

◢ Satelliti artificiali in orbita.

PERCHÉ I SATELLITI ARTIFICIALI RIMANGONO IN ORBITA?

I satelliti artificiali vengono lanciati a una velocità di circa **8 chilometri al secondo**, ovvero 28.000 chilometri orari.

A tale velocità, una volta raggiunta l'orbita terrestre, qualsiasi oggetto vi rimane continuando a ruotare, in teoria per sempre. Dopo alcuni anni in realtà i satelliti artificiali si abbassano fino a raggiungere gli strati più densi dell'atmosfera, dove **si consumano**.

I satelliti artificiali (il primo fu lo *Sputnik 1*, lanciato dall'Unione Sovietica nel 1957) costituiscono oggi uno strumento indispensabile per le rilevazioni spaziali e per le telecomunicazioni.

CULTURA

QUAL È L'ORIGINE DEL NOME UFO?

La scienza non è mai stata in grado di provare l'esistenza o la comparsa sul nostro pianeta di astronavi "aliene", anche se numerosi sono stati gli avvistamenti di misteriosi oggetti volanti. Molti sono imputabili a illusioni ottiche o miraggi dovuti al passaggio di astri o a fenomeni atmosferici non comuni; altri si sono rivelati dei falsi o fotomontaggi creati apposta per creare scalpore. Esistono poi casi in cui la scienza non ha saputo dare una spiegazione a determinati eventi. Per designarli è stata creata la parola UFO, dalle iniziali dell'espressione inglese *Unidentified Flying Object* (Oggetto volante non identificato). Il cinema è attratto dalla fantascienza per la sua presa sull'immaginario popolare, come dimostra il successo di numerosi film.

◢ Qui a fianco, ET il tenero extraterrestre protagonista della pellicola.

LA LUNA

🕐 PERCHÉ EBBE ORIGINE LA LUNA?

Sull'origine della Luna sono state formulate varie teorie: la più antica ipotizza che il nostro satellite facesse un tempo **parte della Terra** e che poi se ne sia distaccato.

In base a un'altra teoria, Terra e Luna molto tempo fa erano **pianeti indipendenti** che orbitavano attorno al Sole; a un certo punto l'attrazione gravitazionale della Terra attirò la Luna nella sua orbita.

Un'ultima teoria, detta della condensazione, suppone che Terra e Luna si formarono contemporaneamente per aggregazione e **condensazione** di una stessa massa di materiale primordiale, facente parte della nebulosa che diede origine all'universo.

La faccia visibile della Luna con i suoi "mari" e crateri e, sotto, una roccia basaltica lunare.

🌍 PERCHÉ LA SUPERFICIE DELLA LUNA HA UN ASPETTO IRREGOLARE?

La superficie lunare è divisa in zone che appaiono chiare e scure e presenta numerosi **crateri**, depressioni di forma circolare delimitate da bordi rialzati, formatisi in seguito all'urto di meteoriti.

I crateri raggiungono i **250 chilometri** di diametro e i bordi che li circondano si innalzano fino a 6000 metri sulla pianura circostante. Esistono anche milioni di piccoli crateri con un diametro non più grande di 50-60 centimetri.

🕐 PERCHÉ ALCUNE AREE DELLA LUNA SONO DETTE "MARI"?

Il nome di "mari" è stato dato erroneamente dai primi astronomi, alcuni secoli fa, alle grandi **macchie scure** della Luna, visibili anche a occhio nudo.

Oggi sappiamo che sulla Luna non esistono mari, poiché non vi sono idrogeno e ossigeno allo stato liquido, e che quelle distese sono sconfinate pianure scure e lisce costituite da **rocce basaltiche**, ovvero lava pietrificata.

In conseguenza dei tremendi urti con meteoriti di grandi dimensioni, 4 miliardi di anni fa, dal fondo dei bacini ha cominciato a sgorgare moltissima lava proveniente dall'interno della

Luna; solidificando, la lava ha formato le superfici scure tipiche dei "mari".

Le aree chiare sono dotate di un **potere riflettente** maggiore di quello dei mari; esse sono dette "continenti" o "altipiani" in quanto sopraelevate rispetto ai mari.

PERCHÉ SULLA LUNA IL CIELO È SEMPRE NERO?

Anche quando brilla il Sole, il cielo della Luna è sempre molto nero. Ciò a causa della **mancanza di atmosfera**, che è responsabile della diffusione della luce solare. In assenza di atmosfera, anche sulla Terra il cielo sarebbe una desolata volta buia.

PERCHÉ SULLA LUNA C'È UNA VALLE DELLE ALPI?

Anche la Luna ha le sue Alpi, gli Appennini, i Carpazi, il Caucaso eccetera.

Nelle Alpi lunari gli astronomi hanno individuato una valle a U lunga 120 chilometri e larga 11, cui hanno dato il nome di Valle delle Alpi. La valle è stata **scavata da un'asteroide**, che ha sfiorato la superficie del nostro satellite

Un cratere lunare fotografato dall'*Apollo 8*.

formando un lungo canale, per poi continuare il suo viaggio nello spazio.

Lo studio dei crateri e delle catene montuose della Luna è iniziato nel 1609 con Galileo Galilei, ed è stato completato dalle missioni spaziali, che hanno rivelato come le **montagne della Luna** assomiglino ai massicci terrestri più antichi, con sommità arrotondate. Le cime più alte si trovano nei pressi del polo Sud lunare.

PERCHÉ NON CI PUÒ ESSERE VITA SULLA LUNA?

Gli scienziati sono abbastanza certi che sulla Luna non c'è e non c'è mai stata vita. In **assenza di atmosfera**, infatti, intorno al satellite non esiste ossigeno né protezione dalle pericolose radiazioni solari. Molto probabilmente non c'è mai stata nemmeno acqua.

Sulla Luna, inoltre, si raggiungono **livelli estremi di temperatura**: da +120°C, quando è esposta alla luce solare, a -150°C, quando è in ombra.

Queste consistenti variazioni sono accentuate dal fatto che la notte e il giorno durano molto più a lungo che sulla Terra.

Una suggestiva immagine di una notte di Luna piena.

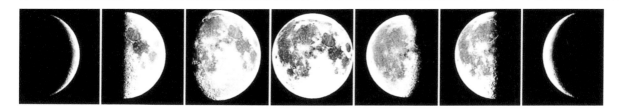

⬤ PERCHÉ SI VERIFICANO LE ECLISSI DI LUNA?

Dalla parte opposta rispetto al Sole, la Terra proietta nello spazio una lunga ombra. Se la Luna entra in questo **cono d'ombra**, non riflette più la luce del Sole e appare molto scura.

L'eclissi di Luna si può verificare solo quando la Luna è in **plenilunio**, ovvero quando il nostro satellite è di fronte al Sole, e si possono avere in genere solo due eclissi lunari in un anno.

🔺 In alto, una sequenza delle fasi lunari. Al centro, un'eclissi di Luna.

⬤ PERCHÉ DURANTE UN'ECLISSI LA LUNA APPARE ROSSASTRA?

Per effetto dell'atmosfera terrestre, i **raggi solari** vengono maggiormente deviati quando passano dagli strati più alti e meno densi a quelli più bassi e più densi, quindi il nostro satellite viene a essere, sia pur debolmente, illuminato.

Inoltre, poiché i raggi a lunghezza d'onda minore vengono assorbiti maggiormente dall'atmosfera terrestre, predominano quelli con una **maggior lunghezza d'onda**, cioè i rossi: per tale ragione la Luna, durante le eclissi, assume una colorazione rossastra.

CURIOSITÀ

PERCHÉ ALCUNI POPOLI USANO IL CALENDARIO LUNARE?

L'osservazione della natura ha rivelato agli uomini tre fenomeni astronomici che sono stati usati per misurare il tempo: l'alternarsi del giorno e della notte, la successione delle fasi lunari e il ciclo delle stagioni. I calendari lunari si basano sul ciclo delle fasi lunari, detto lunazione. L'anno contempla esattamente 12 lunazioni, ovvero è diviso in 12 mesi, alternativamente di 29 e 30 giorni per coincidere esattamente con la durata di una lunazione. L'anno "lunare" dura 354 o 355 giorni. Sono di tipo lunare il calendario degli antichi aztechi e quello musulmano che, rispetto al calendario gregoriano usato nel mondo occidentale, ha da 10 a 12 giorni in meno. Gli antichi egizi usavano un calendario contemporaneamente lunare e legato alle piene cicliche del Nilo.

🔺 Il complicato calendario lunare azteco.

Perché la Luna ci appare così grande?

La Luna è l'astro più vicino alla Terra ed è per questo che ci appare così grande. Il suo diametro, tuttavia, misura solamente 3476 chilometri: in pratica il nostro satellite è meno esteso degli Stati Uniti.

PERCHÉ LA LUNA NUOVA È INVISIBILE?

Quando la Luna, nel suo moto di rotazione attorno al nostro pianeta, si trova quasi **fra la Terra e il Sole**, quest'ultimo è così abbagliante che non permette di vedere nulla nelle sue vicinanze. Inoltre in questa fase la Luna rivolge verso la Terra l'**emisfero non illuminato**.

Nel caso in cui la Luna nuova si trovi direttamente in linea con il Sole, si avrà un'eclissi di Sole. Poiché però l'orbita lunare è leggermente inclinata, le eclissi non sono un fenomeno molto frequente.

PERCHÉ LA LUNA CI APPARE IN FORME SEMPRE DIVERSE?

In qualsiasi momento solo una metà della Luna viene illuminata dal Sole. L'estensione di superficie illuminata che possiamo vedere dalla Terra varia a seconda del punto dell'orbita lunare in cui si trova il nostro satellite. I diversi aspetti con cui la Luna risulta visibile dalla Terra sono detti **fasi lunari**.

Quando un'intera metà della Luna rimanda sulla Terra la luce riflessa proveniente dal Sole, si avrà la Luna piena o **plenilunio**; quando il satellite ci mostra la faccia non illuminata, è il periodo detto Luna nuova o **novilunio**.

Nel tempo che intercorre tra le due fasi la luna cresce, mostrandoci prima uno spicchio che si allarga sempre di più, poi cala fino a scomparire di nuovo.

PERCHÉ LA LUNA CI MOSTRA SEMPRE LA STESSA "FACCIA"?

Anche se ci appare in forme diverse, la Luna volge sempre la stessa "faccia" in direzione della Terra.

La Luna ruota costantemente sul suo asse; l'intervallo di tempo in cui compie un'intera rotazione su **se stessa** è uguale a quello impiegato per completare un'intera **orbita intorno alla Terra**, pari a quasi 27 giorni e un terzo. Ecco perché dalla Terra non possiamo mai vedere l'altra faccia della Luna.

LA CONQUISTA DELLA LUNA

Si è sognato e scritto per secoli di immaginari viaggi sul Sole, sulla Luna e sui pianeti. Data la vicinanza alla Terra, il nostro satellite è il corpo celeste che maggiormente si presta per le esplorazioni spaziali. Nel 1959 furono lanciate le prime sonde con il compito di sorvolare il satellite e scattare fotografie; nello stesso anno la sonda sovietica *Luna 3* inviò le prime fotografie della faccia nascosta della Luna. Il primo allunaggio (atterraggio sul suolo lunare) avvenne nel 1966, con un veicolo che portava a bordo solo strumenti. Il 21 luglio 1969 il sogno divenne realtà: gli astronauti americani Neil Armstrong ed Edwin Aldrin sbarcarono sulla Luna nell'ambito della missione *Apollo 11*: tutto il mondo assistette con il fiato sospeso all'evento.

Il viaggio verso la Luna delle missioni Apollo fu completato in più tappe e in tre anni 12 astronauti americani esplorarono la Luna a piedi; in totale furono scattate 30.000 fotografie e raccolti 20.000 rotoli di nastro contenenti reperti scientifici; gli astronauti portarono sulla Terra 385 chilogrammi di rocce e lasciarono sulla Luna cinque stazioni scientifiche, che continuarono a mandare informazioni sulla Terra.

Durante le ultime tre missioni, per i loro spostamenti gli astronauti usarono una speciale "automobile": il *Lunar Rover*.

In alto, l'orma del primo astronauta sul suolo lunare. Qui sotto, l'astronauta Irwin e i veicoli lunari durante la spedizione dell'*Apollo 15*.

IL PIANETA TERRA

Per secoli gli uomini hanno trovato difficoltà ad accettare teorie oggi considerate ovvie, ad esempio che la Terra è rotonda, che ruota attorno al proprio asse e attorno al Sole. Grazie ai progressi della scienza e della tecnologia – tra cui la messa in orbita dei satelliti artificiali, che forniscono nitide e precise immagini del globo – conosciamo oggi con esattezza non solo le dimensioni della Terra, i suoi movimenti e i rapporti con gli altri pianeti del nostro Sistema Solare, ma anche molti dei "segreti" che a lungo hanno avvolto i fenomeni naturali. La Terra ha approssimativamente 4 miliardi e mezzo di anni. Nel corso di questo tempo ha subito enormi sconvolgimenti, il cui risultato è il mondo in cui viviamo.

MARI E OCEANI

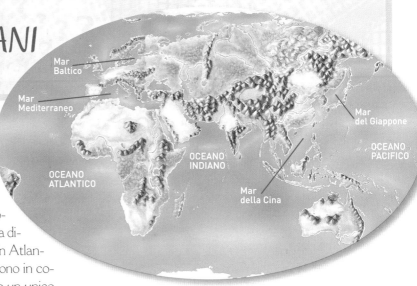

Mar Baltico

Mar Mediterraneo

Mar del Giappone

OCEANO PACIFICO

OCEANO INDIANO

OCEANO ATLANTICO

Mar della Cina

🌐 PERCHÉ SI PARLA DI "MARI ESTERNI" E "MARI INTERNI"?

Gli **oceani** occupano oltre 360 milioni di chilometri quadrati e vengono comunemente distinti, in base alla disposizione dei blocchi continentali, in Atlantico, Pacifico e Indiano. Gli oceani sono in comunicazione fra loro e costituiscono un unico grande sistema; i **mari** costituiscono una suddivisione di tale sistema.

All'interno dei mari, i geografi distinguono i "mari esterni", come il mar del Giappone e il mar della Cina, che **seguono l'orlo dei continenti** e circondano numerose isole, dai "mari interni", come il Mediterraneo e il mar Baltico, **chiusi entro le masse dei continenti** e comunicanti con gli oceani attraverso strette aperture.

🖼 Sulla cartina si possono vedere gli oceani e alcuni mari.

🌐 PERCHÉ IL MARE ASSUME VARIE COLORAZIONI?

L'acqua è in sé trasparente. Se tuttavia osserviamo il mare dalla spiaggia, da una nave o dall'aereo, a seconda della profondità dei fondali esso assume una colorazione blu, azzurra o verde. La **luce del Sole** si riflette sui fondali conferendo all'acqua un colore che spazia nella gamma cromatica dei blu.

Il colore del mare può cambiare anche per altri fattori, per esempio il **colore del cielo** che vi si riflette: se la giornata è tempestosa, finirà per assumere anch'esso un colore grigiastro, mentre all'alba e al tramonto si tingerà di rosa e arancio e, illuminato dai **raggi della Luna**, assumerà riflessi argentei.

La colorazione del mare può essere infine determinata dai grandi **banchi di alghe**.

🖼 Una spiaggia in Sardegna bagnata da acque cristalline.

PERCHÉ IL MARE NON "TRABOCCA"?

Le piogge e i fiumi immissari scaricano costantemente in mare imponenti quantità d'acqua, eppure – turbolenze a parte – il mare appare sempre più o meno allo stesso livello. È per effetto dell'**evaporazione**: la superficie del mare è riscaldata dal Sole e, come ogni liquido che si riscalda, anche il mare evapora.

Tale fenomeno contrasta con la continua **immissione di nuova acqua** nel mare, facendo sì che il livello delle acque risulti immutato.

Va detto tuttavia che l'aumento delle temperature medie sul pianeta ha provocato, in particolare nell'ultimo secolo, l'assottigliamento dei ghiacciai e un conseguente **innalzamento dei mari**; è un fatto da prendere in seria considerazione, anche perché città costruite su lagune o canali rischiano in un prossimo futuro di venire completamente sommerse.

PERCHÉ IL MARE È SALATO?

Caratteristica dell'acqua marina è quella di contenere in soluzione dei sali. Primo fra tutti, il **cloruro di sodio** (che costituisce in peso il 78% della salinità dell'acqua), proprio quel sale che, una volta estratto per evaporazione e variamente raffinato, usiamo nelle nostre cucine.

Lungo il loro corso, i fiumi sciolgono parte dei sali presenti nel terreno e nelle rocce che incontrano prima di sfociare in mare.

Mentre l'acqua del mare evapora in continuazione, i **minerali** contenuti in essa finiscono per concentrarsi sempre di più, rendendo l'acqua salata.

La salinità del mare perciò è massima nei mari caldi e chiusi (Mediterraneo, mar Rosso) dove l'evaporazione è altissima, minima nei mari freddi (mar Baltico, mar Nero). Come diretta conseguenza della salinità, l'acqua marina, alla stessa temperatura, è più densa di quella dolce.

Nell'illustrazione, un fiume che getta le proprie acque in mare.

DATI E NUMERI

2546.458

ACQUA SALATA E DOLCE

L'acqua salata costituisce il 99% di tutta quella disponibile sul nostro pianeta (per il 97% racchiusa negli oceani, per il 2% congelata nei ghiacci dei poli), mentre appena l'1% è costituito da acqua dolce, di cui solo una parte è abbastanza vicina alla superficie della Terra da poter essere utilizzata dall'uomo. L'acqua marina tuttavia può essere dissalata e resa potabile.

Cavalloni si infrangono su una scogliera della Corsica.

PERCHÉ ESISTONO LE ONDE?

Il moto ondoso, vale a dire l'oscillazione dell'acqua di mari e oceani che si infrange sulla costa, si forma per l'azione dei **venti**, delle **maree**, delle **correnti** e dei fenomeni vulcanici sottomarini.

Generalmente è il vento il principale responsabile degli abbassamenti e sollevamenti dell'acqua: al crescere d'intensità del vento le onde aumentano la loro portata.

Anche se a un'osservazione superficiale il moto ondoso dà l'impressione di un continuo avanzare dell'acqua, le particelle d'acqua in realtà non si spostano ma si alzano e si abbassano soltanto, compiendo un movimento circolare.

PERCHÉ IL MARE ESERCITA UN'AZIONE "COSTRUTTIVA"?

Il mare è sempre in movimento: il moto ondoso porta con sé dei **detriti** che formano dune di sabbia o fango. In particolare lungo le coste basse, i detriti vengono distribuiti lungo la linea costiera, formando una lingua di terra a essa parallela.

Questo fenomeno favorisce l'accumulo di nuovi **sedimenti** e su tali superfici possono cominciare a crescere arbusti e piante, purché resistenti alla salinità dell'acqua, che a loro volta possono intrappolare nelle radici altre quantità di fango. Il processo "costruttivo" del mare può essere accelerato anche dall'azione dell'uomo, che interviene con la costruzione di **barriere artificiali**.

Perché il mare è più mosso dopo l'alba?

Nelle giornate estive quiete e assolate i venti dominanti in prossimità delle coste sono le brezze, innescate dallo sbalzo termico tra la terraferma e il mare. Le brezze mattutine,

dirette dal mare verso la terraferma (brezze di mare), sono responsabili del moto ondoso che investe la fascia costiera qualche ora dopo l'alba. Le brezze notturne, invece, sono dirette dalla terraferma verso il mare (brezze di terra): le onde vengono trasportate al largo, lontano dai fondali bassi, cosicché la superficie marina in prossimità delle coste risulta meno increspata.

PERCHÉ SI VERIFICANO LE MAREE?

Le maree sono i periodici innalzamenti e abbassamenti del livello del mare e si verificano per via dell'**attrazione gravitazionale** della Luna e del Sole sulla massa d'acqua dei mari.

Per la precisione, la Luna attrae le masse d'acqua durante il suo moto di rotazione intorno alla Terra, il Sole durante la rotazione della Terra attorno a esso. Naturalmente, a causa della maggiore vicinanza alla Terra, l'attrazione esercitata dalla Luna è molto più forte di quella del Sole.

Le maree di intensità maggiore si raggiungono nelle profonde baie oceaniche: nella baia di Fundy, in Canada, il **dislivello tra alta e bassa marea** può raggiungere addirittura l'altezza di 20 metri. Nei mari interni, come il Mediterraneo, il fenomeno è meno vistoso e il livello dell'acqua durante la marea oscilla in media di 60 centimetri.

L'isolotto di Mont Saint Michel (Francia) durante l'alta marea. In basso, rocce erose dal mare in Algarve (Portogallo).

PERCHÉ SI SPOSTANO LE CORRENTI MARINE?

Le correnti marine sono grandi spostamenti di masse d'acqua che si producono nei mari e negli oceani a causa delle **differenze di temperatura** delle acque nelle diverse zone dell'oceano. Possono essere calde o fredde e scorrere in superficie o in profondità.

La quantità di massa d'acqua in movimento dipende dall'**energia** disponibile, dovuta a sua volta alla forza di gravità, al riscaldamento del mare e alla forza dell'atmosfera.

Le correnti si spostano a causa del **moto di rotazione della Terra**; si muovono in senso orario nell'emisfero settentrionale, in senso antiorario in quello meridionale.

PERCHÉ LA CORRENTE DEL GOLFO MITIGA IL CLIMA?

La più famosa e importante fra le correnti marine calde è la Corrente del golfo, che nasce nel golfo del Messico o, più precisamente, tra la Florida (Stati Uniti) e Cuba. Le sue acque mantengono una temperatura decisamente mite (**circa 25 gradi**) lungo tutto il percorso.

Le coste delle isole Canarie, nell'oceano Atlantico, sono lambite da un ramo della Corrente del golfo.

La Corrente del golfo ha un'ampiezza di circa **100 chilometri**. Dopo aver lambito la costa orientale degli Stati Uniti, sospinta dai venti occidentali la Corrente attraversa l'oceano Atlantico piegando verso l'Europa settentrionale, le cui fredde coste beneficiano dei suoi influssi risultando notevolmente più miti rispetto ad altre poste alla medesima latitudine.

Un altro ramo si dirige verso sud, fino alle coste occidentali dell'Africa.

PERCHÉ SI FORMANO I GORGHI?

I gorghi si formano in seguito all'incontro fra due **correnti marine** che, unendosi faturbinare l'acqua. Anche rocce, maree e forti venti possono dare origine a un gorgo.

Il fenomeno è detto anche *maelström*, dal nome di una corrente che passa al largo della Norvegia capace di produrre gorghi così vorticosi da risucchiare una nave.

Un vorticoso gorgo marino.

CULTURA

QUAL È L'ORIGINE DEL NOME OCEANO PACIFICO?

Fu il navigatore portoghese Ferdinando Magellano a battezzare così l'oceano più esteso della Terra. Partito da San Lucar con cinque navi nel settembre del 1519, scoprì lo stretto che da lui prese il nome e, dopo circa 37 giorni, sboccò nell'oceano, che percorse poi fino all'arcipelago delle Filippine. La sua navigazione fu particolarmente tranquilla, per cui egli decise di chiamare "Pacifico" l'oceano da lui scoperto. In realtà, il Pacifico è tutt'altro che un mare quieto: soprattutto nell'emisfero settentrionale sono frequenti i cicloni e le tempeste, per non parlare dei terremoti sottomarini capaci di provocare ondate gigantesche e rovinose.

Ferdinando Magellano (1480-1521).

PERCHÉ SI FORMANO GLI TSUNAMI?

Gli tsunami (dal giapponese "ondata straripante") sono gigantesche onde di marea che colpiscono di solito le coste del Pacifico.

Sono causati da violenti **terremoti** oppure da **eruzioni sottomarine**, fenomeni che scuotono il fondale oceanico provocando vibrazioni che si trasmettono fino alla superficie dell'acqua e che generano un'onda assai più potente delle normali onde del mare.

Tali onde viaggiano molto velocemente (fino a **800 chilometri l'ora**) e possono propagarsi per migliaia di chilometri. Avvicinandosi alle coste, le onde rallentano, diventando più alte (anche oltre 10 metri); quando infine si abbattono sulla terraferma, hanno di solito un effetto rovinoso, sommergendo interi litorali e distruggendo intere città.

PERCHÉ SI FORMANO GLI ICEBERG?

Gli iceberg, ("montagne di ghiaccio"), sono enormi blocchi che si staccano dalla banchisa polare e vagano alla deriva in mare.

Si formano per l'**azione erosiva** esercitata dal mare, attraverso le maree, le correnti e il moto ondoso, sui ghiacciai artici e antartici. Ciò provoca la **spaccatura della banchisa** e la liberazione di gigantesche masse di ghiaccio.

Dopo aver vagato per i mari freddi, di solito gli iceberg vengono trasportati dalle correnti verso mari più caldi, dove diminuiscono di volume fino a sciogliersi.

Un enorme iceberg alla deriva presso la costa islandese.

Gli iceberg sono molto più grandi di quel che sembrano: emergono dall'acqua solo per circa l'ottava parte della loro altezza.

Nell'emisfero settentrionale si staccano dai ghiacciai della Groenlandia, ma quelli più imponenti e pericolosi si trovano nel mar Glaciale Artico. Alti fino a **100 metri** sul livello dell'acqua, possono raggiungere anche i 300 chilometri di lunghezza.

AMBIENTE

PERCHÉ MOLTI MARI SONO INQUINATI?

In mare vengono scaricati rifiuti industriali, materiali prelevati dai porti e dai fiumi per la manutenzione dei canali artificiali, fanghi di acque di scarico e tanto petrolio: non solo quello fuoriuscito dalle navi nei casi dei gravi incidenti, ma anche quello proveniente da scarichi urbani e industriali. I metalli poi, come il mercurio, sono assai pericolosi per la fauna dei mari e per la salute umana: in Giappone, negli anni Cinquanta e Sessanta del secolo scorso, sono morte centinaia di persone per aver mangiato pesci che avevano ingerito mercurio.

Anche il Mediterraneo è inquinato: gran parte degli scarichi fognari delle città costiere arriva in mare senza prima esser stato depurato; nelle sue acque si stima che vengano immesse ogni anno 650.000 tonnellate di petrolio, oltre a ingenti quantitativi di mercurio, fosforo, zinco e detergenti vari. Diversi progetti di tutela, ancora privi di un'azione coordinata fra i vari paesi, sono stati avviati per far fronte a questa situazione.

Le raffinerie e la zona industriale presso il porto di Trieste.

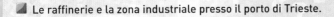

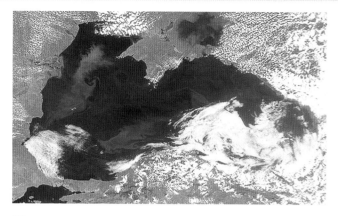

Il Mar Nero in una foto satellitare.

Caratteristica del mar Nero è di essere **poco salato**, rispetto agli altri mari, per via della scarsa evaporazione e dei numerosi fiumi che vi si immettono.

PERCHÉ SI SONO FORMATE LE BARRIERE CORALLINE?

Le barriere coralline, tipiche dei mari tropicali, si sono formate in seguito al lavoro incessante di minuscoli polipi, organismi che formano **estese colonie**, ovvero insiemi di individui uguali e uniti fra loro.

Lo scheletro di questi **piccoli molluschi**, che vivono in simbiosi con alcune alghe, si cementa con l'andare del tempo fino a formare vere e proprie muraglie. I coralli hanno bisogno della luce del sole, perciò si trovano solo negli strati oceanici superiori.

PERCHÉ IL MAR NERO SI CHIAMA COSÌ?

Il mar Nero, immensa distesa d'acqua (**413.000** chilometri quadrati di estensione) incastonata fra l'Europa sud-orientale e la Turchia, comunica con il mar Mediterraneo attraverso gli stretti del Bosforo e dei Dardanelli.

Il suo tetro appellativo non è dovuto a una qualche sciagura ambientale con protagonista il petrolio, bensì alle fitte nebbie che soprattutto d'inverno avvolgono le coste e il mare stesso, rendendo le **acque scure** e tenebrose a tal punto da farle sembrare nere.

La più imponente scogliera corallina al mondo è la **Grande Barriera**, al largo delle coste australiane, lunga oltre 2000 chilometri. È un ecosistema estremamente ricco: vi abita l'8% delle specie viventi in un'area che occupa solo lo 0,1% della superfice degli oceani

AMBIENTE

PERCHÉ LE BARRIERE CORALLINE SONO IN PERICOLO?

Minacciate da numerosi fattori, le barriere coralline si sono assottigliate con gli anni e oggi quelle rimaste sono protette da rigide norme di tutela, per evitare l'estinzione delle specie che vivono in quell'habitat. Le cause principali di rischio sono: l'inquinamento degli oceani, l'aumentata esposizione della Terra ai raggi ultravioletti a causa del buco nell'ozono, le immersioni e la pesca incontrollate.

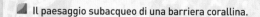

Il paesaggio subacqueo di una barriera corallina.

PERCHÉ GLI ATOLLI HANNO LA FORMA DI UN ANELLO?

Gli atolli, le caratteristiche isole a forma di anello dei mari tropicali ed equatoriali, sono il risultato dello sprofondamento di un **cratere vulcanico**, attorno al quale si è creata una scogliera corallina.

Gli atolli, che generalmente presentano un diametro di qualche chilometro, comprendono una **laguna centrale** che si trova in comunicazione con il mare tramite uno o più canali; la laguna è circondata dall'anello corallino.

PERCHÉ SI SONO FORMATE LE FALESIE?

A volte le coste si interrompono bruscamente con pareti a picco sul mare. Sono le falesie, ripide scarpate rocciose formatesi per effetto dell'**erosione del mare** su coste alte e a struttura omogenea.

Per milioni di anni le onde hanno percosso incessantemente la roccia, scavandola e dando origine a formazioni come quelle che si ammirano nella regione francese della Normandia o sulla costa atlantica della Gran Bretagna.

Un atollo corallino dalla classica forma circolare.

CULTURA

PERCHÉ SI CREDEVA ESISTESSERO LE SIRENE?

Mitiche creature degli abissi, le sirene erano immaginate come donne dai lunghi capelli e dalla voce melodiosa, con corpo umano e coda di pesce. Secondo le antiche leggende, incantavano i marinai di passaggio vicino alle coste: coloro che si fermavano ad ascoltarle andavano incontro alla morte. Cantata anche da Omero nell'*Odissea*, dove le sirene attentano al viaggio di Ulisse, la leggenda delle sirene ebbe forse origine dai racconti di marinai imbattutisi in strani animali come i Lamantini, mammiferi marini dal corpo fusiforme, lunghi circa 3 metri e pesanti fino a mezza tonnellata. Diffusi lungo le coste atlantiche dell'America Centrale, pare che i Lamantini siano stati scambiati per sirene dai primi esploratori spagnoli. Oggi sono una specie protetta, dopo che una caccia spietata li ha ridotti sull'orlo dell'estinzione.

Un Lamantino e una sirena a confronto.

PERCHÉ SI PARLA DI "PIATTAFORMA CONTINENTALE"?

Quando camminiamo lungo una spiaggia o in acque poco profonde ci troviamo sulla piattaforma continentale, un enorme lembo roccioso che giace intorno alle coste e ai bordi dei continenti. Essa abbraccia una vasta porzione di mare che **da zero** scende **a circa 300 metri di profondità**.

Oltre questo limite inizia una scarpata che declina bruscamente fino al fondo abissale, a quota 4000-5000 metri.

DATI E NUMERI

QUALI SONO I MARI CHE BAGNANO L'ITALIA?

Mar Ligure, detto un tempo Ligustico, si estende di fronte alla Liguria ed è limitato da coste montuose fittamente popolate, con grandi città e porti.

Mar Tirreno, il più vasto tra i mari italiani, bagna la penisola dalla Toscana alla Calabria, la Sicilia e la Sardegna. È il più profondo e il più ricco di isole.

Mare Adriatico, dal nome dell'antica città veneta di Adria, è un mare poco profondo con grandi spiagge sabbiose; si spinge a nord fino a Venezia e a Trieste.

Mar Ionio, si estende tra l'Italia meridionale e la Grecia. Profondo anche oltre 4000 metri, comunica attraverso il canale di Otranto, tra Puglia e Albania, con il mar Adriatico. Lo stretto di Messina, largo circa 3 chilometri, divide la Calabria dalla Sicilia e mette in comunicazione il Tirreno con lo Ionio.

PERCHÉ SI SONO FORMATI I FIORDI?

Erroneamente considerati dei fiumi, i fiordi sono profonde insenature che si addentrano nel paesaggio talvolta anche per centinaia di chilometri, spesso entro ripide pareti rocciose.

Si sono formati in seguito allo **sprofondamento di antiche valli glaciali**, che alla fine della glaciazione sono state poi occupate dalle acque marine. I fiordi si trovano in

Alaska, Irlanda, Patagonia e Nuova Zelanda e, soprattutto, in Norvegia.

Il più spettacolare dei fiordi norvegesi è il **Sognefjord**, lungo oltre 200 chilometri, costituito da un braccio principale e sette tortuose diramazioni che penetrano nell'interno, in cui precipitano alte cascate. In alcuni punti le acque raggiungono i 1300 metri di profondità.

La ripida parete di un fiordo in Norvegia. Sotto, un tratto della Grande Barriera Corallina nell'oceano Pacifico.

Qual è l'oceano più profondo e più vasto?

Con una profondità media di oltre 4000 metri, il Pacifico è il più profondo tra gli oceani, oltre che il più vasto (con una superficie di 179.680.000 chilometri quadrati).

La massima profondità dei fondali oceanici viene raggiunta nella Fossa delle Marianne, al largo delle Filippine, dove si raggiungono gli 11.000 metri.

FIUMI E LAGHI

PERCHÉ I FIUMI SONO IMPORTANTI PER L'UOMO?

Mezzi di trasporto e vie di **comunicazione**, fonte di irrigazione per i campi, dispensatori di **cibo** (le acque sono ricche di pesci) e anche di **energia** (un tempo tramite i mulini e le ruote idrauliche, oggi tramite le centrali idroelettriche): da sempre i fiumi rappresentano un elemento di grande importanza per l'uomo.

Le prime civiltà si svilupparono proprio lungo il corso dei fiumi perché l'uomo aveva bisogno dell'**acqua per il proprio sostentamento**.

Dal Nilo, ad esempio, dipese la civiltà egizia, mentre la civiltà mesopotamica si sviluppò nel bacino del Tigri e dell'Eufrate. I fiumi rappresentano infine una simbolica sorgente di vita, civiltà e progresso.

PERCHÉ MOLTE CITTÀ SORGONO LUNGO UN FIUME?

Molte città del mondo si sono sviluppate lungo il corso di grandi fiumi. Londra sul Tamigi, Parigi sulla Senna, Vienna e Budapest sul Danubio, Praga sulla Moldava, Mosca sulla Moscova, New York alla foce dell'Hudson; e ancora Shangai, Buenos Aires e molte altre. Anche Roma, Firenze e Torino sono attraversate da tre grandi fiumi: il Tevere, l'Arno e il Po.

Una città ha bisogno di **acqua dolce per milioni di persone** e per numerose attività che queste svolgono, e un fiume è in grado di soddisfare questa importante esigenza.

I quartieri di Manhattan e Queens a New York sono divisi dall'East River. Sopra, un laghetto alpino.

L'Arno, il fiume più lungo della Toscana.

PERCHÉ UN FIUME SCORRE SEMPRE NELLA STESSA DIREZIONE?

Per effetto della corrente. Tutti i fiumi nascono dai ghiacciai o dalle sorgenti montane e finiscono in mare o nei laghi. Il loro percorso è, in qualche misura, **sempre… in discesa**.

Talvolta però è difficile notarlo: i corsi d'acqua che sembrano procedere placidamente in pianure assolutamente piatte presentano anch'essi una certa pendenza.

L'acqua dei fiumi scorre dunque sempre nello stesso senso, ovvero verso il basso, in base alla **legge di gravità**.

PERCHÉ ALCUNI FIUMI HANNO LA FOCE A ESTUARIO, ALTRI A DELTA?

Se un fiume sfocia in un mare che presenta maree di una certa portata, capaci di allontanare i **detriti trasportati dal fiume** e di mantenere sgombra la foce, questa sarà a estuario. Nelle fasi di alta marea, l'acqua del mare risale il fiume per un certo tratto.

Se invece il moto ondoso, le correnti litoranee e le maree non sono in grado di allontanare, almeno in gran parte, i materiali trasportati dal fiume, questi si accumulano progressivamente fino a formare una **pianura alluvionale**, che spesso assume una forma a ventaglio o a triangolo. Questa forma è detta

CULTURA

PERCHÉ ALCUNI FIUMI SONO CONSIDERATI SACRI?

L'importanza dei fiumi per l'umanità non si riduce solo a funzioni di irrigazione, trasporto o sostentamento: da sempre i fiumi hanno una valenza simbolica. Presso alcune civiltà antiche alcuni fiumi erano venerati come sacri o considerati vere e proprie divinità. Il Nilo, per esempio, presso gli Egizi era un dio che irrigava le messi. Il Giordano, che nasce in Libano e sfocia nel Mar Morto, è citato nell'*Antico* e nel *Nuovo Testamento* sia come baluardo difensivo degli Ebrei contro i popoli d'Oriente, sia come fiume sacro. Gli antichi Greci credevano nell'esistenza dello Stige, fiume leggendario che portava nell'aldilà. Per gli Indiani che professano l'induismo sono sacri numerosi fiumi: su tutti il Gange, personificato in una dea dallo stesso nome, Ganga. Presso la città di Benares il culto del fiume raggiunge l'apice e milioni di pellegrini giungono qui da ogni parte del paese per bagnarsi nelle acque purificatrici, al fine di liberarsi dal ciclo delle reincarnazioni.

Fedeli sul Gange nella città santa di Benares (India).

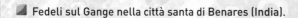

Qual è il fiume più lungo?

Non tutti gli studiosi sono concordi nell'attribuzione del primato: non è facile infatti individuare la sorgente esatta di un fiume, soprattutto quando possiede numerosi affluenti e canali. In lizza ci sono il Nilo (6670 chilometri), il Rio delle Amazzoni (6448 chilometri) e il Mississippi-Missouri (5970 chilometri). Alcuni ritengono che lo sbocco principale del Rio delle Amazzoni sia il Rio Parn, nel qual caso la lunghezza totale del fiume raggiungerebbe i 6750 chilometri, superando il Nilo.

🌐 PERCHÉ IN UN FIUME SI FORMANO I MEANDRI?

Si chiamano meandri (dal nome del tortuoso fiume Meandro, che scorre in Turchia occidentale) le ampie e sinuose anse che caratterizzano il corso di un fiume.

Quando un fiume giunge **in pianura** e le sue acque si fanno meno impetuose, basta un minimo ostacolo per creare una piccola curva che, con il passare del tempo, è destinata a diventare sempre più profonda: la corrente urta l'esterno della curva provocando l'erosione, mentre all'interno deposita **fango e sabbia**.

A volte il fiume abbandona alcuni meandri per crearne di nuovi: in questo caso si formano caratteristici laghetti a mezzaluna che tendono progressivamente a interrarsi, non essendo più alimentati da alcuna fonte.

"delta" per la somiglianza con la lettera greca Δ (*delta*) maiuscola. Il mar Mediterraneo ha un **intervallo di marea** piuttosto ridotto, dunque sono frequenti i delta formati da grandi fiumi come il Rodano, il Nilo, il Danubio, il Po.

I delta sono meno comuni nel caso di fiumi che sfociano direttamente nell'oceano.

🔲 Sopra, una veduta aerea del delta del Nilo. Qui a destra, un'ampia ansa del Reno, in Germania.

PERCHÉ SI FORMANO LE FIUMARE?

I fiumi della Sicilia e della Sardegna sono di breve lunghezza e a **carattere torrentizio**, poiché sulle cime di queste isole non esistono ghiacciai capaci di immagazzinare grandi quantità di e alimentare fiumi dalla portata consistente.

Il loro regime pertanto è soggetto alle piogge: d'inverno scorrono gonfi d'acqua; d'estate, causa la siccità, si trasformano in modesti torrentelli. Spesso i loro letti rimangono alvei ricolmi di ciottoli chiamati, appunto, fiumare.

La valle del Flumendosa, in Sardegna.

PERCHÉ ALCUNI FIUMI SCORRONO NEL SOTTOSUOLO?

Quando il terreno è facilmente permeabile all'acqua, un fiume può scorrere nel sottosuolo anziché all'aria aperta.

Il fenomeno è particolarmente evidente sul **Carso**, un altopiano che occupa l'area dei Balcani e per una piccola fetta del Friuli Venezia Giulia. Questa zona è formata in gran parte da **rocce calcaree** permeabili all'acqua, molto friabili e facili all'erosione.

Principale artefice dei fenomeni carsici è l'acqua piovana, che penetrando nel sottosuolo dà origine a suggestive formazioni come **doline**, **grotte**, **inghiottitoi**.

Anche i fiumi sotterranei scorrono all'interno di paesaggi misteriosi e affascinanti, che solo in parte gli speleologi sono riusciti a esplorare. Un esempio di fiume che scorre in parte nel sottosuolo è il **Timavo**, che nasce in Slovenia nell'altopiano della Piuca e sprofonda nelle grotte di San Canziano, ove compie 40 chilometri di corso sotterraneo prima di riaffiorare in territorio italiano, presso Monfalcone, a circa 2 chilometri dalla foce.

PERCHÉ SI FORMANO LE RISORGIVE?

Le risorgive sono un fenomeno caratteristico della Pianura Padana. L'Alta Padana presenta un **terreno ghiaioso**, costituito da un materiale facilmente attraversabile dall'acqua,

CULTURA

QUAL È L'ORIGINE DEL NOME PO?

Il più lungo fiume italiano (652 chilometri) nasce dal versante settentrionale del Monviso, in Piemonte, a oltre 2000 metri di altezza; durante il suo corso il Po attraversa diverse regioni ricevendo le acque di numerosi affluenti, percorre tutta la Pianura Padana e sfocia con un ampio delta nell'Adriatico. Il nome Po deriva dal latino *padus*, che significa probabilmente "pino", albero che cresce rigoglioso sulle sue rive.

Una pianura alluvionale lungo il Po.

la quale penetra e scorre nel sottosuolo finché incontra il **terreno compatto** e impermeabile della Bassa Padana.

Qui l'acqua riaffiora in superficie formando delle sorgenti dette risorgive o fontanili. Dalle risorgive scaturiscono ruscelli che vengono usati per irrigare i campi.

Una grande diga sul lago Powell nello Utah (Stati Uniti). In basso, la diga dell'Ijsselmeer nei Paesi Bassi.

PERCHÉ SI COSTRUISCONO LE DIGHE?

La diga è uno sbarramento costruito da una sponda all'altra di un corso d'acqua per regolarne la portata. Sono diverse le ragioni per cui vengono fatti massicci investimenti nella realizzazione di dighe: una delle più comuni è quella di formare un **serbatoio** per immagazzinarvi una grande quantità d'acqua.

Nei moderni paesi industrializzati quest'acqua viene impiegata essenzialmente dalle industrie in processi di raffreddamento e di lavaggio e per alimentare le **centrali idroelettriche**.

Nei paesi dove le precipitazioni sono scarse, i serbatoi vengono utilizzati per disporre, oltre che di **riserve di acqua potabile**, anche di acqua a sufficienza per irrigare i campi. Va detto che in alcuni casi le dighe sono fra i fattori responsabili di gravi squilibri ambientali.

bonifica, sbarramento e canalizzazione delle acque.

Il risultato di queste grandi opere che hanno "rubato" al mare ampie superfici sono i polder, aree poste **originariamente sotto il livello del mare**, prosciugate e rese coltivabili.

La più grande diga mai realizzata è probabilmente la Diga del Nord, lunga 30 chilometri, che ha trasformato il golfo dello Zuiderzee in un enorme lago d'acqua dolce, l'Ijsselmeer. Un altro complesso di dighe, il Piano Delta, ha rivoluzionato l'aspetto della fascia costiera trasformando in penisole terre distanti chilometri dal continente.

PERCHÉ NEI PAESI BASSI CI SONO I POLDER?

Circa la metà della superficie totale dei Paesi Bassi si trova al di sotto o appena sopra il livello del mare. Per rendere utilizzabili all'agricoltura i terreni l'uomo è dovuto intervenire con **opere di**

PERCHÉ IL DANUBIO È CONSIDERATO IL FIUME PIÙ IMPORTANTE D'EUROPA?

Il Danubio nasce sui monti della Selva Nera, in Germania e, durante i **2860 chilometri** del suo percorso, attraversa otto Stati dell'Europa centrale e orientale, di cui talvolta segna i confini. Riceve le acque di importanti affluenti e bagna numerose città, fra cui ben tre capitali (Vienna, Budapest e Belgrado). Poiché è navigabile per oltre 2300 chilometri, da Ratisbona alla foce (anche se il suo regime non sempre è uniforme ma presenta anche tratti con pericolose rapide), il Danubio rappresenta una delle principali vie di **comunicazione** e di **scambi commerciali** del Vecchio Continente.

Grazie all'imponenza del suo corso solenne e maestoso, il fiume ha ispirato le opere di artisti, poeti e musicisti, accrescendo la sua fama di fiume più importante d'Europa.

Il delta del Danubio, in Romania, si estende su una superficie di 5640 chilometri quadrati e costituisce il più importante **habitat acquitrinoso** dell'Europa centro-orientale.

PERCHÉ LO HWANG HO È DETTO FIUME GIALLO?

Lo Hwang Ho, o Fiume Giallo, scorre nella Cina settentrionale per 4845 chilometri.

Deve il suo nome a causa dell'enorme quantità di **detriti terrosi** (circa 2000 milioni di tonnellate l'anno) erosi e trasportati lungo il suo corso, che rendono l'acqua perennemente limacciosa.

La pianura percorsa dal Fiume Giallo è soggetta a periodiche **inondazioni**, per questo sono state realizzate grandi opere per regolarizzarne il corso e sfruttarne le acque per irrigazione e per la produzione di energia elettrica.

PERCHÉ LO YUKON È LEGGENDARIO?

Il fiume Yukon divenne famoso alla fine dell'Ottocento, durante la **corsa all'oro**, quando nel suo alveo furono trovate pepite del prezioso metallo: divenne così una delle mete preferite dai cercatori.

Lo Yukon si forma in **Canada** dall'unione di due fiumi che nascono dalle Montagne Rocciose, attraversa tutta l'**Alaska** e sfocia nel mare di Bering. È un'importante via di comunicazione sia d'estate, quando è solcato dalle imbarcazioni, sia d'inverno, quando sono le slitte ad attraversarne la superficie ghiacciata.

Il Fiume Giallo, in Cina. In alto, cercatori d'oro sullo Yukon (da una stampa d'epoca) e, al centro, una pepita d'oro.

PERCHÉ SI FORMANO LE CASCATE?

Durante il suo percorso un fiume può incontrare un **dislivello del terreno**, un semplice gradino oppure un salto anche di centinaia di metri. In quel punto l'acqua precipita fragorosamente a valle formando così una cascata.

Se il dislivello viene superato mediante una serie di salti alternati a tratti in forte pendenza (le rapide), si usa il termine **cateratta**.

La cascata può essere "costruita" dallo stesso fiume, quando le rocce nelle quali è scavato il letto presentano una diversa resistenza all'**azione erosiva dell'acqua**: la roccia meno resistente viene erosa più velocemente. Questo fenomeno dà origine a un dislivello.

PERCHÉ LE CASCATE VITTORIA SONO DETTE "FUMO CHE TUONA"?

Le cascate Vittoria si trovano sul medio corso del fiume Zambesi, fra Zambia e Zimbabwe (Africa meridionale). Le popolazioni indigene le chiamano **Masi Satunya**, cioè "fumo che tuona". Larghe circa 1700 metri, le cascate

Una veduta aerea delle cascate Vittoria.

CURIOSITÀ

PERCHÉ FU CREATA LA CASCATA DELLE MARMORE?

La cascata delle Marmore si trova nella provincia umbra di Terni e costituisce una grande attrazione turistica. La sua costruzione risale al III secolo a.C. quando gli antichi Romani decisero di deviare le acque del fiume Velino che dilagavano nella piana di Rieti, trasformandola in una grande palude. Gli abili ingegneri dell'epoca tagliarono la montagna e crearono tre grossi balzi facendo precipitare le acque del fiume nella valle sottostante, dove venivano raccolte da un canale artificiale e convogliate nel fiume Nera. I lavori per la creazione della cascata (160 metri di altezza), durarono oltre 15 anni e terminarono nel 271 a.C.

La cascata delle Marmore.

Vittoria compiono **un salto di ben 122 metri**: come si può immaginare, lo scroscio provocato dall'ingente massa d'acqua è così fragoroso da potersi udire anche a notevoli distanze, proprio come un tuono; inoltre sono perennemente avvolte da una nebbiolina costituita da immense **nuvole di vapore**.

L'esploratore inglese David Livingstone, il primo europeo a scoprire le cascate intorno alla metà del XIX secolo, le battezzò in onore della regina Vittoria, che all'epoca regnava in Inghilterra.

PERCHÉ SI FORMA UN LAGO?

I laghi si sono formati in seguito a fenomeni naturali di diversa origine.

Alcuni bacini furono scavati dall'**azione dei ghiacciai** durante l'ultima era glaciale. È questo il caso dei laghi alpini della Svizzera, dell'Italia settentrionale e dei Grandi Laghi nordamericani.

Un lago può occupare un cratere vulcanico spento o inattivo, o ampie depressioni vulcaniche dette caldere. Sono laghi vulcanici per esempio Nemi, Bolsena, Albano, Vico e Bracciano, nel Lazio.

Alcuni laghi sono antichi mari salati interni, rimasti isolati in seguito all'**attività tettonica** della crosta terrestre. Dovuti allo stesso fenomeno sono anche i laghi che occupano il fondo di una depressione originatasi per corrugamento. Di questo tipo sono il Bajkal, il Mar Morto e i grandi laghi dell'Africa orientale.

I laghi di **sbarramento vallivo** si formano quando l'acqua viene trattenuta da una diga naturale (una frana, una valanga, eccetera) all'interno di una valle fluviale. Laghi di sbarramento sono considerati anche gli specchi d'acqua rimasti isolati fra cordoni litorali e dune costiere, come i laghi di Lesina e di Varano, lungo la costa adriatica meridionale.

In alto, il lago Patricia nel parco nazionale Jasper, in Canada, il paese dei Grandi Laghi nordamericani. Qui a lato, il lago di Bracciano, bacino di origine vulcanica.

🌐 PERCHÉ ALCUNI LAGHI "SCOMPAIONO"?

Le cause per la scomparsa dei bacini possono essere molteplici.

I detriti trasportati dai fiumi possono arrivare a colmare un lago: in questo caso **i delta fluviali avanzano** fino a occupare tutto il bacino, che pian piano si trasforma in un'area paludosa.

Una suggestiva veduta del Great Salt Lake.

AMBIENTE

PERCHÉ SONO FAMOSI I LAGHI DI PLITVICE?

Il parco naturale di Plitvice, nella Croazia centrale, è formato da un altopiano carsico di quasi 20.000 ettari. La boscosa oasi naturale comprende 16 laghi, formatisi per l'erosione di rocce calcaree operata dal fiume Korana. La particolarità di questi laghi è di essere disposti a catena su più livelli; alimentati da un'infinità di sorgenti e piccoli ruscelli, sono collegati fra loro da una serie di salti e cascate. Gravemente danneggiato durante il conflitto nella ex Iugoslavia, oggi il parco di Plitvice costituisce di nuovo una delle maggiori attrazioni turistiche della Croazia.

Una passerella sopraelevata a Plitvice.

Lo **sbocco del lago** cede a causa dell'erosione: il punto da cui le acque defluiscono si abbassa, lasciando asciutto il terreno. Nuovi sbocchi nei laghi si formano anche a causa di terremoti ed eruzioni vulcaniche.

L'**evaporazione** può far prosciugare un lago, ad esempio quando i fiumi riversano nel lago meno acqua di quanta il caldo e il secco ne facciano evaporare.

🌐 PERCHÉ IL GREAT SALT LAKE SI È RITIRATO?

Il Great Salt Lake (Gran Lago Salato) si trova nello Utah (Stati Uniti). È un immenso bacino di acqua bianca, esteso per 4144 chilometri quadrati, residuo di un ben più vasto bacino interno, detto lago di Bonneville.

Il bacino si è prosciugato nel corso di milioni di anni perché il lago, alimentato da pochi e scarsi immissari, ha un'**evaporazione rapida** e abbondante e l'acqua che evapora non è sostituita da altra acqua.

I sali minerali contenuti nell'acqua si accumulano conferendo al lago il caratteristico colore bianco. L'**eccessiva salinità** rende problematico lo sviluppo di forme di vita: ecco perché il Great Salt Lake appare come un vasto e desolato deserto.

Il mar Morto, tra Giordania e Israele.

🌀 PERCHÉ IL MAR MORTO È SALATO?

Il Mar Morto è in realtà un **grande lago** che si estende su oltre 1000 chilometri quadrati di superficie, al confine tra Giordania e Israele. Occupa una parte della profonda depressione di El-Ghor, 395 metri sotto il livello del mare.

Ha un **tasso di salinità altissimo**: il suo unico immissario infatti, il fiume Giordano, possiede acque ricchissime di sali che, una volta raggiunto il lago, si concentrano in alte percentuali a causa della forte evaporazione provocata dal clima caldo e secco della zona.

Sulle sue rive sono sorti stabilimenti termali per la cura delle malattie della pelle, che sfruttano le proprietà curative delle acque.

🌀 PERCHÉ IL LAGO BAJKAL SEMBRA UN MARE?

Il lago Bajkal si trova nella Siberia meridionale (Federazione Russa). È il lago d'acqua dolce più grande dell'Asia (con una superficie di 31.500 chilometri quadrati) e **il più profondo della Terra**: la sua profondità massima è superiore ai 1600 metri.

Il Bajkal è anche il lago **più antico della Terra** e la sua formazione risale a oltre 25 milioni di anni fa. Vi fluiscono ben 336 fiumi ed è l'habitat di diverse specie animali, alcune rarissime, come l'unica foca d'acqua dolce esistente sul pianeta.

I fondali ospitano una fauna ittica varia e abbondante, fra cui il *Yepishura*, un crostaceo trasparente che si nutre della materia organica in decomposizione. Un bacino sterminato, acque limpide (anche se purtroppo minate dall'inquinamento), foche e crostacei: ci sono tutti gli ingredienti perché somigli a un mare!

Qual è il lago più esteso della Terra?

Tanto esteso da essere chiamato mare, il mar Caspio, situato fra l'Iran e la Federazione Russa, è il più vasto lago salato del mondo, con una superficie di 371.800 chilometri quadrati. Il più esteso lago di acqua dolce è il Lago Superiore (82.350 chilometri quadrati), al confine fra USA e Canada.

PERCHÉ IL CRATER LAKE CONTIENE UN ALTRO LAGO?

I laghi vulcanici si sono formati per riempimento di crateri ormai spenti. Il Crater Lake (Lago del Cratere), in Oregon (Stati Uniti), si è formato in seguito al crollo delle pareti del **vulcano Mazama**.

Con un diametro di 10 chilometri, il lago è circondato da scogliere alte fino a 600 metri ma, cosa ancor più straordinaria, nel mezzo del bacino sorge un **isolotto** che a sua volta contiene un altro piccolo lago, anch'esso situato all'interno di un cratere spento.

Il bacino del Crater Lake nello Stato dell'Oregon (USA), formatosi all'interno di un'enorme caldera.

PERCHÉ È VARIABILE LA PORTATA D'ACQUA DEL LAGO WAKATIPU?

Il lago Wakatipu si trova nell'Isola del Sud della Nuova Zelanda; la particolarità di questo bacino è data dal fatto che il livello delle sue acque si innalza e si abbassa periodicamente: circa **8 centimetri ogni 10 minuti**.

Per spiegare il fenomeno, mito e scienza si dividono. Secondo i racconti dei Maori, la popolazione originaria della Nuova Zelanda, a causare il fenomeno sarebbe il battito del cuore di un gigante che dorme sul fondo del lago.

Secondo gli scienziati, invece, ciò è dovuto all'azione dei forti venti che sferzano la regione e alle improvvise **variazioni della pressione atmosferica**.

Il lago Wakatipu, in Nuova Zelanda, sulle cui rive sorge la città di Queenstown.

CURIOSITÀ

PERCHÉ LOCH NESS È UN LAGO LEGGENDARIO?

Il paesaggio della Scozia è caratterizzato da valli di origine glaciale dalle pareti a picco e dal fondo piatto, simili a fiordi. Tali valli sono spesso occupate da laghi lunghi e stretti detti *loch*. Il più profondo di questi, che si trova nella depressione del Glen More, è il Loch Ness, divenuto famoso per i leggendari avvistamenti di un drago, un mostro dall'aspetto simile a un dinosauro. Le ripetute indagini volte ad appurare l'esistenza di *Nessie*, come è stato familiarmente battezzato il mostro, hanno però dato tutte esito negativo.

PERCHÉ SI FORMANO LE LAGUNE?

L'attività delle onde può determinare l'accumulo di detriti fino a formare un **cordone sabbioso** che, emergendo, isola un braccio di mare trasformandolo in laguna.

Tali cordoni sabbiosi, detti **lidi**, corrono paralleli alle coste e comunicano con il mare attraverso piccole aperture, dette bocche o porti, spesso collegate alla foce di un fiume per mezzo di una complessa rete di canali.

All'interno di una laguna si distinguono due aree: la "**laguna viva**" dove l'azione di flusso e riflusso della marea ha effetti sensibili, e la "**laguna morta**", più interna, dove le correnti di marea sono attenuate.

PERCHÉ LE LAGUNE SONO DESTINATE A INTERRARSI?

Perché gradualmente le bocche vengono occluse dalla **sabbia** e dall'**argilla** depositate dal fiume e dalle correnti marine.

La laguna di Chioggia

AMBIENTE

PERCHÉ LA LAGUNA DI VENEZIA È IN PERICOLO?

Lunga circa 50 chilometri e larga 10-11, quella di Venezia è la più ampia laguna costiera dell'alto Adriatico. La sua storia risale a circa 6000 anni fa, quando in questi luoghi si estendeva una parte dell'antica pianura veneta, generata dai depositi alluvionali di fiumi come il Brenta e il Piave.

Lungo la costa, tra le foci dei fiumi, l'apporto di sabbie creò una lunga fascia di dune, che venne poi a formare un insieme di isole parallele alla costa, i cordoni litoranei; questi ultimi, separando dal mare uno specchio acqueo interno, diedero vita alla laguna come oggi la conosciamo. Gli abitati lagunari e il centro storico di Venezia sono da sempre esposti a periodici allagamenti. Il fenomeno è legato a due componenti che influenzano il livello del mare: l'innalzamento delle acque per effetto della marea astronomica e del clima e l'abbassamento relativo del suolo rispetto al livello medio del mare.

Quando sale la marea, a Venezia l'acqua comincia a invadere le zone più basse della città, fra cui Piazza San Marco, e per camminare si usano passerelle rialzate. L'alluvione più drammatica che si ricordi avvenne il 4 novembre 1966: quel giorno Venezia fu completamente sommersa da un metro d'acqua, con danni incalcolabili. Emerse allora la consapevolezza che la sopravvivenza stessa della città e del suo immenso patrimonio artistico erano in pericolo, se non si fosse intervenuti tempestivamente.

Oggi sono allo studio numerosi progetti, uno dei quali prevede la costruzione di dighe mobili che entrerebbero in funzione nei casi di emergenza per regolare l'acqua in laguna e impedire le inondazioni.

Venezia: il Canal Grande a Rialto.

MONTAGNE E VULCANI

PERCHÉ SI SONO FORMATE LE CATENE MONTUOSE E LE VALLI?

Secondo i geologi, le catene montuose sono il risultato di complicati processi di modificazione della superficie terrestre avvenuti nel corso di migliaia di anni.

Blocchi della crosta terrestre detti "**zolle**", scontrandosi l'uno contro l'altro, provocarono la formazione di montagne e valli.

L'insieme dei processi che concorrono alla formazione di una catena montuosa è indicato con il termine **orogenesi**, dalle due parole greche *óros* (monte) e *génesis* (nascita).

🔲 In alto, il massiccio del Gran Paradiso, in Val d'Aosta. Qui sotto, la catena del Gran Sasso, nell'Appennino abruzzese.

PERCHÉ LE MONTAGNE PRESENTANO FORME DIVERSE?

La forma di una montagna dipende in larga parte dalla misura e dal **tipo di erosione** che subisce. Dal momento della sua formazione, infatti, essa è costantemente soggetta all'azione erosiva operata da ghiacciai, fiumi, precipitazioni e in generale dagli agenti atmosferici, che ne modificano l'aspetto e ne diminuiscono l'altezza.

Le **montagne più vecchie**, dunque, hanno subìto una maggiore erosione; ciò spiega perché, al contrario, le **montagne più alte** siano spesso quelle di formazione recente.

CURIOSITÀ

PERCHÉ IL GRAN SASSO È SOPRANNOMINATO IL "GIGANTE CHE DORME"?

Il gruppo montuoso del Gran Sasso si trova nell'Appennino centrale; qui si eleva il tetto degli Appennini, il Corno Grande (2912 m). Con le altre vette, il Corno Grande forma una cresta frastagliata e nelle giornate di cielo sereno il profilo delle cime assomiglia a quello di un gigante disteso in posizione supina.

PERCHÉ IN MONTAGNA FA PIÙ FREDDO?

Quando si sale in alta quota, **l'aria si fa più rarefatta** e la temperatura scende. Sembrerebbe una contraddizione, visto che salendo ci si avvicina di più al Sole: in realtà il Sole dista pur sempre 150 milioni di chilometri.

Il fenomeno si spiega, in breve, considerando il fatto che la superficie terrestre assorbe una grande quantità di calore, che viene poi parzialmente ceduta all'atmosfera; ad alte quote, invece, c'è meno aria in grado di **assorbire calore**, dunque più si sale, più fa freddo.

Una valle alpina.

AMBIENTE

PERCHÉ I GHIACCIAI ALPINI SI RITIRANO?

I ghiacciai alpini, alimentando una grande quantità di torrenti, laghi e corsi d'acqua, costituiscono un'importantissima riserva idrica. Secondo i rilevamenti dell'UNEP (l'agenzia ambientale delle Nazioni Unite), il fronte di molti ghiacciai alpini si sta ritirando e alcuni si stanno addirittura esaurendo. La causa principale del fenomeno va ricercata nel riscaldamento globale del clima verificatosi negli ultimi cento anni e provocato, secondo molti esperti, dall'aumento dell'effetto serra. L'ulteriore riduzione, o la scomparsa, dei ghiacciai alpini avrebbe gravissime conseguenze per il clima e per l'agricoltura delle valli e delle pianure adiacenti, oltre a provocare la crisi del sistema idroelettrico.

PERCHÉ SI FORMANO I GHIACCIAI?

I **ghiacciai montani** si formano nelle valli di alta montagna, dove il calore estivo non riesce a fondere la neve: oltre il limite delle nevi perenni. Quest'ultimo varia con la latitudine: nelle regioni polari può coincidere con il livello del mare, mentre nelle regioni equatoriali può spingersi fino a oltre 5000 metri.

I **ghiacciai continentali** o *inlandsis* interessano invece l'Antartide e la Groenlandia. Essi rappresentano i resti delle coltri di ghiaccio che hanno ricoperto la superficie terrestre durante l'era glaciale.

Oggi poco più del 10% della superficie terrestre è ricoperta dai ghiacci; l'87% del ghiaccio si trova in Antartide, il 12,5% in Artide e il resto nei ghiacciai montani.

PERCHÉ I GHIACCIAI SI MUOVONO?

I ghiacciai di montagna si muovono verso il basso sia per effetto della forza di gravità, sia per il loro scivolamento causato dalla **fusione del ghiaccio** quando è sottoposto a una for-

Una veduta aerea dei ghiacciai antartici.

te pressione: l'acqua che si forma si sposta verso valle, ma gela di nuovo quasi istantaneamente, e il processo riprende.

La **velocità di scorrimento** varia da pochi centimetri ad alcuni metri al giorno; i maggiori ghiacciai alpini scendono alla velocità di circa 50 metri all'anno, mentre quelli himalaiani e ancor più le calotte antartiche fluiscono a velocità superiori, anche di diversi chilometri all'anno.

PERCHÉ SI FORMANO LE MORENE?

Scivolando verso il basso, il ghiacciaio trascina con sé una grande quantità di materiale roccioso di varia dimensione: sassi, ciottoli, sabbia, limo, in parte strappati alle pareti del letto roccioso, in parte caduti sul ghiacciaio dalle pendici sovrastanti.

Più a valle questi materiali si accumulano in depositi detti morenici. Morena, dal latino *mora* "**mucchio di sassi**", sta a indicare appunto quelle colline formate dal materiale roccioso trasportato dai ghiacciai.

Le morene si distinguono in base alla posizione occupata rispetto alla massa di ghiaccio: quando i detriti si accumulano sui fianchi del ghiacciaio si hanno le morene **laterali**; in posizione frontale si hanno le morene **terminali**. Talvolta le colline moreniche, allo scioglimento dei ghiacciai, formano uno sbarramento al defluire delle acque e danno origine a un lago.

PERCHÉ SI FORMANO I CREPACCI?

La superficie di un ghiacciaio è sottoposta a particolari **condizioni di tensione**, ad esempio perché la pendenza del letto aumenta o perché la valle si allarga: nella massa del ghiaccio si creano profonde fenditure dette crepacci.

Si forma un crepaccio ogni volta che un ghiacciaio, scorrendo verso il basso, è frenato da una gobba del terreno, oppure cambia velocità per qualsiasi altra ragione.

I crepacci possono intersecarsi fra loro formando un ammasso caotico di blocchi di ghiaccio, detti **seracchi**.

Da sempre i crepacci, lunghi, stretti, profondi e ricoperti da una crosta gelata che li nasconde alla vista, rappresentano una delle insidie maggiori per alpinisti e scalatori.

A lato, un ghiacciaio del Monte Bianco. Qui sopra, un temibile crepaccio.

⊕ PERCHÉ I RILIEVI DI ALPI E APPENNINI PRESENTANO UNA FORMA DIVERSA?

Alpi e Appennini sono catene "recenti", nate circa 60 milioni di anni fa durante un periodo di grandi sconvolgimenti chiamato orogenesi alpina.

Le **Alpi**, con cime che superano i 4000 metri, sono caratterizzate da **vette aguzze** e frastagliate, pareti scoscese e valli ripide e strette.

Gli **Appennini** presentano cime generalmente più basse (inferiori ai 3000 metri) e **arrotondate**: i rilievi sono infatti molto più erosi, essendo formati da rocce friabili e maggiormente attaccabili dagli agenti atmosferici.

⊕ PERCHÉ LE APUANE SONO DETTE ALPI?

La catena pre-appenninica delle Apuane si eleva tra l'Appennino tosco-emiliano e il mar Tirreno, nella Toscana nord-occidentale.

🔲 Cave di marmo nelle Alpi Apuane.

I suoi rilievi sono di **origine calcarea** e, rispetto agli Appennini, hanno conformazione geologica e aspetto diversi.

I profili sono in genere alti, aguzzi e, in alcuni tratti, caratterizzati da vaste distese che sembrano ghiacciai; si tratta delle cave scavate nel corso dei secoli per estrarre il pregiato **marmo** bianco dai fianchi della montagna. Tutte queste caratteristiche hanno valso alle Apuane l'appellativo di Alpi.

CULTURA

QUAL È L'ORIGINE DEL NOME DOLOMITI?

Le Dolomiti sono un gruppo montuoso del Trentino Alto Adige che comprende imponenti massicci separati tra loro da ampie valli e numerosi valichi. Sono costituite da una roccia di origine calcarea detta dolomia, da cui il nome Dolomiti. La particolare friabilità della roccia ha concorso alla formazione degli spettacolari pinnacoli che si ergono alla sommità delle cime. La dolomia possiede anche la caratteristica di assumere mutevoli sfumature di colore. La Marmolada, le Tofane, il gruppo del Sella, le pale di San Martino, le tre cime di Lavaredo sono alcune delle località più suggestive delle Dolomiti.

🔲 Il gruppo del Latemar, nelle Dolomiti trentine.

🌐 PERCHÉ LE ALPI HANNO MOLTI VALICHI?

Le Alpi sono ricche di vie naturali di comunicazione perché solcate da ampie valli scavate dall'erosione. Nell'antichità, il transito avveniva in corrispondenza dei passaggi più agevoli da attraversare, in particolare lungo le estremità orientale e occidentale.

I **valichi stradali**, resi accessibili già durante l'età romana, subirono un grande sviluppo in epoca napoleonica. Con l'avvento della ferrovia, alla fine dell'Ottocento, furono inaugurati i primi i **valichi ferroviari** con la realizzazione di lunghe gallerie dette trafori.

I più importanti trafori ferroviari sono quelli del Fréjus, del San Gottardo e del Sempione; i maggiori trafori stradali sono quelli del Monte Bianco e del Gran San Bernardo.

🌐 PERCHÉ IL CERVINO È DETTO LA "PIRAMIDE"?

Il Cervino (4478 metri) si trova nelle Alpi Pennine e il versante italiano appartiene alla Val d'Aosta. Il suo aspetto è particolarmente suggestivo per via della forma a piramide: le pareti, composte da sostanze minerali cristalline e da pietre verdi, sono quasi perfettamente **squadrate** e perciò molto ardue da scalare.

🌐 PERCHÉ IL MONTE EVEREST CONTINUA A SOLLEVARSI?

Il monte Everest si trova nella catena dell'**Himalaya**, al confine fra il Nepal e la regione cinese del Tibet. Formatasi per il sollevamento delle rocce dal fondo dell'antico mar di Tetide, l'Himalaya comprende numerose vette superiori agli 8000 metri, che i movimenti della crosta terrestre hanno via via sollevato verso l'alto.

Al giorno d'oggi, la **pressione** della base rocciosa sottostante il massiccio montuoso è ancora attiva e fa sì che l'Everest, spinto ai lati, continui a poco a poco a **sollevarsi**.

La sua altitudine esatta è stata "corretta" in diverse occasioni: nel 1866 si calcolò misurasse 8840 metri sopra il livello del mare; nel 1973, 8848 metri e, nel 1987, misurazioni da satellite fornirono una nuova stima: 8863 metri.

🔲 In alto, il Cervino. Sotto, un versante del monte Everest.

Qual è la cima più alta del mondo?

È il monte Everest che tocca quasi i 9000 metri. Alcune montagne che si elevano dai fondali oceanici sono però assai più alte. La più elevata è il Mauna Kea, nell'isola di Hawaii, che si innalza per quasi 10.000 metri dal fondo dell'oceano Pacifico, di cui poco meno di 5600 sott'acqua e 4205 sopra.

Il monte Ararat, nella catena del Caucaso.

PERCHÉ IL MONTE ARARAT È CONSIDERATO "DIVINO"?

L'Ararat (5165 metri) è un massiccio montuoso di origine vulcanica posto al confine tra Turchia, Iran e Armenia.

Domina l'arido altopiano sottostante e comprende numerosi ghiacciai. Gli armeni lo chiamano *Masik*, che vuol dire "divino", mentre per i persiani è *koh-e Noh*, la "**montagna di Noè**". Nella *Bibbia* si narra infatti che, dopo il Diluvio universale, l'arca di Noè approdò su queste cime.

PERCHÉ AYERS ROCK CAMBIA COLORE?

Nel deserto australiano sorge il monolito più grande del mondo, Ayers Rock; i nativi Aborigeni lo chiamano Uluru e lo considerano un **totem sacro**. Il monolito è un enorme blocco di roccia rossa dalla forma simile a una gigantesca pagnotta bruciata. La roccia di Ayers Rock assorbe in maniera diversa l'**intensità dei raggi luminosi** e produce un suggestivo effetto cambiando colore diverse volte durante il giorno.

All'alba è rosata, sotto il sole di mezzogiorno sembra una brace fiammeggiante, al tramonto diventa rossastra e, verso sera, si tinge di riflessi azzurri.

Il monolito di Ayers Rock, nel deserto australiano.

CULTURA

PERCHÉ L'OLIMPO È UN MONTE LEGGENDARIO?

Il monte Olimpo, la vetta più alta della Grecia (2917 metri), sorge al confine tra la Macedonia e la Tessaglia. Il massiccio montuoso è diviso in alto e basso Olimpo dai fiumi Leliana e Ziana. Le creste sono aspre, rocciose e difficili da scalare, mentre la cima, data la vicinanza al mare, è perennemente avvolta dalle nubi e ciò conferisce alla montagna un fascino misterioso. La fama dell'Olimpo è legata alle numerose leggende che nell'antica Grecia fiorirono intorno a questo monte considerato la dimora degli dei.

PERCHÉ I VULCANI HANNO LA FORMA DI UN CONO?

I vulcani sono delle montagne formatesi per l'**accumulo di lava** e altri materiali, provenienti da un camino che sbocca in un cratere.

In origine essi sono semplicemente delle spaccature aperte nella crosta terrestre, da cui fuoriescono con violenza i materiali incandescenti presenti nel sottosuolo. Quando la lava e le altre sostanze si raffreddano, solidificandosi e diventando roccia, si accumulano a mano a mano sui fianchi della spaccatura formando una montagna.

La forma a cono è dovuta al fatto che l'apertura del cratere è posta sulla sommità.

PERCHÉ I VULCANI ERUTTANO?

Il cono vulcanico ha al suo interno un camino che scende in profondità, dove la temperatura è così alta che le rocce ivi presenti sono fuse e si presentano sotto forma di magma.

A causa della forte pressione, il **magma** viene sospinto lungo il condotto e fuoriesce sotto forma di lava incandescente, di solito accompagnata da sabbia, gas, ceneri e lapilli.

◢ Un'isola vulcanica della Nuova Zelanda.

◢ Un'esplosione di lapilli dai crateri dell'Etna.

Di solito l'eruzione si arresta improvvisamente e il condotto si blocca, finché un nuovo accumulo di **lava fusa** si riapre la via fino alla cima del vulcano o forma un nuovo cratere sui fianchi della montagna.

DATI E NUMERI

LE ERUZIONI VULCANICHE PIÙ ROVINOSE

DATA	VULCANO	MORTI
79	Vesuvio, Campania	16.000
1169	Etna, Sicilia	15.000
1586	Kelut, Giava (Indonesia)	10.000
1669	Etna, Sicilia	20.000
1792	Unzen, Giappone	10.400
1815	Tambora, Isola di Giava	12.000
1883	Krakatoa, Indonesia	36.000
1902	Pelée, Martinica	28.000
1951	Lamington, Nuova Guinea	3000
1985	Nevado del Ruiz, Colombia	23.000
1991	Pinatubo, Filippine	800

PERCHÉ I VULCANI "BRONTOLANO"?

All'interno del condotto vulcanico la lava scorre lentamente e nelle maggior parte dei casi i **gas** possono fuoriuscire senza provocare esplosioni, causando però il caratteristico (e sinistro) brontolio emesso da alcuni vulcani.

PERCHÉ SI FORMA UNA CALDERA?

La caldera è una grande depressione di forma circolare che si forma sulla sommità di un vulcano quando il magma presente nel sottosuolo viene rapidamente a mancare, in genere nel corso di una **violenta eruzione**.

La rimozione del magma conduce alla perdita del supporto strutturale della roccia sovrastante, portando al **collasso del suolo** e alla formazione della depressione. Spesso all'interno della caldera si formano nuovi coni eruttivi.

I **crateri** invece sono in genere depressioni più piccole, spesso circolari, create direttamente da fenomeni esplosivi durante le eruzioni.

PERCHÉ SI PRODUCE LA CENERE VULCANICA?

La cenere vulcanica è composta da rocce, minerali e frammenti di vetro vulcanico le cui dimensioni non superano i 2 millimetri di diametro. È dura e non si scioglie in acqua.

Si produce durante le **eruzioni esplosive** in seguito alla frantumazione di rocce solide e alla violenta separazione di minuscoli frammenti di magma. Dopo essere stata emessa nell'atmosfera, la cenere calda sale velocemente a formare una colonna eruttiva sopra il vulcano.

🔲 La nube di cenere emessa dal Sakurajima e, in basso, quella del vulcano islandese Eyjafjallajökull nell'aprile del 2010.

PERCHÉ "PIOVE" DAL MONTE SAKURAJIMA?

Il Sakurajima è un vulcano situato nell'isola giapponese di **Kyushu**. Il suo cono, quasi totalmente circondato dal mare, si trova nella baia di Kagoshima, formata essa stessa dalla larga caldera. Prima del 1914 il vulcano era isolato al centro della baia, poi una devastante eruzione unì l'isola alla terra circostante la baia.

Il Sakurajima è **uno dei vulcani più attivi del mondo**: dal 1953 si sono verificati numerosi episodi vulcanici di media entità, con diverse esplosioni. La popolosa città di Kagoshima dista in linea d'aria appena 7 chilometri dal cratere e le frequenti eruzioni provocano una **"pioggia" di cenere** che cade sulla città.

Gli abitanti sono costretti a usare ombrelli per ripararsi e anche lo svolgimento del traffico aereo è soggetto agli umori del vulcano. Solo se soffiano venti che allontanano la pioggia di cenere, la vita in città torna normale.

PERCHÉ L'ISOLA DI SANTORINI HA LA FORMA DI UNA MEZZALUNA?

Santorini è un'isola greca dell'arcipelago delle Cicladi che fu soggetta a un evento che ne modificò profondamente l'aspetto. Un tempo, infatti, era di forma tondeggiante con un grande vulcano, proprio al centro.

Nel 1500 a.C. il vulcano esplose causando una catastrofe epocale e **parte dell'isola sprofondò** formando l'attuale caldera, dove il mare raggiunge una profondità di ben 380 metri. Al termine dell'eruzione rimase emerso solo un pezzo dell'antico vulcano, una striscia a forma di mezzaluna, in pratica l'orlo del cratere che non fu sommerso dal mare. Successive eruzioni formarono poi le isolette limitrofe.

Santorini fu al centro di numerose leggende, secondo una delle quali sarebbe la parte emersa di **Atlantide**, il mitico continente scomparso.

Il Cotopaxi e, sotto, l'isola di Santorini in una foto aerea.

PERCHÉ ERA PERICOLOSO IL VULCANO COTOPAXI?

Il Cotopaxi (5896 metri) domina la Cordigliera delle Ande a circa 50 chilometri da Quito, la capitale dell'Ecuador.

Il vulcano attivo **più alto del mondo** è "silenzioso" da oltre un secolo, ma fino all'ultima grande eruzione del 1877 era molto temuto anche per la formazione di micidiali valanghe di fango, i *lozadales*, che si formano quando la neve che ricopre la cima si riscalda e si scioglie, a causa della risalita della lava in superficie.

Quale fu la più grande eruzione vulcanica?

Nel 1883 esplose l'isola di Krakatoa, nell'arcipelago dell'Indonesia. Durante l'eruzione le rocce furono scagliate a 55 chilometri di altezza e le ceneri caddero fino a 5000 chilometri di distanza. L'esplosione provocò la formazione di gigantesche onde d'urto; le vittime furono oltre 36.000. Oggi sui resti del vulcano originario si sta formando un nuovo cratere, l'Anak Krakatoa.

L'Etna durante una fase eruttiva.
In basso, un fiume di lava incandescente.

CULTURA

PERCHÉ È RICORDATA L'ERUZIONE DEL VESUVIO?

Nel 79 d.C., in base alla ricostruzione che ci ha tramandato lo storico latino Plinio il Vecchio, una violenta eruzione del Vesuvio distrusse le città romane di Pompei ed Ercolano. Migliaia di persone furono evacuate dalle pendici del vulcano e altrettante persero la vita, compreso Plinio, che però fece in tempo a lasciarci la sua testimonianza prima di rimanere soffocato dai fumi. Per ben 800 anni il vulcano era rimasto silenzioso e la gente del luogo non sospettava che potesse destarsi all'improvviso. L'eruzione spaccò in due il vulcano, originando l'attuale Vesuvio e il monte Somma. Attivo da 25.000 anni, il Vesuvio è attualmente in stato di "quiescenza"; l'ultima eruzione avvenne nel 1944 e fece crollare il cono interno causando lo spegnimento del pennacchio di fumo che usciva dal cratere.

L'eruzione del Vesuvio in un dipinto del 1767.

🌐 PERCHÉ L'ETNA È UN VULCANO PERICOLOSO?

L'Etna (3340 metri) si eleva sul versante orientale della Sicilia ed è **il maggior vulcano attivo d'Europa**. L'attività eruttiva è costante, come testimoniano i fumi che escono in continuazione dalle sue bocche.

Il cratere principale si trova a 3000 metri, ma lungo i versanti della montagna si aprono circa 350 crateri minori, cui se ne aggiungono

sempre di nuovi. Anche se fra un'eruzione e l'altra passano diversi anni, gli esperti tengono sotto controllo la situazione, dato che lungo il versante catanese vi sono **case costruite fino a 500 metri di quota**, che sono state più volte minacciate dalla lava e dai lapilli. Nella maggior parte dei casi, per fortuna, la lava fuoriesce dal versante meridionale incanalandosi lungo la Valle del Bove.

L'isola di Vulcano, nell'arcipelago delle Eolie.

PERCHÉ VULCANO E STROMBOLI NON SONO VULCANI PERICOLOSI?

Lo Stromboli (924 metri) si eleva nel mar Mediterraneo, sull'isola omonima al largo delle coste siciliane. Pur essendo fra i pochi vulcani europei costantemente attivi, al suo interno **non vi sono zone di pressione** e la lava fuoriesce lentamente. L'attività vulcanica in questione, detta appunto "stromboliana", è caratterizzata anche da una serie di esplosioni e piccole fontane di lava basaltica dallo stesso cratere. Anche l'attività di Vulcano è costituita da eruzioni prevalentemente di tipo esplosivo, con emissione nell'atmosfera di frammenti di lava.

PERCHÉ SI CREANO LE FUMAROLE?

Le fumarole sono bocche dalle quali i **gas vulcanici ad alta temperatura** fuoriescono nell'atmosfera. Possono assumere la forma di piccole aperture o di lunghe fratture, riunite in piccoli gruppi o in grandi campi fumarolici,

Fumarole presso i Campi Flegrei, in Campania.

e si ritrovano spesso sulla superficie dei flussi di lava. Nel caso in cui si trovino sopra una fonte di calore persistente, le fumarole possono rimanere attive per anni o addirittura per secoli; se invece nascono sopra depositi vulcanici recenti, che perciò si raffreddano rapidamente, scompaiono di solito in pochi giorni. In Italia il fenomeno è particolarmente rilevante nell'area intorno a Pozzuoli (i Campi Flegrei) e sulle pendici dell'Etna.

PERCHÉ È POSSIBILE TENERE "SOTTO CONTROLLO" UN VULCANO?

Anche se nel lungo termine è impossibile prevedere con esattezza quando si verificherà un'eruzione, basandosi sulla **storia del vulcano** gli esperti possono farsi un'idea approssimativa della futura attività del cratere. È possibile infatti "controllare" lo stato di un vulcano con strumenti atti a misurare alcuni fenomeni come il **tremore sismico**, il sollevamento, la composizione e la temperatura delle fumarole. Poiché le variazioni di tali parametri avvengono nel breve termine, in realtà si può prevedere un'eruzione solo con pochi giorni di anticipo.

GEOLOGIA E FENOMENI NATURALI

❓ PERCHÉ LA SUPERFICIE DELLA TERRA È DETTA "CROSTA TERRESTRE"?

Anche se spesso è mascherata dalla vegetazione e dai sedimenti, la superficie di colline e montagne è costituita da roccia. Il suolo stesso è formato in gran parte da roccia finemente sminuzzata.

Al di sotto delle rocce che affiorano in superficie si trovano altre masse rocciose, che formano lo strato più esterno dei tre gusci concentrici che costituiscono la Terra.

Tale strato è detto "crosta terrestre", a sottolineare la sua **durezza** e la sua **funzione di involucro** per i due strati che si trovano più all'interno: il mantello e il nucleo.

❓ PERCHÉ I CONTINENTI SI MUOVONO?

La crosta terrestre è costituita da uno strato relativamente sottile e si divide in sezioni, dette **"zolle"**, che sono accostate tra loro come le tessere di uno sterminato puzzle. Scorrendo sul mantello sottostante, **le zolle si muovono**, seppur assai lentamente.

In base alla teoria della "deriva dei continenti", avanzata nel 1915 dallo scienziato tedesco A. Wegener e poi convalidata in epoca più recente dalla teoria della tettonica a zolle, **i blocchi continentali poggiano sulle zolle** in cui è divisa la crosta terrestre, e sono in continuo movimento. Le rocce del mantello infatti non sono liquide, bensì viscose e dense: su di esse scivolano le zolle.

❓ PERCHÉ LA FAGLIA DI SAN ANDREAS È MOLTO IMPORTANTE PER I GEOLOGI?

La faglia di San Andreas è una **profonda spaccatura** che percorre la costa del Pacifico da Punta Arena, nei pressi di San Francisco, al deserto del Colorado, per proseguire in fondo al mare fino all'apice della baia di California.

La faglia rappresenta il punto d'incontro di due grandi porzioni della crosta terrestre: la zolla del Pacifico e quella nordamericana.

La **zolla del Pacifico**, che comprende i fondali dell'oceano Pacifico settentrionale e una porzione di terre emerse, fra cui la California, si

Una rappresentazione del globo terrestre in cui sono evidenziate alcune grandi zolle.

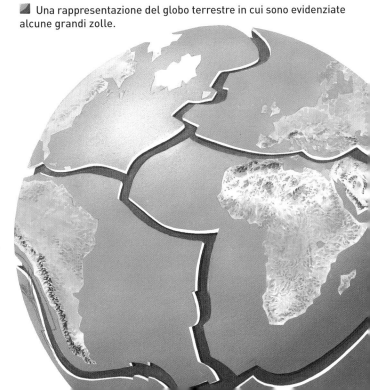

La faglia di San Andreas. In basso, un duomo lavico, formato da lava solidificata in superficie. Nella pagina a fronte, in alto, un granito rosa, esempio di roccia intrusiva.

CURIOSITÀ

PERCHÉ I DIAMANTI SONO MINERALI MOLTO RICERCATI?

I diamanti, dal greco *adamas* (indomabile), sono minerali costituiti da un particolare tipo di carbonio puro cristallizzato. Fin dall'antichità sono ricercati per l'eccezionale durezza, che li rende insensibili alle scalfitture e inattaccabili dagli acidi, e per il particolare splendore. Il carbonio, un elemento chimico presente nella crosta terrestre, si trasforma in cristalli di diamante a seguito di eruzioni vulcaniche, quando i bruschi innalzamenti di temperatura e pressione all'interno della crosta sono seguiti da altrettanto repentini raffreddamenti. I giacimenti diamantiferi più importanti si trovano in Africa meridionale, nello Zaire e nella Repubblica Sudafricana.

Un grosso cristallo di diamante.

muove verso nord-ovest; **la zolla nordamericana** si muove invece verso sud-est. Le due parti si muovono dunque in direzione opposta e si allontanano l'una dall'altra.

La faglia di San Andreas rappresenta la parte emersa di questa **linea di distacco**, lungo la quale si originano numerosi terremoti.

Nel 1906 la città di San Francisco fu gravemente danneggiata da un violento terremoto, durante il quale la faglia si spostò di 5-6 metri. Gli esperti prevedono che un nuovo, importante evento tellurico dovrebbe verificarsi nel prossimo futuro nella zona di Los Angeles.

⊘ PERCHÉ ALCUNE ROCCE SONO DETTE "INTRUSIVE"?

Una parte del magma contenuto nelle viscere della Terra si raffredda all'interno della crosta terrestre senza raggiungere la superficie.

Questo dà origine a rocce dette intrusive perché il loro **consolidamento** (al contrario delle rocce effusive, originatesi in seguito al raffreddamento di lava solidificata in superficie) si attua **in zone profonde** della crosta terrestre, dove si è verificata l'intrusione, ovvero la

penetrazione del magma in cavità, fratture o spaccature. I movimenti tettonici e l'erosione della copertura del suolo hanno portato allo scoperto in molte zone masse di rocce intrusive. Fra queste, quella più nota e usata è il **granito**.

🌐 PERCHÉ SI SONO CONSERVATI I FOSSILI?

I fossili sono i resti o le tracce di piante o animali vissuti molto tempo fa e conservatisi nel terreno o imprigionati nelle rocce. I meccanismi di conservazione sono diversi.

Nella maggior parte si conservano **resti delle parti dure** del corpo di un organismo (ossa, denti o guscio); gli scheletri degli organismi, pur disgregandosi completamente con il tempo, lasciano a volte impronte nitide su sedimenti fini che vengono in seguito ricoperti da altri sedimenti, garantendo la perfetta conservazione, sotto forma di stampi, di particolari anche minimi.

La **conservazione totale** di un organismo avviene nei rari casi in cui viene sottratto all'azione degli agenti distruttivi perché inglobato in sostanze capaci di conservarlo: ad esempio l'**ambra**, una pregiata resina fossile.

Un fossile di felce. Qui sotto, un esempio di roccia metamorfica, il marmo e, più in basso, una roccia calcarea sedimentaria, la selce.

🌐 PERCHÉ I FOSSILI SONO IMPORTANTI PER I GEOLOGI?

I fossili sono di fondamentale interesse per gli studiosi in quanto forniscono una **prova diretta della vita preistorica** sulla Terra e danno preziose indicazioni sull'evoluzione degli esseri viventi.

Inoltre, aiutano i geologi a classificare rocce diverse come appartenenti alla stessa epoca.

Se le rocce di due località diverse presentano **fossili simili**, è molto probabile che si siano formate nella **stessa epoca**: questi resti rappresentano

Geologi impegnati nella catalogazione di fossili.

dunque un valido **strumento per datare le rocce** in cui sono contenuti.

🌐 PERCHÉ ALCUNE ROCCE CONTENGONO FOSSILI E ALTRE NO?

I geologi classificano le rocce terrestri in tre tipi, a seconda della loro formazione.

Rocce ignee, generate dal raffreddamento di materiale fuso (magma), sia a contatto dell'atmosfera sia in profondità. Originatesi ad altissima temperatura, le rocce ignee, per esempio il basalto o il granito, non possono contenere fossili di piante e animali, che non avrebbero potuto resistere al calore iniziale.

Rocce sedimentarie, formatesi dal materiale depositatosi nell'acqua o sulla terraferma. Alcune di queste, come il carbone e certi calcari, sono composte interamente di fossili e in ogni caso sono questi tipi di rocce che più facilmente possono contenere fossili.

Rocce metamorfiche, che costituiscono il prodotto delle modificazioni subite dalle rocce sedimentarie per effetto del calore e della pressione, eventi che renderebbero irriconoscibili eventuali fossili rimasti intrappolati. Un esempio di roccia metamorfica è il marmo.

⬤ PERCHÉ SI SONO FORMATI I CANYON?

I canyon (letteralmente "burrone profondo") sono strette gole o **valli di origine fluviale** erose dall'acqua e dagli agenti atmosferici nel corso di milioni di anni, sul fondo dei quali spesso scorre ancora il fiume fra le pareti verticali.

I canyon più spettacolari si trovano nella regione statunitense dell'Arizona; il più famoso di tutti, il **Grand Canyon**, è costituito da un'immensa gola incisa dal fiume Colorado, lunga circa 350 chilometri, profonda al massimo 1600 metri e larga dai 6 ai 21 chilometri.

Nella sua strada verso l'oceano Pacifico, il fiume ha lentamente scavato con le sue acque un **vasto altopiano**, creando un lungo corridoio. L'austera bellezza del paesaggio è accresciuta dai diversi strati di rocce sedimentarie che compongono un insieme variamente colorato e suggestivo.

🔲 In alto, formazioni rocciose nella Monument Valley. In basso, il Grand Canyon.

⬤ PERCHÉ È FAMOSA LA MONUMENT VALLEY?

Questa valle desertica, dimora delle popolazioni native dei Navajo, Hopi e Apache, si trova in Arizona. La particolare **conformazione geologica** del luogo ha dato origine a spettacolari "monumenti" di roccia, modellati nei secoli dai granelli di sabbia del deserto trasportati dai venti. Lo scenario della valle presenta **rocce dalle forme più strane**, simili a torri e castelli, e perfino una guglia a forma di orecchio soprannominata "Orecchio del vento".

PERCHÉ IN CAPPADOCIA SI TROVANO DEI "CAMINI DI FATA"?

La Cappadocia (Turchia) è una regione formata da un antico tavolato di tufo vulcanico. Dove il tufo è più omogeneo i fiumi hanno inciso il terreno con **profonde fenditure**; dove è mescolato a rocce più resistenti, si sono create forme naturali davvero bizzarre.

Nella valle di Göreme, ad esempio, si ergono alti **pinnacoli** modellati dall'erosione a formare i cosiddetti "camini di fata", l'interno dei quali è traforato da splendide chiese rupestri.

PERCHÉ IN ARIZONA C'È UN CRATERE DELLA METEORA?

Fra le meraviglie naturali che può vantare l'Arizona c'è un gigantesco cratere profondo 180 metri e con un diametro di oltre un chilometro, il Meteor Crater (Cratere della Meteora). L'enorme conca fu originata in tempi remoti in seguito all'**urto di un grosso meteorite**.

I meteoriti sono frammenti di corpi celesti, di dimensioni e peso variabili, che con una certa frequenza precipitano dallo spazio sulla Terra. Pochi di essi raggiungono il suolo; per fortuna, **la maggior parte si disintegra** al contatto con l'atmosfera.

In alto, il Meteor Crater.
Qui a lato, i "camini di fata" a Göreme.

CULTURA

QUAL È L'ORIGINE DEL NOME "DEATH VALLEY"?

Nel deserto della California (USA) si trovano gli spettacolari scenari della Death Valley (Valle della Morte), una sorta di grande conca simile a un cratere lunare, circondata da canyon e catene montuose. Un tempo era il fondale di un mare interno, evaporato per la scarsità di piogge; ancora oggi la distesa è incrostata di sale e sono visibili le dune di sabbia. L'origine del sinistro nome si fa risalire a una leggenda dell'epoca dei cercatori d'oro diretti in California: pare che un gruppo di questi avventurieri, ritenendo di abbreviare il percorso, decise di attraversare il deserto ma questo si rivelò molto più esteso, più caldo e più arido di quanto avessero immaginato. Pochi sopravvissero alla spedizione e i superstiti, al ritorno, coniarono l'appellativo di Valle della Morte che contraddistingue il luogo. In questa terra desolata si registrano alcune fra le più alte temperature dell'emisfero boreale (superiori ai 50 °C) e si verificano straordinarie escursioni termiche fra il giorno e la notte.

Un paesaggio ghiacciato della Finlandia.

PERCHÉ GRAN PARTE DELL'ANTARTIDE È SOMMERSA?

L'Antartide è un continente disabitato che si estende attorno al polo Sud. Quasi interamente compreso all'interno del Circolo polare antartico, costituisce una terra selvaggia e inospitale, a causa soprattutto della temperatura rigidissima e dei forti venti.

Un'**enorme calotta di ghiaccio** (*inlandsis*) la ricopre quasi per intero, nascondendo la maggior parte della terraferma; essa è stata formata dalla neve che vi si è accumulata per oltre 20 milioni di anni. In alcuni punti il ghiaccio raggiunge uno spessore di 4800 metri e il suo peso ha addirittura **abbassato la superficie del continente** di circa 600 metri. La superficie dell'Antartide si trova così per gran parte sotto il livello del mare.

PERCHÉ NELLE REGIONI PIÙ FREDDE IL SUOLO È RICOPERTO DAL PERMAFROST?

Il permafrost, letteralmente "**ghiaccio perenne**", è la crosta di ghiaccio che ricopre Artide, Antartide e una vasta area abitata che circonda il mar Glaciale Artico, dalla Scandinavia alla Siberia. Durante l'estate anche qui avviene il disgelo delle nevi ma in realtà, a causa delle **bassissime temperature**, i ghiacci si sciolgono soltanto per pochi centimetri, mentre la parte sottostante rimane gelata. Dato che l'acqua non può infiltrarsi nel terreno gelato, la superficie di questi territori è fangosa e instabile.

PERCHÉ LA TAIGA È SPESSO UN AMBIENTE SILENZIOSO?

La taiga è uno degli ambienti naturali che caratterizzano le regioni situate a latitudini molto settentrionali, come la Siberia (Federazione Russa) e parte della Scandinavia.

Quasi sempre ricoperta dalla neve, la taiga ospita **sconfinate foreste** di pini, abeti, betulle, larici, alberi capaci di resistere alle basse temperature per molti mesi l'anno. Il **freddo** uccide tutti gli insetti, costringendo gli uccelli a migrare altrove, e molti altri animali vanno in **letargo**: il paesaggio appare così assolutamente silenzioso, quasi irreale.

La vita sembra ricominciare a scorrere solo con l'arrivo dell'estate, sotto il tiepido sole.

La taiga che circonda il lago Bajkal, nella Federazione Russa.

AMBIENTE

PERCHÉ L'ISLANDA È PIENA DI FENOMENI NATURALI?

Dal punto di vista geologico l'Islanda è considerata una terra giovane, il cui processo di formazione è ancora in atto. Lo testimonia l'intensa attività vulcanica, che si manifesta con la presenza di numerosi crateri e di altrettanti fenomeni di vulcanesimo secondario come geyser, solfatare e sorgenti termali ad alte temperature, utilizzate per il riscaldamento di serre ed edifici. Le solfatare sono vulcani che presentano solo manifestazioni di carattere secondario come emissioni di vapore acqueo, idrogeno solforato e anidride carbonica.

I fenomeni più spettacolari sono i geyser, che eruttano colonne d'acqua bollente avvolte da nuvole di vapori che si disperdono in pochi secondi. Il più grande dei circa 800 geyser dell'isola è il Deildartunghuver, capace di emettere un fiotto di 150 litri d'acqua al secondo.

PERCHÉ DAI GEYSER ESCONO FONTANE D'ACQUA?

I geyser (da una parola di origine islandese che significa "sgorgare") sono sorgenti che eruttano fontane di acqua bollente e vapore. Ciò avviene in conseguenza del **riscaldamento** dell'acqua contenuta in spazi limitati (fratture o condotti) fino alla sua temperatura di ebollizio-

ne. Come all'interno di una pentola a pressione, tanto più alta è la pressione, tanto più calda deve essere l'acqua per bollire.

Nelle **zone vulcaniche**, a causa della forte pressione, l'acqua sotterranea si surriscalda prima di raggiungere il punto di ebollizione. Il vapore spinge il liquido sovrastante attraverso il condotto fuori dal suolo. Questa perdita di liquido a sua volta riduce la **pressione del sistema**, consentendo a gran parte della restante acqua di convertirsi istantaneamente in vapore, che erutta quindi alla superficie.

PERCHÉ SGORGANO LE ACQUE ARTESIANE?

Un bacino artesiano si forma nel sottosuolo per **infiltrazione delle acque piovane** attraverso la roccia porosa. Le acque salgono poi in superficie per pressione naturale.

Il nome si deve alla regione francese di Artois, dove furono scavati i primi pozzi, detti appunto artesiani. Il maggiore bacino artesiano del mondo, il **Grande Bacino Artesiano**, si trova in Australia, ed è caratterizzato da sterminate falde acquifere di arenaria.

Qual è il geyser più grande del mondo?

È quello che si trova all'interno del parco nazionale di Yellowstone, negli Stati Uniti, e che è stato battezzato "Battello a vapore". Il suo getto può raggiungere i 116 metri di altezza. I getti però non avvengono con regolarità: il grande geyser è piuttosto "capriccioso" e fra l'uno e l'altro possono trascorrere anche diversi giorni, per la disperazione dei turisti accorsi a osservare il fenomeno naturale.

CURIOSITÀ

PERCHÉ È FAMOSA LA CITTÀ DI LARDERELLO?

Nella Toscana meridionale sorge un paese noto per i soffioni boraciferi, getti bollenti di vapore che scaturiscono in superficie dalle viscere della Terra, emettendo sibili acuti. Sono detti boraciferi per la presenza di acido borico nelle emissioni gassose e possono superare anche i 50 metri di altezza. L'energia prodotta dai soffioni viene convertita in energia elettrica nella centrale geotermica di Larderello.

◼ Un soffione intubato a Larderello.

PERCHÉ SI FORMANO LE GROTTE SOTTERRANEE?

Le grotte sono cavità scavate nel terreno dall'**azione erosiva** dell'acqua. Le acque correnti erodono le rocce solubili di tipo calcareo: il calcare può essere sciolto

dall'**acqua piovana**, che filtra nelle fenditure della roccia allargandola fino a formare una grotta, oppure può subire l'erosione da parte di **fiumi sotterranei**.

Caratteristica delle grotte è la formazione di spettacolari depositi calcarei detti **stalattiti** (quelli che pendono dalle pareti degli antri) e **stalagmiti** (quelli che si innalzano dal suolo).

Esistono anche altri tipi di grotte, formatesi sulle rocce basaltiche, allorché la lava fusa si raffredda in superficie indurendosi, mentre quella sottostante, fluida, fuoriesce scavando una cavità. Lungo le coste marine, infine, si trovano grotte scavate dall'azione erosiva del mare.

PERCHÉ LA GROTTA AZZURRA HA QUESTO NOME?

Lungo le coste dell'isola di Capri, si trova la Grotta Azzurra. Si tratta di una cavità naturale scavata nella roccia dall'**erosione del mare**, il cui nome è dovuto a un particolare e suggestivo fenomeno naturale: i **raggi del sole** battono sull'acqua all'esterno della grotta, mentre i riflessi si allungano all'interno irrorando l'ambiente di una tenue luce azzurra.

◼ Un gruppo di stalattiti. Sotto, l'interno della Grotta Azzurra.

Qual è la grotta più lunga del mondo?

È il sistema detto delle "Grotte del mammut", che si trova nello Stato nord-americano del Kentucky. Esplorato per la prima volta nel 1799, si estende complessivamente per 560 chilometri. In Europa, le spettacolari Grotte di Postumia, in Slovenia, formano un complesso lungo 22 chilometri.

PERCHÉ SONO FAMOSE LE GROTTE DI POSTUMIA?

Le Grotte di Postumia si trovano in Slovenia, non lontano dalla capitale Lubiana e dal confine italiano.

Sono una meta di richiamo turistico, sia grazie agli splendidi ambienti sotterranei sia grazie al fatto che sono tra le più **comode da visitare**. Il fiume Pivka, che ha scavato queste grandi cavità, ha formato delle grandi sale dove tutti possono tranquillamente sostare e camminare. Data la loro lunghezza (circa 30 chilometri), le grotte sono percorribili perfino in trenino.

Le sale, ricche **spettacolari formazioni** calcaree, possiedono nomi evocativi come il Gran Duomo, la Sala dei Concerti, la Sala del Calvario, la Sala Gotica. Nel fondo della grotta scorre ancora il **fiume Pivka**, visibile attraverso tre sfiatatoi.

CULTURA

DOV'È LA GROTTA DI NETTUNO?

Le coste della penisola di Capo Caccia, in Sardegna, scendono a picco sul mare per centinaia di metri. Una ripida scala intagliata nella roccia conduce a una grotta sottostante, intitolata a Nettuno. Un'antica leggenda narra che il dio del mare avesse scelto proprio questo luogo suggestivo come abitazione. Gli ambienti della grotta sono impreziositi da bizzarre formazioni rocciose; l'acqua del mare penetra all'interno dando origine a un grande lago sotterraneo.

Formazioni rocciose nella Grotta di Nettuno.

PERCHÉ È CARATTERISTICA LA PUSZTA UNGHERESE?

La puszta è la tipica pianura ungherese, simile per molti versi alla steppa (l'ambiente delle regioni tropicali e subtropicali a clima secco e scarsa piovosità), ed è caratterizzata da una vegetazione cespugliosa, con erbe poco sviluppate come le graminacee capaci di sopportare la **scarsa umidità** del clima.

Un tempo la puszta comprendeva tratti di vero e proprio **deserto**, proprio nel cuore dell'Europa: file di dune intervallate da **paludi**, che con l'evaporazione estiva lasciavano il posto a una crosta bianca, inadatta alle coltivazioni. Oggi la zona è stata in gran parte bonificata.

 Qui sopra, un prato fiorito in alta montagna. Sotto, fenditure nel terreno arido. In basso, un tipico paesaggio della Pampa.

PERCHÉ LA PAMPA È PIANEGGIANTE?

Pampa è il nome con cui si indica una pianura ricoperta da una vegetazione erbacea, caratteristica dell'America Meridionale e in particolare dell'Argentina. Il territorio si presenta come un'immensa distesa pianeggiante priva di alberi, a tratti lievemente ondulata.

Il suolo è formato da **depositi di limo e di fango**, che contribuiscono a mantenere "livellato" il terreno. Nella parte orientale si estende la **pampa umida**, ricca di acqua e di alleva-

menti ovini e bovini; nella parte occidentale domina la **pampa secca**, dal clima e dalla vegetazione più arida.

PERCHÉ ALCUNI TERRENI SONO FERTILI, ALTRI NO?

La natura di un terreno è determinata sostanzialmente dal **tipo di roccia** sottostante. Rocce permeabili, come l'arenaria, rendono il terreno leggero e asciutto; rocce impermeabili come l'argilla, lo fanno impregnare d'acqua.

Per la crescita di una vegetazione rigogliosa, è necessario che il terreno sia **ricco di humus**, un complesso di sostanze organiche conseguente alla decomposizione di organismi, soprattutto vegetali. Un'altra condizione indispensabile per la fertilità di un terreno è la giusta quantità d'acqua.

Una caratteristica del paesaggio desertico è la mancanza quasi totale di un suolo capace di sostenere una vegetazione: ciò dipende sia dalla scarsità di vita vegetale e animale capace di garantire l'adeguato apporto di materiale organico e quindi di humus, sia per l'**azione del vento** che allontana le particelle più fini della copertura detritica.

PERCHÉ SI SONO FORMATI I DESERTI?

Per deserto gli studiosi intendono ogni area inadatta all'insediamento umano o per l'accentuata **aridità** o per il **freddo** intenso.

Nel caso dei deserti tropicali come il Sahara, nell'Africa centro-settentrionale, l'aridità è dovuta a un complesso di fattori: la scarsità e irregolarità di precipitazioni, la forte insolazione (causata dall'assenza di nuvole per la **scarsa umidità atmosferica**), il predominio delle alte pressioni atmosferiche e la presenza di venti forti e secchi.

 La lussureggiante vegetazione di un'oasi e, qui sotto, la desertificazione di una prateria.

PERCHÉ NEI DESERTI VI È UNA FORTE ESCURSIONE TERMICA?

In un deserto di tipo tropicale come il Sahara la temperatura diurna può superare i 50°C all'ombra, mentre di notte il termometro può scendere anche sotto gli 0°C.

Al tramonto, infatti, **il calore** assorbito dal suolo durante il giorno si disperde assai rapidamente, non essendovi vegetazione né nubi in grado di trattenerlo. Nelle aree desertiche interne, quelle più lontane dal mare, le escursioni termiche sono più sensibili. Anche le **escursioni stagionali** raggiungono nei deserti punte estreme: per esempio nel deserto di Gobi, in Mongolia (a una latitudine molto settentrionale) le temperature possono passare da 40°C in estate a -30°C in inverno.

PERCHÉ ESISTONO LE OASI?

Il deserto è caratterizzato dalla scarsità d'acqua. In alcune zone tuttavia, dette oasi, si trovano pozze e bacini, la cui acqua proviene da **falde sotterranee**. Attorno a queste pozze si concentra una vegetazione che può essere fitta e rigogliosa, e sorgono insediamenti abitati.

AMBIENTE

PERCHÉ I DESERTI AVANZANO?

Il fenomeno della desertificazione, ovvero la trasformazione di una regione in deserto, è un grave problema ambientale. Il Sahara avanza a un ritmo preoccupante e le cause, che inizialmente erano riconducibili solo a fattori naturali (innalzamento delle temperature medie, siccità e riduzione delle piogge, azione dei venti caldi e asciutti che spostando le dune di sabbia seppelliscono interi villaggi), oggi sono imputabili anche all'opera dell'uomo. Prosciugamento delle aree paludose, deforestazione (che dà il via libera agli agenti erosivi), sfruttamento intensivo dei suoli, uso indiscriminato di pozzi e pompe (che abbassano le falde freatiche) sono alcune delle azioni umane che contribuiscono all'avanzare dei deserti sul nostro pianeta.

PERCHÉ SI FORMANO LE DUNE?

Le dune sono accumuli di sabbia creati e spostati in permanenza dal vento. Si formano nelle zone in cui il **vento soffia in una sola direzione**, esercitando una spinta continua sui blocchi di sabbia che assumono una tipica forma "a collinetta", con il versante esposto al vento poco inclinato e quello sottovento molto ripido.

La più vasta regione di dune del mondo è **Rub 'al-Khali**, nel deserto dell'Arabia Saudita, di cui copre 650.000 chilometri quadrati. Le dune di sabbia più alte si trovano nel Sahara algerino: oltrepassano i 400 metri di altezza e le loro creste si estendono in larghezza per oltre 5 chilometri.

Il profilo delle dune del Sahara e, sotto, le White Sands.

PERCHÉ IL SAHARA È DIVENTATO UN DESERTO?

Con un'estensione di circa 9 milioni di chilometri quadrati, il Sahara è considerato il deserto **più vasto del mondo**. Si estende dalla costa atlantica a quella del Mar Rosso, entro i confini di ben 11 Stati africani.

I suoi paesaggi più tipici sono le alte dune (*erg*), le piatte estensioni di pietrisco (*serir*) e le distese di rocce affioranti (*uidian*). Ma il Sahara non è sempre stato così: oltre 8000 anni fa era una **regione verdeggiante**, irrigata da numerosi fiumi di cui oggi è rimasto solo il letto prosciugato.

Complessi **cambiamenti climatici** formarono il deserto: le piogge cessarono, la temperatura media si innalzò e i venti presero a soffiare con maggior forza; così i fiumi si prosciugarono e la terra si inaridì.

PERCHÉ VI È UN DESERTO DI SABBIA BIANCA?

Nello Stato nordamericano del Nuovo Messico c'è un'area desertica detta **White Sands** (Sabbie bianche), che si estende su un territorio di oltre 1000 chilometri quadrati, tra i Monti San Andres e i Monti Sacramento.

Qui la sabbia è di colore bianco-azzurro per la forte concentrazione di **polvere di gesso**. Data l'aridità del luogo, le forme di vita sono scarse.

Quanti deserti ci sono sulla Terra?

Nel complesso, circa il 30% delle terre emerse può definirsi desertico. Di queste, circa il 16% è formato da aree con clima arido, prive di fiumi, con vegetazione discontinua o assente e scarse forme di vita. La restante percentuale riguarda le aree desertiche polari, dominate dai ghiacci.

Un miraggio nel deserto: i cammelli sullo sfondo sembrano camminare nell'acqua, ma è un'illusione ottica.

PERCHÉ NEL DESERTO APPAIONO I "MIRAGGI"?

Il miraggio è un fenomeno ottico dovuto alla **rifrazione della luce** che, in presenza di particolari condizioni atmosferiche, fa apparire un oggetto a una distanza e in una posizione molto diverse da quelle reali.

Si ha un miraggio quando gli strati inferiori dell'atmosfera diventano meno densi a causa dell'**alta temperatura**: i raggi luminosi che portano l'immagine, passando agli strati inferiori, si rifrangono con un angolo molto piccolo riflettendosi fino all'osservatore. Il fenomeno è frequente nelle zone torride, ma può verificarsi anche in mare aperto o sulle strade durante le calde ore estive.

PERCHÉ SI FORMANO LE SABBIE MOBILI?

Le sabbie mobili sono strati di sabbia impregnati dall'acqua, depositati dalle acque di dilavamento o dal vento su terreni più solidi.

Si formano dove c'è **acqua che risale** dal basso verso l'alto: nelle zone paludose, vicino ai fiumi, sulle rive dei laghi o del mare. Hanno l'aspetto di un normale terreno sabbioso, ma

CURIOSITÀ

PERCHÉ LA SABBIA DEL DESERTO NON È UGUALE A QUELLA DELLA SPIAGGIA?

I granelli di sabbia non sono altro che minuscoli frammenti di roccia. Mentre però i granelli della sabbia desertica, in prevalenza quarzo, sono di forma sferica e omogenea, quelli che formano la sabbia delle nostre spiagge (contenenti quarzo ma anche altri minerali meno duri) hanno forme varie e irregolari. Ciò è dovuto alla diversa azione erosiva del vento e del moto ondoso. I granelli del deserto vengono sbattuti l'uno contro l'altro per l'azione del vento e in tal modo "limati" fino ad assumere una forma arrotondata; la sabbia del mare si forma per l'erosione delle onde e presenta perciò dimensioni più varie e forme irregolari.

sono molto più **cedevoli sotto il peso** a causa dell'acqua.

Se il loro strato è alto, possono trasformarsi in **pericolose trappole**, perché è difficile appoggiarsi sul terreno solido sottostante e liberarsi. Per uscirne bisogna fare movimenti lenti, stendersi sul dorso e "fare il morto" come in acqua, cercando di "nuotare" verso la terraferma.

PERCHÉ DALLE MONTAGNE PRECIPITANO LE VALANGHE?

Le valanghe sono grandi **masse di neve** che si staccano dai pendii montuosi e precipitano a valle, raccogliendo lungo la strada altra neve e aumentando sempre più di volume. Ne esistono di **due tipi**: quelle che si staccano da un unico punto e le slavine, che coinvolgono un'intera area innevata.

Le valanghe si staccano per lo più dopo pesanti **nevicate**. Gli strati superiori della neve, più recenti, non fanno in tempo a consolidarsi o ad aderire agli strati inferiori: la semplice forza di gravità, il passaggio di uno sciatore e perfino una vibrazione di minima entità possono spezzare i legami fra gli strati e scatenare la valanga.

Nel pieno dell'inverno le valanghe sono causate dal fatto che la neve, aumentando di molto il suo peso, può non trovare più l'**equilibrio giusto** nella superficie di sostegno; alla fine dell'inverno sono per lo più causate dal **disgelo**, che rende più instabili gli ammassi nevosi.

Una valanga precipita dal massiccio del monte Rundle, in Canada.

AMBIENTE

PERCHÉ DAI MONTI CADONO LE FRANE?

La stabilità del suolo di una montagna può essere compromessa da vari fattori fino a provocare una frana, cioè una caduta improvvisa di detriti, terra, sassi e fango, che può sommergere addirittura villaggi e città. La maggiore responsabile di questo evento è l'infiltrazione dell'acqua, che scorre sottoterra e penetra tra le rocce, provocando degli smottamenti del terreno. A volte l'opera dell'uomo (con le dighe, ad esempio) favorisce la formazione delle frane: nel 1963 in Veneto un'immensa frana si riversò nel lago artificiale del Vajont, sollevando un'ondata gigantesca che scavalcò la diga e precipitò a valle: la cittadina di Longarone fu distrutta e vi furono 2000 morti.

Una rovinosa frana si abbatte su un villaggio.

PERCHÉ SI VERIFICANO LE INONDAZIONI?

Principale responsabile delle inondazioni è la pioggia. **Acquazzoni abbondanti** e prolungati possono ingrossare a dismisura il letto dei fiumi e provocare la rottura degli argini. Le alluvioni sono più frequenti nei paesi soggetti a precipitazioni di carattere stagionale, dove le piogge si concentrano in pochi mesi l'anno. Anche **maree molto alte** possono inondare vaste aree, specie se unite all'azione dei venti.

L'uomo è in parte responsabile di queste sciagure: l'eccessivo **disboscamento** priva l'acqua di argini naturali causando la formazione di

Una casa completamente circondata dall'acqua a seguito di un'inondazione.

corsi d'acqua e torrenti che, straripando, allagano le zone circostanti; i **livellamenti del suolo** a scopi edilizi e uno sfruttamento poco oculato del terreno (che riduce la permeabilità all'acqua) sono altrettanti elementi che favoriscono le inondazioni.

Per controllare le piene dei fiumi e per irrigazione l'uomo ha costruito **sistemi di chiuse** e dighe. Fra le inondazioni più gravi che si ricordino, quella del Fiume Giallo (in Cina) fece nel 1931 circa 3 milioni e mezzo di vittime.

Quanti terremoti avvengono in un anno?

L'esame dei dati forniti agli studiosi dai sismografi fa ritenere che ogni anno la superficie del nostro pianeta sia interessata in media da circa un milione di terremoti, anche se fortunatamente solo un decimo è di intensità tale da essere avvertita dalla popolazione e un millesimo è tale da provocare danni.

PERCHÉ SI VERIFICANO I TERREMOTI?

I terremoti o sismi (dal greco *seismós*, scossa) di **natura tettonica** sono provocati da movimenti di assestamento della crosta terrestre che avvengono in corrispondenza delle zone di contatto fra le **zolle continentali**. Queste zone vengono sottoposte a numerose sollecitazioni meccaniche che producono scivolamenti di una zolla sull'altra o a volte, addirittura, delle rotture della crosta.

Esistono poi terremoti di origine vulcanica, o causati da cedimenti della crosta terrestre. Il punto di frattura di un terremoto si chiama **ipocentro**, mentre è detta **epicentro** la zona della superficie terrestre che si trova più vicina all'ipocentro: è qui che si avvertono gli effetti più consistenti della scossa.

Gli studiosi dispongono oggi di sofisticati strumenti, i **sismografi**, in grado di rivelare e registrare in modo permanente le oscillazioni della crosta terrestre, anche se non sono ancora in grado di predire con esattezza l'arrivo di un sisma.

Un palazzo semidistrutto in Gujarat (India) per la scossa di terremoto che ha colpito il paese nel 2001.

PERCHÉ I TERREMOTI FANNO TREMARE LE CASE?

Nei terremoti di origine tettonica le fratture generano una vibrazione che viene chiamata **onda sismica**, che attraversa le rocce e si propaga lungo la superficie terrestre.

Le onde sismiche si avvertono in superficie come scosse che sono definite **sussultorie** o **ondulatorie** a seconda che prevalga la componente verticale o quella orizzontale. In seguito a queste onde, le case che sorgono sull'area colpita dalle vibrazioni tremano, fino a crollare se il sisma è di particolare intensità.

La spaccatura nel terreno causata da un terremoto nell'area di San Francisco (USA).

Ogni scossa dura in genere **pochi secondi**; solo eccezionalmente si sono registrate scosse lunghe anche 30 secondi.

Di norma un terremoto non si esaurisce in una sola scossa, ma consiste di diverse scosse (dette di **assestamento**), che si succedono a intervalli irregolari per giorni o anche per mesi.

DATI E NUMERI

QUALI SONO STATI I TERREMOTI PIÙ GRAVI?

ANNO	LUOGO	N. DELLE VITTIME
526	Antiochia, Siria	250.000
1556	Shaanxi, Shensi, Kansu, Cina	830.000
1730	Hokkaido, Giappone	137.000
1737	Calcutta, India	300.000
1755	Lisbona, Portogallo	60.000
1908	Messina, Italia	90.000
1923	Yokohama, Giappone	200.000
1927	Nan-Shan, Cina	200.000
1976	Tangshan, Cina	242.000
1988	Armenia nord-occidentale	55.000
1990	Iran nord-occidentale	50.000
1999	Turchia	15.000
2001	Gujarat, India	15.000
2011	Giappone	30.000

L'Italia, anche se figura una sola volta in questo elenco, è una zona interessata da rilevanti fenomeni tellurici. Negli ultimi anni i più gravi terremoti hanno colpito il Friuli Venezia Giulia (1976), l'Irpinia (1980), l'Umbria, le Marche (1997), il Molise (2002) e l'Abruzzo (2009).

PERCHÉ SI PARLA DI UNA "CINTURA DI FUOCO"?

La "Cintura di fuoco" è una vastissima catena che **circonda l'oceano Pacifico**. Dalle Ande, in Sudamerica, la catena sale verso nord lungo la costa americana fino all'Alaska. Raggiunge il continente asiatico e si dirige verso sud, attraversa Giappone, Filippine e Nuova Guinea, per concludersi in Nuova Zelanda.

La **maggior parte dei vulcani attivi** del mondo è distribuita lungo questa catena: è dunque una zona altamente instabile e soggetta a **sismi di notevole intensità**.

PERCHÉ SI VERIFICANO I MAREMOTI?

I maremoti possono essere causati da **terremoti** o da **esplosioni vulcaniche** sottomarine, da uragani e dalla propagazione di onde sismiche di origine continentale.

Si manifestano con ondate di proporzioni gigantesche (dette **tsunami**), che si disperdono nella massa oceanica; in alcuni casi possono investire anche le regioni costiere, di solito con effetti catastrofici.

STAGIONI E CLIMA

❓ PERCHÉ SI ALTERNANO IL GIORNO E LA NOTTE?

L'alternarsi del giorno e della notte è una conseguenza del **movimento di rotazione** che la Terra compie intorno al proprio asse in senso antiorario (**da ovest verso est**), in un tempo di circa 24 ore. A ogni istante, ruotando, metà della Terra è rivolta verso il Sole e da questo riceve luce (giorno), mentre l'altra metà è in ombra (notte).

Il Sole, che rispetto alla Terra è fermo, compie un movimento apparente nella direzione opposta, **da est verso ovest**. Ecco perché lo vediamo sorgere sempre a oriente e salire nel cielo durante il mattino, fino a mezzogiorno, per poi discendere e infine tramontare a occidente.

🔲 **Una veduta notturna della laguna di Venezia.**

❓ PERCHÉ IL GIORNO E LA NOTTE NON DURANO LO STESSO TEMPO DAPPERTUTTO?

La diversa durata di giorno e notte alle varie latitudini e nei diversi periodi dell'anno è dovuta al fatto che l'**asse terrestre**, cioè il perno immaginario intorno a cui ruota la Terra, non è perpendicolare al **piano dell'orbita** percorsa dal nostro pianeta intorno al Sole.

Per sei mesi l'emisfero settentrionale è rivolto direttamente verso l'astro, mentre per i restanti sei mesi lo è l'emisfero meridionale. Nel primo caso, essendo **rivolto direttamente verso il Sole**, la luce solare illumina l'emisfero settentrionale per più di 12 ore su 24; il contrario si verifica quando tale emisfero è **inclinato dall'altra parte**. All'equatore, punto in cui la circonferenza della Terra è massima, giorno e notte sono di uguale durata tutto l'anno, indipendentemente dal punto dell'orbita in cui si trovi il nostro pianeta.

A che velocità si sposta la Terra?

La circonferenza massima della Terra, all'Equatore, è di circa 40.000 chilometri. In una giornata la Terra gira una volta su se stessa: all'Equatore il suolo si sposta a una velocità superiore ai 1600 chilometri orari, ma il movimento non viene avvertito dagli esseri umani perché girano assieme al pianeta.

Cani da slitta su una pista ghiacciata dell'Artide sotto il Sole di mezzanotte.

Le stagioni calde corrispondono a un'inclinazione dei raggi solari che si avvicina alla **perpendicolare**, quindi scaldano di più. Nelle stagioni fredde, invece, i raggi sono **più inclinati** e quindi scaldano di meno.

Da giugno a settembre, quando l'**emisfero settentrionale** è inclinato verso il Sole, è estate in Europa, Asia e America settentrionale. In dicembre è l'**emisfero meridionale** a trovarsi inclinato verso il Sole. A Natale pertanto è estate in Australia, ma è inverno in Europa. In marzo e settembre i raggi solari sono perpendicolari all'equatore e nei due emisferi è rispettivamente autunno o primavera.

PERCHÉ IN ALCUNI LUOGHI SPLENDE IL SOLE ANCHE A MEZZANOTTE?

A causa dell'inclinazione dell'asse di rotazione della Terra, ai Circoli polari, in estate, **il Sole non scende mai sotto l'orizzonte**: è il fenomeno del Sole di mezzanotte.

A seconda della latitudine, il fenomeno può essere più o meno lungo: si va dai 17 giorni consecutivi, fino a metà dell'anno esattamente ai poli. Per lo stesso motivo, d'inverno si verifica il fenomeno opposto, chiamato **notte polare**.

In alcune delle regioni interessate, però, si ha il sole di mezzanotte ma non la notte polare: perché sia veramente buio, infatti, il Sole deve scendere molto al di sotto dell'orizzonte, altrimenti persiste una tenue luce nel cielo.

PERCHÉ AI TROPICI ESTATE E INVERNO SI SOMIGLIANO?

La massima circonferenza della Terra, a uguale distanza dai due Poli si chiama equatore. La fascia che si estende a nord e a sud dell'equatore è detta zona tropicale.

In questa zona, l'**inclinazione dei raggi solari** che colpiscono la Terra non varia di molto durante tutto l'arco dell'anno. In conseguenza di ciò, la temperatura rimane elevata tutto l'anno.

Una spiaggia tropicale con tante palme.

PERCHÉ SI SUCCEDONO LE STAGIONI?

Le stagioni dipendono dalla **posizione della superficie della Terra rispetto al Sole**.

In un anno la Terra compie un giro completo intorno al Sole; poiché è costante la posizione del suo asse, i raggi solari colpiscono la superficie terrestre in maniera più o meno obliqua.

 I colori di un'aurora boreale al polo Nord.

 Una distesa di palme sferzate dal vento in Giamaica.

PERCHÉ SI VERIFICANO LE AURORE BOREALI?

Nelle regioni polari si verifica uno dei fenomeni naturali più affascinanti del nostro pianeta: l'aurora boreale, un'esplosione nel cielo di luci dai vari colori e dalle varie forme (a raggiera, a strisce, a cerchio). La causa è il "**vento solare**", un flusso continuo di particelle provenienti dalle combustioni atomiche che avvengono sul Sole.

Quando il vento solare passa attraverso il campo magnetico della Terra nella parte superiore dell'atmosfera (intorno ai 100 chilometri di quota), esso genera **energia elettrica** che agisce sui gas dell'atmosfera terrestre, specialmente sull'asse dei Poli: il colore bianco-verde della maggior parte delle aurore è emesso dall'**ossigeno ionizzato**.

L'energia prodotta nelle aurore può disturbare i sistemi radar, le apparecchiature elettromagnetiche e può danneggiare perfino le condutture metalliche di gasdotti e oleodotti.

PERCHÉ SOFFIANO I VENTI?

I venti sono causati dallo spostamento di masse d'aria sulla superficie terrestre.

Il calore del Sole riscalda l'aria e ne determina il movimento: l'aria calda tende infatti a salire, creando un'area di **bassa pressione**. L'aria fredda tende invece a scendere, deter-

DATI E NUMERI

2546,458

VENTI CALDI E VENTI FREDDI

Föhn: vento secco e violento che scende lungo le vallate alpine. Può spirare anche per diversi giorni provocando pericolosi rialzi di temperatura, responsabili di fenomeni come valanghe e inondazioni. I paesi interessati dal föhn sono l'Italia (Tirolo), la Svizzera e l'Austria.

Chinook: vento caldo che discende dalle pendici orientali delle Montagne Rocciose (Stati Uniti).

Mistral: vento freddo che soffia in Francia, in primavera e nei primi giorni d'estate, scendendo giù lungo la valle del Rodano. È assai dannoso per le coltivazioni.

Bora: vento gelido e impetuoso che soffia a raffiche da nord o da nord-est, investendo soprattutto l'alto Adriatico (Friuli Venezia Giulia e Slovenia).

CULTURA

PERCHÉ SI CHIAMANO ISOLE EOLIE?

L'arcipelago delle Eolie si estende al largo della Sicilia, davanti alla costa tirrenica, e comprende sette isole di origine vulcanica, due delle quali presentano attività eruttive da parte dei vulcani Stromboli e Vulcano. Sferzate continuamente dai venti, per la leggenda le isole erano la dimora di Eolo, dio dei venti, che custodiva in una grotta tutte le brezze che muovevano l'aria, per liberarle al momento opportuno.

◼ Nel disegno, Eolo, il dio dei venti.

PERCHÉ INFURIANO GLI URAGANI?

Gli uragani, caratteristici delle aree tropicali, sono grandi masse d'aria in **movimento rotatorio** spesso accompagnate da pioggia.

Questi venti fortissimi, che possono raggiungere la velocità di **250-300 chilometri orari**, si formano in seguito alla forte evaporazione di acqua marina nelle zone caldo-umide. Condensandosi nell'atmosfera, l'acqua evaporata libera energia termica, parte della quale va ad alimentare i forti venti che danno vita all'uragano. Il fronte di un uragano può misurare anche 400 chilometri.

Spesso agli uragani si accompagnano **trombe d'aria o "tornado"**, venti con potenza distruttiva ancora maggiore, capaci di scoperchiare i tetti delle case e di sollevare oggetti, persone e animali scaraventandoli a centinaia di metri di distanza. Le aree maggiormente investite dai tornado sono gli Stati Uniti sud-orientali e l'Australia.

minando un'area di **alta pressione**: le correnti d'aria sono originate da queste differenze di pressione atmosferica. Lo spostamento dell'aria, e quindi l'intensità del vento, è tanto maggiore quanto più elevata è la **differenza di pressione** tra le due zone.

I venti vengono denominati a seconda della direzione dalla quale soffiano; la velocità e la forza variano dalla calma piatta agli uragani.

◼ Una minacciosa tromba d'aria all'orizzonte. Sotto, l'uragano "Elena" sul golfo del Messico, in un'immagine ripresa dallo spazio.

PERCHÉ I VENTI HANNO UN ANDAMENTO CIRCOLARE?

In teoria il vento dovrebbe soffiare in linea retta dalla regione di alta pressione a quella di bassa pressione; tuttavia, a causa della rotazione terrestre, tende a ruotare attorno a essa, seguendo perciò una **traiettoria curva**.

Nell'emisfero settentrionale i venti ruotano attorno a un centro di bassa pressione in senso antiorario, mentre l'inverso accade nell'emisfero meridionale.

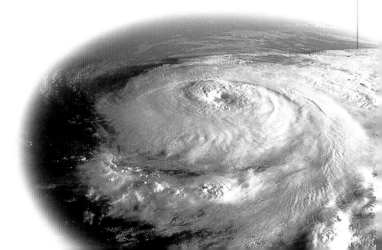

CURIOSITÀ

PERCHÉ NEI DESERTI AFRICANI INFURIANO L'HABOOB E IL SIMUN?

L'Haboob è una tempesta di polvere e sabbie fini che si abbatte sull'arida regione africana del Sudan. Sollevata e trasportata dal vento, l'immensa nuvola di polvere può superare i 100 metri di altezza per alcuni chilometri di larghezza ed è in grado di far precipitare nelle tenebre l'ambiente circostante. Gli Haboob infuriano in presenza di terreni molto aridi e di temperature assai elevate. Il Simun è anch'esso un vento secco e caldo che soffia nel Sahara e nei deserti d'Arabia.

Provoca pericolose tempeste di sabbia che possono accecare uomini e animali. Il Simun può soffiare anche per molti giorni di seguito ed è in grado di spostare le alte dune di sabbia.

Una tempesta di sabbia nel deserto.

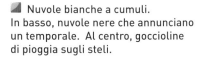
Nuvole bianche a cumuli. In basso, nuvole nere che annunciano un temporale. Al centro, goccioline di pioggia sugli steli.

PERCHÉ SI FORMANO LE NUBI?

Le nubi sono un insieme di minuscole goccioline d'acqua, il risultato della condensazione del **vapore acqueo** presente nell'atmosfera. Il vapore acqueo si forma per effetto dell'**evaporazione** dell'acqua dei mari, dei laghi e dei fiumi.

Quando l'aria si riscalda, le **molecole d'acqua** si allontanano tra loro e l'aria, divenuta più leggera, si innalza. Salendo di quota però la temperatura diminuisce e l'aria si raffredda; dato che l'aria fredda non può trattenere tanta umidità quanto quella calda, deve eliminarne una parte. Ciò avviene per **condensazione**: le molecole di vapore acqueo si aggregano in **piccole gocce** d'acqua liquida che, in gradi ammassi, formano le nubi.

Per lo stesso fenomeno di condensazione del vapore acqueo, quando facciamo un bagno caldo si appannano i vetri delle finestre. Le nubi si formano anche quando l'aria è costretta ad alzarsi per superare una catena montuosa.

PERCHÉ CADE LA PIOGGIA?

La pioggia, la più comune delle precipitazioni atmosferiche, consiste di gocce d'acqua formatesi per la **condensazione di vapore acqueo** presente nell'atmosfera. Quando le nuvole, che sono costituite di vapore acqueo, si

Dove piove di più?

Il record della pioggia mensile appartiene alla regione dell'Assam (India), dove nel luglio del 1861 furono registrati 9.299 mm. In quell'anno caddero complessivamente ben 26.461 mm di pioggia. Le maggiori medie giornaliere e annuali si registrano nelle zone montuose delle Hawaii. In Italia le zone più piovose sono le Prealpi venete e le Alpi Apuane.

innalzano trasportate dal vento fino a incontrare una corrente di aria fredda, il vapore acqueo si condensa in **goccioline più grandi**.

Se nella nube prosegue la condensazione, le goccioline diventano via via più grandi finché sono **abbastanza pesanti** da cadere a terra. Durante la caduta attraversano gli strati d'aria sottostanti e cominciano di nuovo a evaporare. Può capitare che evaporino completamente prima di raggiungere il suolo, più spesso invece vi giungono sotto forma di pioggia.

La piovosità dipende molto dal periodo dell'anno e dalla posizione geografica sulla Terra; risulta in genere maggiore presso le coste investite dai venti che non nell'entroterra.

PERCHÉ CADONO I FULMINI?

Il fulmine è il susseguirsi a breve distanza di **scariche elettriche** tra due punti di una nube, tra due nubi o tra nube e suolo, ed è causato dalla formazione di aree con forti differenze di carica elettrica.

Il **bagliore** luminoso provocato dalla scarica illumina l'intera nuvola dall'interno, riflettendosi sulle gocce d'acqua e sui cristalli di ghiaccio. Solitamente la scarica principale è seguita a breve intervallo da un'altra scarica detta pilota.

La **durata** delle scariche si aggira intorno a pochi decimi di secondo, per un massimo di un secondo. La **lunghezza** visibile di un fulmine è variabile tra qualche centinaio e qualche migliaio di metri.

PERCHÉ IL LAMPO PRECEDE SEMPRE IL TUONO?

Il lampo e il tuono sono due fenomeni differenti che accompagnano la scarica di un fulmine durante il temporale. Il **lampo** è la luce

Le ramificazioni di un fulmine.

CURIOSITÀ

PERCHÉ SPESSO I FULMINI COLPISCONO GLI ALBERI?

Un fulmine cerca sempre la via più facile per scaricarsi a terra e, per questo, è attratto dai punti più elevati quali ad esempio la chioma degli alberi, anche perché i sali minerali contenuti nella linfa delle piante possono agire da conduttore. Anche gli edifici elevati attraggono i fulmini e, per questo, vengono protetti dai parafulmini, grazie ai quali le scariche elettriche possono scaricarsi a terra senza provocare danni alle strutture.

Gli effetti di un fulmine sul tronco di un abete.

intensa prodotta dalle scariche elettriche nell'atmosfera, mentre il **tuono** è il fenomeno acustico provocato dall'improvvisa espansione dell'aria intorno alla scarica, quando essa viene riscaldata dal fulmine, in brevissimo tempo, a temperature di parecchie migliaia di gradi.

I due fenomeni si verificano simultaneamente, ma il tuono viene percepito dopo il lampo perché la luce si propaga a una **velocità superiore** a quella del suono.

PERCHÉ NON È PERICOLOSO RIMANERE ALL'INTERNO DI UN'AUTO DURANTE UN TEMPORALE?

Gli autoveicoli, dotati di una struttura metallica "a gabbia" e **isolati dal suolo** grazie agli pneumatici, si comportano come uno schermo elettrostatico o, più precisamente, come una **Gabbia di Faraday**: al loro interno pertanto risulta nullo l'effetto di un qualunque campo elettrico che si venga a creare all'esterno.

Anche se un fulmine dovesse scaricarsi sulla carrozzeria della vettura, all'interno non si avvertirebbe dunque nessun effetto.

PERCHÉ IN ALCUNE ZONE LE PIOGGE SONO PERIODICHE?

In molte parti del mondo la pioggia cade durante tutto l'anno. Nelle zone tropicali, invece, le piogge sono periodiche e cadono a intervalli regolari durante la "**stagione delle piogge**".

Le precipitazioni sono regolate dai monsoni, **venti periodici** tipici dell'oceano Indiano e dell'Asia sud-orientale.

Le precipitazioni si concentrano con violenti acquazzoni solo durante i mesi estivi, quando soffia il **monsone di mare**; il monsone invernale, al contrario, determina un clima secco e con scarsissime precipitazioni.

La pioggia può sorprenderci all'improvviso, come è accaduto a questi due bambini.

PERCHÉ SI FORMA L'ARCOBALENO?

L'arcobaleno è un fenomeno atmosferico che si manifesta con la comparsa nel cielo di uno o più **archi colorati**. Si verifica in presenza di particolari condizioni, quando cioè dopo una forte pioggia l'aria è **densa di umidità** e contemporaneamente splende il Sole.

L'apparire dell'arcobaleno è dovuto infatti alla **rifrazione e alla riflessione dei raggi del Sole** causate dalle gocce d'acqua che si trovano in sospensione nell'atmosfera. In dimensioni più contenute l'arcobaleno si può talvolta ammirare anche nello scroscio di una cascata.

PERCHÉ L'ARCOBALENO HA SETTE COLORI?

La luce del Sole ci appare bianca, gialla o tutt'al più rosata, all'alba e al tramonto. In realtà essa è formata da **sette colori**: rosso, arancio, giallo, verde, blu, indaco e violetto.

Quando splende l'arcobaleno, all'incontro con le piccole gocce di umidità (che si comportano come un prisma) la luce del Sole si **scompone** e i sette colori risultano perciò visibili ai nostri occhi.

In alto, un suggestivo arcobaleno doppio nella savana. Qui sopra, il prisma scompone i singoli colori della luce, gli stessi che vediamo nell'arcobaleno.

AMBIENTE

PERCHÉ CADONO LE "PIOGGE ACIDE"?

Tutte le piogge sono leggermente acide, ma sulle zone più industrializzate cadono piogge più acide per la presenza nell'aria di sostanze chimiche inquinanti. L'anidride solforosa e gli ossidi d'azoto (gas di scarico di fabbriche, centrali termiche e automobili) in determinate condizioni si trasformano in acidi, che ricadono al suolo sotto forma di pioggia e sono fra i responsabili di gravi danni all'ambiente e agli organismi viventi. In particolare, accrescono l'erosione di rocce ed edifici e sono particolarmente nocive per le foglie e le radici delle piante. Anche laghi e fiumi vengono lentamente inquinati dalle piogge acide, con pericolo di avvelenamento per i pesci. In Italia il fenomeno interessa principalmente il nord.

Gli effetti delle piogge acide sugli alberi.

PERCHÉ CADE LA NEVE?

Quando la pioggia attraversa strati dell'atmosfera a 0°C, le goccioline d'acqua si congelano assumendo la forma di piccoli **cristalli di ghiaccio**. Uniti fra loro, i cristalli di ghiaccio vanno a costituire i morbidi fiocchi di neve.

Le precipitazioni nevose sono più frequenti in montagna, dove è più facile la formazione di correnti d'**aria fredda**.

Se in montagna le neve è particolarmente amata da coloro che praticano gli sport invernali, ed è quindi un elemento essenziale del turismo, in pianura le forti nevicate sono in genere fonte di disagio per la circolazione, anche se

Chicchi di grandine nell'erba.

Un paesaggio di montagna imbiancato di neve.

rendono i paesaggi assai suggestivi. Il manto bianco che ricopre i campi ha però la proprietà di **proteggere le coltivazioni** agricole dalle gelate invernali.

PERCHÉ CADE LA GRANDINE?

La grandine è una precipitazione atmosferica composta da acqua allo stato solido sotto forma di **chicchi di ghiaccio**. Le goccioline d'acqua, trasportate dal vento verso l'alto, congelano aumentando di dimensione per il successivo deposito di strati di ghiaccio. Cessato il vento, i chicchi precipitano con violenza al suolo.

La grandine si forma in nubi di grande sviluppo verticale dette **cumulonembi**, che da terra appaiono scure e minacciose. Generalmente le grandinate durano solo pochi minuti, ma la violenza può essere tale da provocare **gravi danni** ai campi coltivati, alle piante e perfino ai tetti delle case e alle automobili in sosta: basti pensare che un chicco di grandine può raggiungere addirittura le dimensioni di un'arancia!

PERCHÉ PER ELIMINARE IL GHIACCIO DALLE STRADE LE SI COSPARGONO DI SALE?

L'aggiunta di sale all'acqua ha l'effetto di abbassare il punto di congelamento e, quindi, di farlo fondere più facilmente. Ciò avviene perché una quantità maggiore di calore deve essere sottratta dalla soluzione per farla passare dallo stato liquido a quello solido: le molecole dell'acqua, per aggregarsi in cristalli, devono infatti affrancarsi dall'azione attrattiva delle molecole saline. Fenomeni analoghi sono responsabili dell'effetto anticongelante degli additivi che si mettono nel radiatore dell'automobile.

PERCHÉ SI FORMA LA NEBBIA?

La nebbia è un fenomeno atmosferico caratteristico degli **strati dell'atmosfera più vicini al suolo**. Consiste, proprio come le nubi, di piccolissime goccioline d'acqua originate per condensazione del vapore acqueo appena sopra la superficie terrestre. La nebbia si forma se la temperatura dell'aria a livello del suolo o del mare si abbassa improvvisamente e **non ci sono nuvole** a trattenere il calore irradiato dalla superficie terrestre. L'aria vicino al suolo allora si raffredda bruscamente, tanto da provocare la **condensazione del vapore acqueo**.

Invece di formare una nube in cielo, le gocce d'acqua creano uno strato di nebbia a livello del terreno. Le nebbie di mare si formano invece dove una massa d'**aria calda** incontra una **corrente fredda**. Il fenomeno della nebbia è molto frequente in prossimità dei laghi e delle paludi per l'evaporazione di grandi distese d'acqua calda in una atmosfera più fredda.

Sopra e sotto, paesaggi immersi nella nebbia.

PERCHÉ SI FORMA LA BRINA?

La brina, il suggestivo tappeto bianco che ricopre le campagne, è un fenomeno atmosferico visibile nelle **fredde mattine** invernali.

Durante le notti di cielo sereno, quando il suolo si raffredda, l'umidità contenuta nell'atmosfera si deposita al suolo e **si congela**, trasformandosi in piccolissimi cristalli di ghiaccio.

La brina può formarsi anche per **sublimazione** (il passaggio diretto dallo stato gassoso a quello solido) del vapore acqueo emesso dalla vegetazione o già presente nell'atmosfera.

PERCHÉ IL "CICLO DELL'ACQUA" È COSÌ IMPORTANTE?

L'atmosfera viene arricchita di vapore acqueo in seguito all'**evaporazione** di oceani, mari, laghi e fiumi e grazie alla traspirazione delle piante. Il **vapore acqueo** si condensa sotto forma di nuvole e ritorna quindi sulla terraferma sotto forma di pioggia, neve, grandine, rugiada.

Per tre quarti, le **precipitazioni** sono assorbite dai mari, mentre il rimanente quarto interessa le terre emerse. Di questo, la metà raggiunge di nuovo il mare trasportata dalle acque dei fiumi. Buona parte dell'acqua che cade sulla terraferma ritorna dunque al mare.

Tra **atmosfera, terra e oceani** si verifica una continua circolazione d'acqua, detta "ciclo dell'acqua", che costituisce una delle caratteristiche principali del **clima del nostro pianeta** e uno degli elementi essenziali per la vita sulla Terra.

La stazione Amundsen-Scott al polo Sud, per il rilevamento del clima.

PERCHÉ È POSSIBILE PREVEDERE CHE TEMPO FARÀ?

Le previsioni del tempo, quelle che vengono trasmesse quotidianamente dalle televisioni o dalle radio, sono uno degli aspetti della **meteorologia**, una scienza che studia le cause che provocano la pioggia e i temporali, il sereno e la siccità, ossia i fattori che influenzano le condizioni atmosferiche.

Il lavoro dei meteorologi consiste nel tracciare la posizione e gli spostamenti dei più importanti **fenomeni atmosferici** (aree di alta e bassa pressione, i fronti, le zone dove piove o nevica, l'osservazione di cicloni e anticicloni), elaborando i dati forniti dalle **stazioni meteorologiche** e confrontando i dati raccolti con rilevamenti precedenti.

Ai servizi meteorologici che sorvegliano un'area ristretta sono sufficienti i dati raccolti da poche stazioni, per prevedere il tempo su una determinata zona nel corso delle successive 24 ore.

Per previsioni a **medio e lungo termine** sono invece indispensabili i dati che affluiscono da ogni parte del pianeta.

Nel deserto, basta anche una minima quantità di vapore acqueo per far germogliare i semi.

Le previsioni meteorologiche in televisione.

Ai poli il Sole è sempre basso sull'orizzonte, all'Equatore è allo zenith: le regioni alle basse latitudini ricevono dunque più energia di quelle poste alle alte latitudini.

Il clima risente anche di altri fattori, per esempio la **vicinanza al mare**, che immagazzina il calore d'estate e poi lo disperde lentamente durante l'inverno, e la presenza o meno di **catene montuose**, dove è più facile che si formino nubi e che piova.

Un tratto di costa in Calabria, una regione che gode del mite clima mediterraneo.

⊕ PERCHÉ IN METEOROLOGIA SI PARLA DI "ALTA" E "BASSA" PRESSIONE?

Con il termine pressione atmosferica si intende il peso esercitato dalla massa dell'aria sulla superficie terrestre. La pressione è **bassa** dove l'aria, più calda, tende a salire verso l'alto; è **alta** dove l'aria, fredda, è più densa e dunque non si disperde.

Le **depressioni molto accentuate**, favorendo l'evaporazione e quindi l'umidità, indicano la presenza di **tempo instabile** e perturbato, di solito accompagnato da copiose piogge.

⊕ PERCHÉ CI SONO CLIMI DIVERSI?

A causa della sfericità del nostro pianeta, i raggi solari che raggiungono la Terra colpiscono la sua superficie con **inclinazioni diverse** dalle alte latitudini dei poli a quelle basse dell'equatore.

DATI E NUMERI

2546,458

ALCUNE TEMPERATURE PIÙ BASSE MAI REGISTRATE NEI VARI CONTINENTI

CONTINENTE	TEMPERATURA	LUOGO
Antartide	-89,4°C	Vostok
Asia	-67,8°C	Verhojnsk, Russia
Artide	-66,1°C	Northice, Groenlandia
America Settentrionale	-63°C	Snag, Yukon, Canada
Europa	-55°C	Ust'Shchugor, Russia
America Meridionale	-32,7°C	Sarmiento, Argentina
Africa	-23,8°C	Ifrane, Marocco
Oceania	-23°C	Charlotte Pass, Australia

L'Europa e il bacino del Mediterraneo in una fotografia ripresa dal satellite Meteosat. In basso, il deserto del Sahara, dove si registrano le più alte temperature del nostro pianeta.

PERCHÉ L'EUROPA È FAVORITA DAL PUNTO DI VISTA CLIMATICO?

L'Europa è l'unico continente a trovarsi interamente compreso nell'**emisfero settentrionale o boreale**; a parte una porzione nordica di estensione abbastanza modesta, tutto il continente appartiene alla **zona temperata settentrionale**, l'unica parte del mondo priva di deserti. È l'area più favorita sotto l'aspetto climatico perché, nella quasi totalità delle sue zone, **non conosce eccessi** termici né di precipitazioni.

PERCHÉ L'ARIA È INQUINATA?

L'aria che respiriamo è composta per circa il 78% di azoto, per il 21% di ossigeno e per l'1% di anidride carbonica, altri gas e vapore acqueo.

Nelle grandi città, l'inquinamento dell'aria è dovuto in primo luogo alle **sostanze tossiche** presenti nell'atmosfera che stanno modificando la miscela di gas che respiriamo.

Alcuni di questi gas, come monossido di carbonio, ossidi d'azoto e piombo, sono prodotti dalla **combustione della benzina** o del gasolio nel motore degli autoveicoli. Anche le **fabbriche** e le **centrali elettriche**, responsabili dell'immissione nell'aria di anidride solforosa, contribuiscono in maniera sostanziale all'inquinamento dell'aria.

Quali sono i luoghi più caldi della Terra?

L'area più torrida del pianeta è probabilmente il deserto del Sahara, ove il Sole risplende in media per 4.300 ore l'anno. La più alta temperatura all'ombra (58°C) fu registrata nel 1922 presso Al 'Aziziyah, nel deserto libico. Anche nel deserto della Valle della Morte (Stati Uniti) non sono rare temperature oltre i 50° all'ombra nel periodo estivo.

L'aria inquinata corrode i metalli e gli edifici ed è nociva per l'apparato respiratorio degli esseri viventi. In natura si trasforma in **precipitazioni acide** dannose per l'ambiente. In generale lo smog può produrre anche sensibili **variazioni climatiche** poiché riduce l'insolazione, ossia la quantità di energia solare che raggiunge la superficie terrestre, e la luminosità.

Installazioni industriali a Yokohama, in Giappone.

PERCHÉ SI VERIFICA L'EFFETTO SERRA?

La superficie terrestre restituisce parte dell'energia che assorbe dal Sole sotto forma di calore. Alcuni gas presenti nell'atmosfera, i **gas serra** (vapore acqueo, anidride carbonica, metano), "intrappolano" questo calore impedendo che la superficie della Terra si raffreddi troppo. Il fenomeno è detto effetto serra.

Negli ultimi 150 anni si è avuto un consistente aumento della concentrazione dei gas serra nell'atmosfera, in particolare di anidride carbonica, prodotta bruciando **combustibili fossili** come petrolio, carbone e altri gas.

Secondo molti scienziati, il fenomeno è associato all'**aumento della temperatura globale** sul pianeta. Le stime prevedono un drastico innalzamento della temperatura media nei prossimi 100 anni: bisogna quindi ridurre le emissioni di gas serra.

Nonostante i paesi industrializzati e quelli emergenti si riuniscano periodicamente nei vertici internazionali sui problemi dell'ambiente, le loro opinioni sono contrastanti e non si sono ancora trovate soluzioni soddisfacenti.

AMBIENTE

PERCHÉ È PERICOLOSO IL "BUCO NELL'OZONO"?

Uno dei problemi causati dall'inquinamento dell'aria riguarda uno strato dell'atmosfera situato tra i 15 e i 40 chilometri d'altezza, l'ozonosfera. L'ozono contenuto in essa è un elemento essenziale per l'ambiente e gli esseri viventi in quanto assorbe molta dell'energia irradiata dal Sole. In particolare, protegge dalle radiazioni ultraviolette che, senza lo schermo protettivo dell'ozonosfera, renderebbero la Terra sterile e quindi priva di vita. Certi gas come i clorofluorocarburi, contenuti nei frigoriferi o nei condizionatori d'aria o in oggetti come le bombolette spray, sono fra i maggiori responsabili dell'assottigliamento della fascia d'ozono nel corso dell'ultimo mezzo secolo.

Un'immagine rielaborata al computer che mostra il buco nell'ozono sopra il polo Nord.

IL MONDO VIVENTE

LE prime tracce di vita sulla Terra comparvero circa 2 miliardi di anni fa, sotto forma di alghe unicellulari e batteri acquatici; circa 470 milioni di anni fa apparvero muschi e licheni, i primi vegetali pluricellulari. Da allora il mondo vivente ha subito una incredibile diversificazione: sono state scoperte più di un milione di specie di animali e circa 340.000 di piante, e molte ne restano ancora da identificare. Ogni forma vivente, dagli organismi unicellulari all'uomo, possiede caratteristiche e abitudini differenti – a volte curiose – ma ci sono anche proprietà comuni: tutti gli esseri viventi nascono, si nutrono, crescono, respirano, espellono i rifiuti, si riproducono, reagiscono agli stimoli esterni e muoiono.

I VEGETALI

🌐 PERCHÉ LE PIANTE SI DIFFERENZIANO DAGLI ANIMALI?

Il fattore principale che distingue i vegetali dagli animali è la cosiddetta **autotrofia** (letteralmente, la "capacità di nutrirsi da soli"): le piante sono in grado di sintetizzare, cioè di "fabbricare", le sostanze che ne determinano il sostentamento utilizzando l'anidride carbonica presente nell'aria, la luce del Sole e l'acqua in un processo che si chiama **fotosintesi**. La fotosintesi è resa possibile dalla presenza nelle foglie della clorofilla.

Le piante possiedono inoltre radici che le ancorano alla terra e **non si muovono** come possono fare invece gli animali.

🌐 PERCHÉ LE FOGLIE SONO VERDI?

La **clorofilla** è il pigmento che conferisce il tipico colore verde al regno vegetale. Essa si produce con la trasformazione delle sostanze di cui si nutrono le piante quando vengono a contatto con la luce del Sole e con l'aria.

L'acqua e i sali minerali assorbiti attraverso le radici si trasformano in **linfa**, una sostanza che circola per tutta la pianta; non appena la linfa arriva nelle foglie, cattura l'ossigeno e la luce del Sole e si trasforma in clorofilla. Il fenomeno si verifica **in primavera e in estate**, quando è maggiore l'esposizione ai raggi del Sole.

Oltre alla clorofilla, altre sostanze come il carotene e la xantofilla sono responsabili della colorazione delle foglie.

🍂 **Una foglia di ippocastano, in alto, e una di platano al centro. Qui in basso, un campo di girasoli in primavera.**

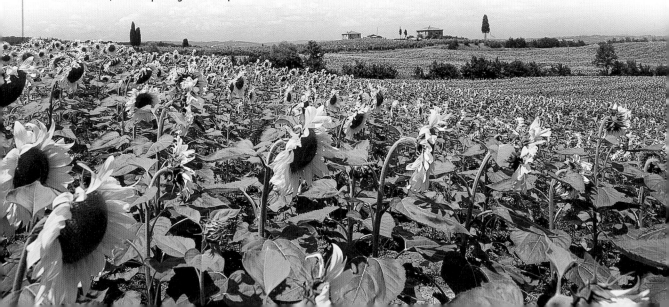

🔲 I fiori del convolvolo si aprono la mattina e si chiudono la sera.

🕐 PERCHÉ LE PIANTE HANNO I FIORI?

I fiori svolgono nelle piante la funzione essenziale di **produrre i semi**, gli organi capaci di dar vita a nuove piante. La parte femminile del fiore è costituita dal pistillo, situato al centro del fiore e formato da un **ovario basale**, sormontato da uno stilo, in cima al quale sta lo stigma. Gli stami circondano il pistillo e terminano nelle antere, che portano il **polline**, l'elemento maschile del fiore. I petali compongono la corolla mentre i sepali, simili a foglie, formano il calice del fiore.

La maggior parte delle piante conosciute – circa 220.000 specie – è dotata di fiori. Ma ci sono alcuni vegetali, come i muschi, i licheni e le felci, che non si riproducono mediante i semi contenuti nei fiori, ma grazie alle **spore**: le cellule maschili del muschio raggiungono quelle femminili nuotando attraverso la pellicola d'acqua sulle foglie.

🔲 Una libellula attratta dal profumo del giacinto. A lato, il fiore di una rosa.

🌑 PERCHÉ ALCUNI FIORI SI APRONO E SI CHIUDONO?

I fiori, come tutti gli esseri viventi, hanno bisogno per sopravvivere della luce e del calore emessi dai raggi del Sole. Alcune specie, quando scende la sera e la temperatura si abbassa, chiudono i petali per **proteggersi dal freddo**.

Altre specie, invece, sono in grado di sopportare anche i freddi notturni e non chiudono mai i petali. Altre ancora… non sopportano l'**eccessivo calore** diurno, dunque aprono i loro petali solo durante la notte.

🕐 PERCHÉ I FIORI SONO PROFUMATI?

I petali dei fiori contengono un insieme di sostanze odorose che si espandono nell'aria con grande facilità, trasportate dal vento o, nel caso delle piante acquatiche, dall'acqua.

Il profumo di un fiore è il modo escogitato dalla natura per contribuire alla **riproduzione**; esso infatti attira gli insetti e gli uccelli che estraggono dal fiore il nettare per nutrirsi, trasportando nel contempo il **polline** altrove. Posandosi su altri terreni o altri vegetali, il polline consente al ciclo riproduttivo di ricominciare.

🌑 PERCHÉ LE PIANTE SI PIEGANO VERSO LA LUCE?

La capacità di assorbire la luce è un elemento fondamentale per la **fotosintesi** clorofilliana delle piante.

I vegetali sono perciò in grado di "sentire" da dove proviene **la luce** e si voltano sempre nella sua direzione. Questo comportamento, regolato da ormoni, si chiama fototropismo.

PERCHÉ LE PIANTE DANNO I FRUTTI?

I frutti proteggono i semi e favoriscono la disseminazione, ovvero la dispersione dei semi per consentire lo sviluppo e la diffusione della specie: sono dunque elementi essenziali nel processo riproduttivo di una pianta.

A fecondazione avvenuta si forma il **seme**, che subisce diverse trasformazioni; l'ovario, l'organo femminile della pianta responsabile della nascita del seme, diventa l'**embrione** del frutto che, a poco a poco, matura fino a diventare il **frutto** che si mangia.

I frutti possono essere secchi, come le noci, o carnosi (come albicocche e ciliege), a seconda della consistenza delle loro parti esterne.

■ Rami carichi di pesche, pronte per essere colte. Sotto, la stella alpina, una pianta d'alta montagna.

PERCHÉ LE PIANTE ALPINE SONO IN GRADO DI SOPPORTARE IL FREDDO?

Le piante alpine hanno dovuto adattarsi per sopravvivere alle basse temperature. In genere sono **basse e piccole** come l'astro alpino, le cui foglie sono tutte schiacciate al suolo.

Il mantenimento del calore è fondamentale per queste piante, molte delle quali sono ricoperte da una **folta lanugine** che, oltre a proteggerle dai rigori dell'inverno, d'estate le isola dai forti raggi solari. Altre piante alpine, come la genziana, generano il proprio calore: in primavera questi fiori possono così iniziare a svilupparsi sotto la neve.

PERCHÉ SI ANNAFFIANO I FIORI E LE PIANTE?

L'elemento più importante di cui hanno bisogno le piante per sopravvivere è l'acqua perché serve a **veicolare il nutrimento** – sali minerali e altre sostanze – che è contenuto nel terreno. Tali sostanze vengono assorbite dalle radici e si trasformano in linfa, che circola poi per tutta la pianta garantendole la vita.

CULTURA

QUAL È L'ORIGINE DEL NOME MANDARINO?

Durante l'impero cinese dei Ming, i dirigenti del governo e dell'esercito erano chiamati Mandarini, da un termine portoghese che significava "consigliare". Il mandarino che troviamo sulla nostra tavola, originario della Cina, deve il suo nome al particolare colore che ricorda quello della pelle dei cinesi. Per questo fu chiamato *Citrus nobilis*, ossia mandarino. Nel secolo scorso giunse dall'Oriente sulle coste del Mediterraneo, dove fu avviata una fiorente coltivazione. In Italia sono particolarmente rinomati i mandarini della Sicilia.

PERCHÉ ALCUNE PIANTE SONO CARNIVORE?

Alcune piante per vivere mangiano gli insetti perché crescono in **terreni poveri** di elementi minerali e quindi di nutrimento.

Alcune piante, come la dionea pigliamosche, catturano l'insetto per mezzo di foglie dentate che funzionano come **trappole**, chiudendosi come una morsa; altre, come le drosere, possiedono foglie coperte di tentacoli che intrappolano gli insetti per mezzo di un fluido appiccicoso; altre piante ancora attirano gli insetti con il loro profumo, per poi catturarli all'interno del calice, dove vengono digeriti.

PERCHÉ ALCUNE PIANTE PUNGONO?

Alcune piante hanno sviluppato dei sistemi di difesa che includono aculei, pungiglioni, spine e sostanze urticanti per **difendersi dagli animali** erbivori.

Cardi, carciofi e agrifogli, per esempio, presentano il bordo delle foglie appuntito di spine; le foglie di alcuni cactus sono addirittura nugoli di spine, mentre nelle rose e nei rovi le spine crescono sugli steli e sono prodotte dallo strato esterno o epidermide.

Altre piante, come la buglossa e le opunzie, possiedono **pungiglioni** capaci di causare irritazioni. Le ortiche sono invece provviste di **peli** che emettono una sostanza irritante.

In alto, le foglie della nepente terminano con una specie di contenitore per la cattura degli insetti. Al centro, le foglie spinose e le bacche di agrifoglio. A lato una fila di cactus saguaro.

CULTURA

QUAL È L'ORIGINE DEL NOME PUNGITOPO?

In base alla tradizione popolare, il pungitopo veniva usato per pulire i camini e proteggere dai topi i formaggi messi ad asciugare in cantina. A Natale, alla porta di casa si attaccava un rametto di pungitopo e una pianta detta "pianta strega". Si credeva che servisse per allontanare le streghe.

PERCHÉ ALCUNE PIANTE POSSONO SOPRAVVIVERE NEL DESERTO?

La vita dell'ambiente desertico è caratterizzata dalla carenza d'acqua quindi la flora ha sviluppato particolari **adattamenti**.

Quasi tutte le piante crescono ben distanziate tra loro in modo da ridurre la concorrenza per la disponibilità d'acqua. Alcune, per esempio il saguaro, un gigantesco cactus, hanno radici poco profonde ma estese orizzontalmente per assorbire quanta più acqua possibile quando piove. Numerose altre specie spingono invece le **radici in profondità**, alla ricerca di umidità.

Altri adattamenti prevedono la riduzione della traspirazione o delle parti direttamente esposte, proteggendole con cuticole molto spesse e accumulando **riserve d'acqua** nel fusto, oppure riducendo la superficie delle foglie e sostituendovi delle formazioni spinose, come avviene per i cactus.

PERCHÉ LE MANGROVIE SONO UTILI PER L'AMBIENTE?

Le mangrovie sono piante acquatiche diffuse in alcune zone equatoriali dell'Africa e lungo le coste australiane. Formano spettrali e silenziosi grovigli di rami e costituiscono un prezioso elemento dell'ambiente e della catena alimentare. Bloccando i sedimenti e le sostanze nutritive, le mangrovie forniscono un riparo ombroso e un terreno di pascolo a numerose specie di granchi, molluschi, vermi, ragni, lucertole, coccodrilli, gamberi, serpenti e uccelli acquatici. Poiché la base di questi alberi è sommersa dalla marea ogni 12 ore e il fango in cui crescono è scarso di ossigeno, le mangrovie hanno sviluppato un sistema di radici aeree che funzionano come i tubi di respirazione dei subacquei, con cui catturano l'ossigeno direttamente dall'aria. La preziosa mangrovia è minacciata però dallo sviluppo industriale ed edilizio in zone dove il turismo è in espansione, cosa che rischia di compromettere gli equilibri dell'ecosistema.

Le salde radici acquatiche delle mangrovie.

PERCHÉ ALCUNE PIANTE SONO DETTE "INFESTANTI"?

Vengono chiamate infestanti quelle erbe o piante che crescono vicino ad altri vegetali, **togliendo loro nutrimento**.

Una delle piante infestanti più comuni è la gramigna, che viene sfruttata anche per le sue proprietà medicinali.

Rametti di gramigna.

Qual è la più grande pianta con fiori?

È una specie di glicine diffusa nel continente americano, la *Wisteria sinensis*. Un esemplare della Sierra Madre, negli Stati Uniti, produce un milione e mezzo di fiori a ogni fioritura, su rami lunghi oltre 150 metri.

PERCHÉ ALCUNE PIANTE POSSONO SOPRAVVIVERE NELLE ZONE SALMASTRE?

In genere il sale **estrae acqua dai tessuti** delle piante, uccidendole. Nelle zone salmastre, quindi, la flora ha sviluppato particolari adattamenti per poter sopravvivere.

Le cellule di queste piante possiedono infatti elevate quantità di sale e sono in grado di assorbire anche l'**acqua salata**, che di solito viene accumulata nelle foglie o nei fusti carnosi. La **salicornia** è la pianta che tollera meglio il sale e che può rimanere coperta completamente dall'alta marea.

PERCHÉ I FUNGHI SI "ASSOCIANO" AD ALTRI ORGANISMI?

Considerati piante per lungo tempo, i funghi sono stati ormai classificati in un **regno tutto loro**: uno dei cinque regni degli esseri viventi.

Il fungo non ha bisogno di luce, non ha foglie, non fa fiori e non contiene clorofilla; è costituito da un intreccio di filamenti che si presentano come una ragnatela, detta **micelio**.

La stranezza di questo organismo è data soprattutto dalla mancanza della funzione clorofilliana: ne consegue che, a differenza di tutti gli altri vegetali, i funghi non sono autotrofi ma, per vivere, hanno bisogno di sostanza organica da cui trarre il nutrimento, comportandosi così, dal punto di vista nutrizionale, non come piante ma piuttosto come esseri animali.

Il modo in cui i funghi si approvvigionano di sostanza organica fa sì che essi possano essere distinti in parassiti, saprofiti e simbionti. I funghi **parassiti** assorbono il nutrimento direttamente dall'organismo ospite, animale o vegetale.

I funghi **saprofiti** si nutrono di sostanze organiche animali e vegetali in decomposizione.

🟦 Un gruppo di funghi dal variopinto "cappello". In alto, un'arancia ammuffita.

Con la loro azione evitano che le foreste vengano soffocate dall'accumulo di sostanze biologiche inerti.

I funghi **simbionti** per vivere si associano a una pianta, intrattenendo con essa un rapporto di simbiosi in modo tale che entrambi ne traggano un vantaggio.

PERCHÉ SUI CIBI SI FORMA LA MUFFA?

Quando i cibi restano a lungo a contatto con l'aria, o anche in frigorifero, possono essere attaccati dalla muffa. La muffa è **una specie di fungo**, talmente piccolo che si può vedere solo al microscopio. Si forma a contatto di altre sostanze organiche, delle quali si nutre fino a crescere e a espandersi.

I vegetali che si comportano come le muffe, quelli cioè che si nutrono di alimenti in **decomposizione**, sono chiamati saprofiti.

PERCHÉ LE MELE TAGLIATE ANNERISCONO?

Le cellule delle mele contengono enzimi che, in presenza di **ossigeno**, reagiscono con i fenoli, composti chimici presenti in questa frutta.

L'enzima favorisce la **reazione di legame** dei fenoli con l'ossigeno e il risultato della reazione è un nuovo composto di colore bruno.

Essa avviene solo se la mela è tagliata o ammaccata, in caso contrario le sue cellule restano integre e continuano a racchiudere all'interno **l'enzima** e i **fenoli**, impedendo il contatto con l'ossigeno dell'ambiente esterno.

🟦 Al centro, una mela intera e una ossidata.

PERCHÉ L'ALLORO È SIMBOLO DI GLORIA?

L'alloro, o lauro, è una pianta aromatica tipica del Mediterraneo. Fin dall'antichità le sue foglie rappresentano un segno di onore e gloria: questo perché era la pianta consacrata ad **Apollo**, dio del sole, dell'armonia (musica e poesia), della saggezza e delle profezie. Essendo una pianta sempreverde, simboleggia anche l'immortalità.

Al tempo degli antichi Greci e Romani con **corone d'alloro** veniva cinto il capo dei vincitori di grandi battaglie o dei giochi olimpici, così come degli imperatori, di poeti e artisti la cui fama è destinata a rimanere "eterna".

Dal latino *laurus* deriva anche la parola laurea, che designa il titolo di studio conseguito completando gli studi universitari.

PERCHÉ È FAMOSA LA CICUTA?

La cicuta, diffusa in Europa, Africa e Asia, è una pianta particolarmente **velenosa** in quanto contiene delle sostanze alcaloidi come la conicina; il suo veleno è in grado di provocare la morte nel giro di mezza giornata.

Nell'**antica Grecia**, gli ateniesi si servivano di questa pianta per le esecuzioni capitali. Uno dei padri della filosofia greca, **Socrate**, fu condannato a morte per le sue idee; non volendo opporsi alla condanna né fuggire, bevve spontaneamente la cicuta provocandosi la morte.

PERCHÉ LA CIPOLLA FA "PIANGERE"?

Originaria dell'Asia centro-meridionale, la cipolla fu introdotta fin dall'antichità nelle regioni mediterranee, dove è largamente impiegata in cucina e per le sue proprietà terapeutiche.

La cipolla possiede però delle **sostanze assai irritant**i, capaci di espandersi nell'aria con grande velocità. Quando si spezza il bulbo di una cipolla, ne fuoriesce un liquido i cui vapori si diffondono nell'aria.

Tali vapori sono responsabili del bruciore agli occhi: **le ghiandole lacrimali**, infatti, per respingere i vapori delle sostanze irritanti aumentano la produzione di liquidi, ovvero di… lacrime. Ecco perché si "piange" tagliando una cipolla.

Una statua dell'imperatore romano Claudio con il capo cinto d'alloro. Qui a lato, uno spicchio di cipolla. Sotto, *La morte di Socrate*, un dipinto dell'artista francese Jaques-Louis David.

CULTURA

PERCHÉ NELL'ANTICHITÀ VENIVA USATO IL PAPIRO?

Il papiro è una pianta originaria dell'Egitto e delle regioni arabiche. Ama i terreni umidi e le zone calde, per questo spesso si trova vicino alle paludi. Oltre 2000 anni fa, dal midollo della pianta gli antichi Egizi ricavarono per primi dei fogli che poi trasformarono in tante strisce, simili a fogli di carta. Oggi la carta è fabbricata a partire dalla cellulosa, che si ricava dalla corteccia di alcuni alberi; nell'antichità invece si scriveva su fogli di papiro.

Un frammento di papiro egizio.

Datteri ancora acerbi su una palma.

PERCHÉ IL FAGIOLINO È VERDE, IL FAGIOLO GIALLO?

Il tenero fagiolino non è altro che un fagiolo **non ancora maturo**, dunque il baccello, ovvero il frutto con i semi, è ancora verde liscio e fino. Per questo il fagiolino si consuma intero, con tutto il **baccello**, a differenza del fagiolo di cui si mangiano soltanto i semi.

Fagioli e fagiolini sono entrambi alimenti ad alto contenuto nutritivo, apprezzati nelle minestre oppure come contorno. La pianta è originaria del continente americano, da cui si è poi diffusa in Europa nel XVI secolo.

PERCHÉ IL DATTERO È COSÌ DOLCE?

La palma da dattero è diffusa in tutta l'Africa settentrionale. I suoi frutti, i datteri, sono ricchi di zuccheri e sostanze nutritive.

Il motivo per cui i datteri sono così dolci è dato dal fatto che il **Sole** e le alte temperature asciugano la poca acqua contenuta nel frutto; gli **zuccheri**, in tal modo, si concentrano fino a diventare quasi solidi.

Il dattero assume così un aspetto carnoso e un sapore intenso e dolce.

Le piante di fagiolini sono in genere molto prolifiche.

CURIOSITÀ

PERCHÉ È FAMOSO IL BASILICO DELLA LIGURIA?

Perché la Liguria è la patria del pesto, una salsa a base di basilico usata per condire la pasta o altri piatti. L'origine del pesto pare risalire a una pratica degli antichi pescatori genovesi, che erano soliti proteggere gli alimenti freschi a bordo delle loro imbarcazioni con un miscuglio di erbe a base di basilico. Il forte aroma diffuso da questa pianta, infatti, ha la proprietà di tenere lontani i germi.

Una piantina di basilico.

🌐 PERCHÉ MANGIARE CAROTE FA BENE ALLA SALUTE?

La carota, vegetale assai diffuso e largamente consumato, possiede proprietà straordinarie. Contiene infatti diverse vitamine tra cui la A, la B e la C e il betacarotene, componente fondamentale per la produzione da parte del nostro organismo della melanina, sostanza di pigmentazione delle cellule cutanee che protegge dai raggi solari e aiuta l'abbronzatura.

Il betacarotene rinforza anche le ossa e i denti, potenzia le **difese immunitarie** contro le infezioni delle vie respiratorie e acuisce la **capacità visiva**.

🟦 Le carote crescono sotto terra. Sotto, una pianta di edera s'arrampica su un grosso tronco.

Grazie al suo alto contenuto di **fibre** la carota svolge, inoltre, un'importante azione regolatrice sull'intestino.

Per evitare la dispersione delle proprietà vitaminiche la carota andrebbe preferibilmente consumata al naturale, in succo o in insalata e non dovrebbe essere sbucciata, ma solo spazzolata sotto l'acqua, poiché è proprio sulla sua superficie che si trova la maggior quantità di betacarotene.

🌐 PERCHÉ LA BARBABIETOLA È UNA PIANTA MOLTO UTILE?

Perché può essere coltivata per tre scopi diversi: per l'estrazione di **zucchero** (il saccarosio, contenuto nelle sue radici carnose), come **ortaggio** (la barbabietola rossa o gialla, buona sia cotta sia cruda) e come **foraggio** per il bestiame (nella varietà rapa alba, che rappresenta un alimento assai nutriente).

🌐 PERCHÉ L'EDERA SI ARRAMPICA SUI MURI?

L'edera è una delle piante rampicanti più comuni e vigorose.

Possiede **fusti lunghi e pieghevoli** forniti di radichette in grado di attaccarsi ai muri come ventose. Così facendo, la pianta cerca la migliore esposizione per ricevere più luce possibile.

L'edera può arrampicarsi anche sul cemento, tra i mattoni, sugli alberi, oppure strisciare sul terreno se non trova appigli.

CURIOSITÀ

PERCHÉ IL KIWI FU CHIAMATO COSÌ?

Il kiwi è un frutto originario della Cina, come suggerisce il nome della specie: *Actinidia chinensis*. Per lungo tempo si pensò invece che fosse originario della Nuova Zelanda, il paese che detiene il record della produzione mondiale di questo frutto. Gli americani lo battezzarono kiwi proprio perché il suo aspetto ovale, scuro e peloso lo faceva assomigliare al kiwi, l'uccello simbolo della Nuova Zelanda. In Italia il kiwi (nella foto) ha conosciuto una grande diffusione, tanto che il nostro paese è uno dei maggiori produttori mondiali di questo frutto.

Un girasole. A lato, fiori di camomilla, simili a margherite.

PERCHÉ IL GIRASOLE SI GIRA VERSO IL SOLE?

Il girasole mostra una delle più evidenti testimonianze di **eliotropismo**: i boccioli, cioè, seguono il percorso del Sole nel cielo da est a ovest, mentre di notte e al crepuscolo tornano ad orientarsi verso est. In questo modo la pianta trae quanta più energia possibile dai raggi solari.

Il movimento è originato da particolari **cellule motrici** presenti nello stelo che si attivano grazie a degli **ormoni**. A fioritura completata, lo stelo si irrigidisce bloccandosi nella direzione del sorgere del Sole.

PERCHÉ L'ANANAS È USATO IN MEDICINA?

L'ananas è un frutto salutare, oltre che gustoso. Le sue **proprietà depurative** e disintossicanti facilitano la digestione, in particolare dopo pasti abbondanti e ricchi di proteine. L'ananas contiene infatti bromelina, una sostanza che permette la scissione delle proteine.

Le sue **proprietà diuretiche** ne fanno un ottimo rimedio utilizzato in medicina, in particolare per chi ha problemi di ritenzione idrica.

PERCHÉ PER DORMIRE SI PRENDE LA CAMOMILLA?

La camomilla è un'erba molto comune: cresce nei prati ma anche sul ciglio delle strade e, in genere, nei luoghi aridi e sabbiosi.

Sono note le sue proprietà calmanti: i fiori, simili a piccole margherite, vengono essiccati per ottenere una bevanda che è in grado di agire come **tranquillante** sul sistema nervoso. L'infuso di camomilla favorisce inoltre il sonno, soprattutto nei bambini piccoli.

PERCHÉ GLI SPINACI DANNO FORZA?

La fama di alimento fortemente energetico che hanno gli spinaci è legata al personaggio di **Braccio di Ferro** che, con l'aiuto degli spinaci, aveva braccia e pugni dalla forza esplosiva.

In realtà l'importanza nell'alimentazione è legata al loro contenuto di **ferro** e di sali minerali; gli spinaci sono perciò fra gli alimenti utili in presenza di malattie quali l'anemia, che provoca una riduzione dei globuli rossi nel sangue e un indebolimento dell'organismo.

Qui sopra, un frutto di ananas. Sotto, piantine di spinaci.

PERCHÉ NEGLI ARMADI SI METTE LA CANFORA?

La canfora è un albero sempreverde, imponente e secolare, originario del Sudest asiatico.

Dalla pianta si estrae una sostanza oleosa di colore bianco dall'odore caratteristico, particolarmente **sgradita agli insetti**. Questa proprietà viene sfruttata per produrre quei "cubetti" di canfora che si mettono negli armadi per proteggere gli indumenti dalle tarme, insetti le cui larve vivono a danno dei tessuti.

L'olio di canfora è usato anche in profumeria, nel preparare essenze dal delicato profumo.

Sotto, un bosco di pini silvestri. Qui sopra, la sezione di un tronco d'albero.

PERCHÉ ALCUNI ALBERI PERDONO LE FOGLIE, MENTRE ALTRI NO?

Molti alberi d'autunno cominciano a perdere le foglie, fino a spogliarsi del tutto al sopraggiungere dell'inverno. Questo perché la luce del Sole diventa più debole rispetto ai mesi caldi e nella pianta si produce meno clorofilla.

Con la **riduzione della clorofilla** diminuisce anche il colore verde delle foglie, che assu-

mono un caratteristico colore giallo o rossiccio. Quando, con l'arrivo dei primi freddi, alle foglie viene a mancare del tutto la clorofilla, si staccano dal ramo e cadono.

Alcune specie, per esempio le conifere (come larici, tassi, pini, abeti, cipressi, sequoie), sono dette **sempreverdi** in quanto la linfa ha la capacità di arrivare nelle foglie anche nei mesi invernali, in presenza di poca luce. Le conifere sono diffuse nelle zone temperate e fredde, soprattutto nell'emisfero boreale.

PERCHÉ IL FUSTO DEGLI ALBERI PRESENTA DEGLI ANELLI CONCENTRICI?

Gli alberi crescono in altezza grazie all'attività di particolari cellule situate all'apice del fusto. Il tronco, invece, cresce di diametro sfruttando una sostanza vegetale detta "**cambio**".

Il legno cresce attorno al germoglio iniziale, formando un anello. Man mano si formano **nuovi strati** attorno ai precedenti, sempre ad anello. Questa particolare struttura del tronco è visibile solo tagliandolo in senso orizzontale.

Contando gli anelli si può risalire all'**età** dell'albero: a ogni anello corrisponde infatti circa un anno di vita della pianta.

🌐 PERCHÉ C'È UN SALICE CHE "PIANGE"?

Uno dei più diffusi alberi decorativi è il salice piangente. Questo albero elegante ha la particolarità di piegare il fusto sotto il peso dei **rami lunghi ed esili**, che a loro volta si piegano verso il basso fino a toccare terra, dandogli l'aspetto di una "fontana vegetale".

Spesso i salici piangenti si trovano sulle rive degli stagni e i rami giungono a lambire l'acqua.

🔲 Un salice piangente.

🌐 PERCHÉ DAI PIOPPI CADE LA "NEVE"?

In primavera può capitare di imbattersi in strani "tappeti bianchi", in campagna o nei viali alberati delle città. Quella distesa di batuffoli bianchi proviene dai pioppi, alberi molto comuni nelle vie cittadine o sui lungofiumi.

Entro i candidi e volatili batuffoli sono custoditi i **semi** dei pioppi, che usano questo originale sistema per disperdere i semi, trasportati così dal vento, e favorire la riproduzione.

🌐 PERCHÉ LA PALMA DA COCCO HA MILLE USI?

La noce dalla forma ovale che cresce sulle palme da cocco in grappoli di dieci e più esemplari è tra i frutti più utili del mondo.

Il duro **guscio** esterno sbriciolato può essere filato per formare delle funi; la bianca **polpa** interna viene seccata per produrre la copra, da cui si ricava un olio usato per candele e saponi. La polpa e il **latte** sono anche ottimi alimenti.

Anche la palma ha una sua utilità: le foglie servono come copertura delle case o per fabbricare tappeti e cesti; le radici, infine, possiedono un leggero effetto narcotizzante.

AMBIENTE

PERCHÉ LA BETULLA È UTILE AI BOSCHI?

La betulla è una pianta dal caratteristico fusto bianco, assai diffusa nei boschi montani e in genere nelle regioni fredde d'Europa. Di essa vengono impiegate praticamente tutte le parti: dalla corteccia si estrae il tannino, usato in pelletteria; il legno, bianco e compatto, è ottimo per ricavare compensato, cellulosa e legna da riscaldamento. La betulla è poi in grado anche di dare un bell'aiuto all'ambiente: viene utilizzata infatti per rimboschire aree distrutte dagli incendi. La varietà più nota per questa funzione è la Betulla verrucosa, che può raggiungere anche i 25 metri di altezza e ricoprire nell'arco di un breve periodo vaste zone precedentemente disboscate.

🔲 Un bosco di betulle nel Parco Nazionale dello Stelvio. Il colore delle foglie è quello autunnale.

PERCHÉ IL GELSO È DETTO "ALBERO DALLA CHIOMA D'ORO"?

Le foglie di gelso sono l'unica fonte di nutrimento del **baco da seta**. La seta è considerata l'oro vegetale per eccellenza, così le due specie di gelso più conosciute, la *Morus alba* e la *nigra*, sono dette "alberi dalla chioma d'oro".

I frutti del gelso, le more, dal colore bianco o viola-nero, costituiscono un gustoso alimento e vengono usati anche come base per sciroppi, liquori e marmellate.

PERCHÉ L'ULIVO È UN SIMBOLO DI PACE?

L'ulivo, pianta mediterranea dalla chioma verde-argentea, è un pianta simbolica per eccellenza per tradizione associata alla pace.

L'origine si ritrova nella Bibbia dove si legge che, quando Noè aspettava nell'arca la fine del **diluvio universale**, finita la pioggia egli mandò fuori una colomba che tornò con un ramoscello di **ulivo nel becco**: ciò significava che le acque si stavano ritirando e le piante ricominciavano a crescere. Cessato il diluvio, ritornava la pace tra il Signore e il genere umano.

Giotto, *Ingresso a Gerusalemme*. Sullo sfondo dell'affresco, gli alberi di ulivo. Sotto, un ramoscello carico di olive.

CURIOSITÀ

PERCHÉ SI FA L'ALBERO DI NATALE?

Nella nostra tradizione la nascita di Gesù veniva ricordata con il Presepe. L'usanza di addobbare un albero in occasione delle feste di Natale è propria dei paesi nordici ed è giunta a noi nel dopoguerra. Un tempo, come albero di Natale venivano usate piante tipiche della macchia mediterranea come il ginepro e il corbezzolo. Le case erano adornate con rami di pungitopo e si regalavano mazzi di vischio e Stelle di Natale per augurare un buon anno nuovo. Queste usanze si conservano ancora oggi, ma il ginepro è stato sostituito da grandi alberi di abete abbelliti con palline colorate, luci e fili argentati.

Un albero di Natale pieno di addobbi e festoni.

Giganteschi baobab nella savana della Tanzania (Africa). In basso, un'altissima sequoia.

⬤ PERCHÉ IL BAOBAB È DETTO IL "GIGANTE DELLA FORESTA"?

Il baobab è un grande albero diffuso soprattutto in Africa, ma presente anche in America e in Australia. Può vivere **fino a 400 anni** e la sterminata circonferenza del suo tronco rag-

giunge anche i **10 metri**. Ciò significa che per "abbracciare" un tronco di baobab ci vogliono almeno 6-7 persone disposte in cerchio.

Quali sono gli alberi più alti e più longevi?

Il più alto esemplare di albero vivente supera i 111 metri di altezza e appartiene alla *specie Sequoia sempervirens*, una conifera della California (Stati Uniti). Un tempo si credeva che le sequoie fossero anche gli alberi più longevi. I botanici hanno invece stabilito che il primato spetta a un altro gruppo di conifere, i pini aristati, che possono vivere più di 4.500 anni.

LA FAUNA DEI MARI

PERCHÉ I PESCI POSSONO RESPIRARE SOTT'ACQUA?

Tutti gli animali hanno bisogno di ossigeno per vivere. Mentre gli esseri umani e gli animali terrestri respirano l'**ossigeno** presente nell'aria, i pesci "respirano" l'ossigeno disciolto nell'acqua per mezzo di speciali organi detti **branchie**, attraverso cui l'ossigeno passa nel sangue del pesce.

Esistono tuttavia dei pesci in grado di respirare anche l'aria: i dipnoi hanno sviluppato una **vescica natatoria** (l'organo pieno di gas che permette ai pesci di mantenere la profondità voluta durante l'immersione) che assomiglia a un polmone.

◾ La livrea blu di questo pesce ne mette in evidenza la linea laterale. In basso, un pesce rosso.

PERCHÉ I PESCI RIESCONO A "VEDERE" ANCHE LATERALMENTE?

I pesci possiedono un particolare sistema sensoriale, noto come "**linea laterale**": si tratta di un canale che percorre entrambi i lati del corpo, diramandosi in altri canali.

Non è chiaro come funzioni con esattezza, ma sappiamo che serve ai pesci per **percepire** quel che accade loro intorno, in particolare la presenza di altri pesci. In tal modo possono localizzare le prede e difendersi dai predatori.

PERCHÉ IL PLANCTON È UN ELEMENTO FONDAMENTALE PER I PESCI?

Plancton (dal greco *planktón*, "vagabondo") è il nome scientifico con cui si indica un insieme di microscopici animali e piante che si muove negli **strati superficiali dei mari**, dei bacini d'acqua dolce e dei fiumi con poca corrente.

Questi organismi, essendo troppo piccoli per nuotare, si lasciano trasportare dalla corrente galleggiando sulle acque di superficie e rappresentano il **principale alimento** per la fauna

Una trota dal colore argenteo. La trota è uno dei più comuni pesci d'acqua dolce.

ittica dei mari e degli oceani: se il mare brulica di vita lo si deve dunque proprio al plancton.

Le piante che compongono il plancton (fitoplancton) appartengono per la maggior parte alle alghe, mentre gli organismi animali (zooplancton) sono soprattutto minuscole creature unicellulari.

PERCHÉ LA MAGGIOR PARTE DEI PESCI POSSIEDE IL DORSO SCURO E IL VENTRE ARGENTEO?

Il dorso di colore smorto e il ventre argenteo, caratteristica di quasi tutte le specie di acqua dolce ma anche di molte di acqua salata, servono ai pesci per **mimetizzarsi**.

Visto da sopra, infatti, il pesce mostra il dorso che si confonde con il verde o il blu dell'acqua;

Un coloratissimo pesce tropicale.

CULTURA

PERCHÉ ALCUNE CERNIE SONO PESCI "CAMALEONTI"?

Alcune specie di cernie tropicali che vivono nel mar delle Antille sono in grado di gareggiare con il camaleonte per l'abilità con cui mutano la loro livrea. Questi pesci possono addirittura entrare in una fenditura rocciosa e uscirne con una colorazione diversa. Un gruppo di tali cernie, tutte della stessa specie, può sfoggiare addirittura da otto a nove colorazioni diverse.

Una grossa cernia si mimetizza perfettamente con una roccia del fondale.

da sotto invece il ventre biancastro si confonde nella luminosità dei raggi solari che filtrano attraverso l'acqua.

PERCHÉ MOLTI PESCI SONO COLORATI?

Normalmente i colori servono ai pesci per mimetizzarsi con le rocce o con il fondale marino; alcune specie, sempre a scopo mimetico, sono in grado anche di **cambiare colore**.

In genere i pesci tendono ad assumere colori più brillanti nelle acque equatoriali, vale a dire in acque calde, in particolare quelli che vivono nell'ambiente della **barriera corallina**. Spesso sono i maschi di una specie ad assumere colorazioni vivaci, in particolare durante la stagione degli accoppiamenti.

PERCHÉ ALCUNI PESCI VOLANO?

Per evitare di essere catturati dai predatori, o anche per evitare le imbarcazioni, i pesci volanti sono in grado di librarsi nell'aria.

Per far ciò, nuotano a livello della superficie sbattendo la coda per prendere velocità, quindi allargano le **pinne, ampie come ali**, e si innalzano dalla superficie dell'acqua a una velocità di circa 60 chilometri orari.

L'atterraggio avviene planando dolcemente sulle onde.

Un pesce volante. In basso, un gruppo di razze sul fondale sabbioso.

PERCHÉ ALCUNI PESCI SONO DETTI "PULITORI"?

Alcune specie ittiche vivono in **simbiosi** con altri pesci. È come se avessero stipulato una sorta di patto: i pesci "pulitori" ricavano il cibo liberando altri pesci dei **piccoli parassiti** che ne infestano il dorso, le branchie e perfino l'interno della bocca.

Per essere sicuri di venir riconosciuti e bene accolti, i pulitori eseguono una speciale "danza" di fronte al pesce che li andrà a ospitare.

PERCHÉ ALCUNI PESCI DANNO LA "SCOSSA"?

Almeno 250 specie ittiche sono in grado di produrre scariche elettriche per mezzo di speciali muscoli trasformati in **"batterie"**.

Le scariche più potenti possono raggiungere il centinaio di volt e sono quindi in grado di stordire una persona. Questo sistema serve ai pesci sia per **difendersi** sia per uccidere le prede, ma anche per trovare la **direzione giusta** nelle acque melmose.

Due esempi sono le torpedini e le razze, i cui piccoli muscoli della coda costituiscono rudimentali organi elettrici capaci di scaricare una corrente di 4 volt.

PERCHÉ LA SOGLIOLA HA ENTRAMBI GLI OCCHI SULLO STESSO LATO?

La sogliola è un pesce piatto che ama mimetizzarsi con la sabbia dei fondali marini.

Alla nascita, che avviene in alto mare, ha gli occhi posti su **entrambi i lati**; quando comincia a muoversi su un lato solo, strisciando o scivolando sul fondale, volge solo un lato del corpo verso l'alto e uno degli occhi (quello che resterebbe sempre rivolto verso il fondo) **pian piano si sposta**, avvicinandosi all'altro.

In tal modo la sogliola può vedere bene con entrambi gli occhi.

Un branco di salmoni durante la risalita di un fiume.

PERCHÉ I SALMONI RISALGONO I FIUMI?

Il salmone è un pesce migratore. Nasce in genere in pozze o ruscelli o nelle acque correnti dei fiumi, vive in mare fino all'età di 3-4 anni e poi risale nuovamente il fiume per tornare a **riprodursi** nel luogo in cui è nato.

Secondo gli studiosi questi pesci sarebbero in grado di ritrovare il luogo di provenienza seguendo la luce del Sole e le stelle, come gli uccelli migratori.

I salmoni hanno una straordinaria resistenza e possono percorrere distanze superiori ai **1500 chilometri** nel loro viaggio fluviale contro corrente, superando difficoltà di ogni tipo, comprese rapide e cascate.

Alla fine del viaggio, dopo aver completato l'opera di riproduzione (le femmine depongono decine di migliaia di uova in grandi buche scavate con la coda sul fondo), tornano di nuovo **verso il mare** sfruttando la corrente favorevole. Molti, stremati dalle fatiche, muoiono.

Una sogliola mimetizzata con il fondale marino. Al centro, il pesce lanterna.

PERCHÉ ALCUNI PESCI HANNO ORGANI LUMINOSI?

Alcuni pesci che abitano le **profondità abissali** possiedono nella pelle speciali organi che emettono luce.

I cosiddetti fotofori funzionano come segnali di **riconoscimento** per individui della stessa specie e come **esca** per attirare le prede.

Il pesce lanterna, per esempio, si serve di una fila di piccoli organi luminosi che funzionano a intermittenza per attrarre i piccoli animali marini di cui si nutre.

🌐 PERCHÉ SEPPIE E CALAMARI SPRUZZANO INCHIOSTRO?

Seppie e calamari sono molluschi muniti di tentacoli, ventose e di un organo del tutto particolare: quando si sentono **minacciati** o si trovano in pericolo, da una sacca posta al di sotto della testa secernono una nube di inchiostro nero, che si diffonde nell'acqua.

L'inchiostro funziona da "cortina fumogena": il predatore viene **disorientato** dalla nube e i molluschi possono mettersi in salvo.

 Un pesce spada. In alto, una seppia.

🌐 PERCHÉ IL PESCE SPADA È FORNITO DI UNA TALE "ARMA"?

Il pesce spada, specie comune in tutte le acque tropicali e temperate, deve il suo nome alla sviluppatissima **mascella superiore** che si prolunga in un'appendice simile a una spada e che misura circa un terzo della lunghezza totale del corpo. Pare che quest'"arma" non serva al pesce per combattere, bensì per **fendere l'acqua** e permettergli di nuotare a gran velocità.

In effetti il pesce spada è un nuotatore assai veloce, capace di superare i 90 chilometri orari.

CULTURA

PERCHÉ I CALAMARI GIGANTI FURONO CONSIDERATI DEI MOSTRI MARINI?

Il calamaro gigante è un raro mollusco cefalopode che vive negli oceani a grandi profondità. Fino al 1861, quando ne fu catturato il primo esemplare, era poco più di una creatura mitologica e la comunità scientifica, nonostante i racconti dei marinai che favoleggiavano di questi esseri enormi, dubitava della sua esistenza.

Di lui si conoscevano solo le tracce lasciate sulla pelle dei capodogli: enormi segni circolari provocati dalle sue ventose dentali. I pescatori scandinavi lo chiamavano "kraken" e sostenevano che potesse trascinare a fondo un'intera nave. Giulio Verne, in *Ventimila leghe sotto i mari*, immaginò che abitasse nel mar dei Sargassi e che con i suoi tentacoli potesse bloccare le eliche del sottomarino del capitano Nemo. Ancora oggi si sa molto poco sui calamari giganti. In base ai ritrovamenti effettuati nello stomaco di capodogli, gli studiosi stimano che possano raggiungere anche i 20 metri di lunghezza.

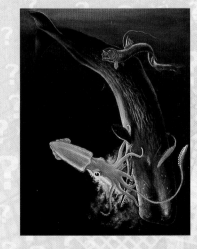

 Un immaginario combattimento fra un calamaro gigante e un capodoglio.

PERCHÉ IL CAVALLUCCIO MARINO È UN PESCE STRANO?

Il cavalluccio marino o ippocampo è un pesce piuttosto comune nel Mediterraneo e presenta alcune caratteristiche davvero singolari.

La testa, innanzitutto, ricorda quella di un cavallino; il corpo invece termina con una coda arrotolata. È lungo al massimo 15 centimetri e nuota in **posizione verticale**, usando una pinna posta sulla schiena.

La femmina depone le uova in una "**tasca**" situata sul ventre del maschio, che le custodisce fino alla schiusa.

PERCHÉ LE ATTINIE ASSOMIGLIANO A FIORI?

Le attinie, dette anche anemoni di mare, possiedono **grappoli di tentacoli** che le fanno assomigliare a variopinti mazzi di fiori.

Il loro aspetto però nasconde un'insidia: i tentacoli sono **trappole** mortali per i crostacei e i piccoli pesci che transitano nei paraggi. Tratte in inganno dall'immobilità dell'attinia, le prede vengono risucchiate dai tentacoli fino all'inizio delle diramazioni dove si trova la bocca dell'attinia. Fra le specie più comuni nel Mediterraneo vi è l'*Adamsia palliata*, che vive in **simbiosi** con il paguro.

PERCHÉ IL PAGURO CAMBIA SPESSO "CASA"?

Il paguro bernardo, un crostaceo che vive nel Mediterraneo, è caratterizzato da **chele asimmetriche** e dall'addome molle.

Poiché la sua corazza non è dura come quella degli altri crostacei, per proteggersi si infila dentro a **conchiglie vuote**. Man mano che cresce, però, la sua "casa" si fa sempre più piccola, finché non è costretto a uscire allo scoperto e a cercarsene un'altra.

PERCHÉ ALCUNI PESCI FANNO L'"AUTOSTOP"?

Alcuni pesci hanno l'abitudine, per spostarsi, di chiedere un "passaggio" ad altri pesci o addirittura a imbarcazioni.

La **remora**, ad esempio, provvista di una sorta di ventosa ovale sul capo che funziona da adesivo, può fissarsi al corpo di uno squalo, di una testuggine o allo scafo di una nave per farsi **trasportare**; nel caso in cui aderisca a un altro pesce, si ciba degli avanzi del suo pasto.

■ In alto, un cavalluccio marino. In basso, a sinistra, un variopinto anemone di mare e, a destra, un paguro bernardo.

Lo sguardo feroce di un temibile piranha.

PERCHÉ SONO TEMUTI I PIRANHA?

I piccoli piranha, pesci d'acqua dolce che vivono in prossimità dei grandi bacini fluviali dell'America Meridionale, sono fra i pesci più temuti per la loro **aggressività**.

Lunghi non più di 20-30 centimetri, possiedono robustissimi denti, capaci di tagliare come la lama di un rasoio. Ciò che li attrae è soprattutto il sangue e quando attaccano mostrano un **appetito** fuori dal comune: in pochi minuti sono in grado di ridurre a uno scheletro un grosso animale.

CULTURA

QUAL È L'ORIGINE DEL NOME DENTICE?

Molto frequente nei nostri mari, il dentice vive stazionando nei fondali; ha una conformazione robusta, con un corpo alto e compresso, una grande testa e una mandibola sporgente. I denti somigliano a grossi canini e sono visibili anche quando la bocca è socchiusa: da qui il nome di questo pesce, che può raggiungere il metro di lunghezza per diversi chilogrammi di peso.

PERCHÉ LE OSTRICHE CONTENGONO LE PERLE?

Le ostriche sono molluschi ricercati sia a scopi alimentari sia per le perle che alcune specie producono all'interno delle loro conchiglie.

Quando nel guscio dell'ostrica entra un corpo estraneo (come un **granello di sabbia**) il mollusco si difende avvolgendo il corpo estraneo con una sostanza prodotta dal suo guscio, la **madreperla**. Gli strati di questa sostanza si sovrappongono intorno al granello a formare una pallina dura e lucente: la perla.

PERCHÉ IL POLPO HA I TENTACOLI?

Il timido polpo, mollusco assai comune nel Mediterraneo, vive nascosto tra gli scogli e negli anfratti, pronto a **catturare** le sue prede con le sue otto "braccia" o tentacoli.

I tentacoli hanno svariati impieghi: come detto, servono per catturare e immobilizzare le prede; sono muniti di ventose per arrampicarsi sulle rocce o tra i coralli o servono, semplicemente, per tenersi "in piedi"; funzionano infine come **organi tattili e olfattivi**.

Sopra, una perla racchiusa nell'ostrica. Qui sotto, un polpo.

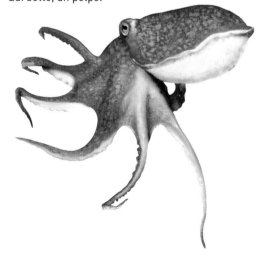

PERCHÉ PATELLE E BALANI SI ATTACCANO ALLE ROCCE?

Patelle (molluschi) e balani (crostacei) vivono sulle coste rocciose.

La loro vita è regolata dal flusso dell'acqua determinato dalle maree: quando è **bassa marea** restano esposti all'aria e chiudono le loro conchiglie intorno al corpo, impedendogli così di seccarsi; quando con l'**alta marea** l'acqua li ricopre di nuovo, si aprono e si nutrono.

Le patelle grattano le rocce cibandosi di minuscoli vegetali; i balani, per catturare il cibo, fanno ondeggiare nell'acqua i tentacoli.

Uno squalo bianco.

PERCHÉ LE BALENE SOFFIANO ACQUA?

Le balene emettono dalla testa un caratteristico "pennacchio" bianco che può salire fino a 5 metri di altezza. Esso non è altro che **vapore acqueo**, trasformatosi per il freddo in uno zampillo di piccole gocce.

Le balene infatti, essendo mammiferi, respirano attraverso i **polmoni** e ogni tanto devono tornare a galla: i getti di vapore non sono altro che il risultato della loro espirazione.

Il "pennacchio" di vapore acqueo di una balena.

PERCHÉ LO SQUALO È SEMPRE IN MOVIMENTO?

Caratterizzato dall'aguzza pinna caudale e da una poderosa **dentatura**, lo squalo è uno dei più temibili predatori dei mari.

Una particolarità di questi pesci è l'**assenza della vescica natatoria**, l'organo che funziona come un galleggiante e fornisce ai pesci la spinta idrostatica necessaria per rimanere a galla senza nuotare. Ecco perché lo squalo è costretto a un perenne movimento: se smettesse di nuotare, affonderebbe o risalirebbe.

PERCHÉ IL CAPODOGLIO PUÒ RIMANERE SOTT'ACQUA COSÌ A LUNGO?

Il capodoglio, cetaceo così chiamato per la sostanza simile all'olio contenuta all'interno della sua grande testa, è capace di immergersi a 1000 metri di profondità e di restare sott'acqua oltre un'ora. Durante l'immersione **rallenta le funzioni "superflue"** di alcuni organi, riducendo o sospendendo temporaneamente l'irrorazione sanguigna. Cuore e cervello, rimangono invece completamente irrorati.

Dopo ogni immersione i capodogli risalgono in superficie per circa dieci minuti, durante i quali fanno scorta di ossigeno.

🟦 La formidabile mascella dell'orca.

🌍 PERCHÉ L'ORCA È TEMUTA?

L'orca è un cetaceo che vive in tutti gli oceani, specialmente nei mari freddi. I maschi possono arrivare a 6-8 metri di lunghezza.

Le orche vivono e **cacciano in gruppo**, con abili strategie che consentono loro di cogliere le prede di sorpresa.

Catturano pesci, uccelli come i pinguini, ma anche mammiferi come leoni marini, foche o piccoli di balena che sono **molto più grandi** di loro. A volte saltano addirittura sulla spiaggia per trascinare con se i malcapitati.

🌍 PERCHÉ I DELFINI "SALTANO" IN ACQUA?

Balene e delfini, i più noti fra tutti i mammiferi marini, respirano per mezzo dei polmoni e devono dunque tornare a galla per **respirare**.

I delfini lo fanno in modo caratteristico, abbinando una forma di **gioco** e di divertimento a quella che è un'esigenza fisica. Questi cetacei fuoriescono dall'acqua a tutta velocità con salti alti fino a 3 metri, per poi tuffarsi di nuovo.

I delfini sono molto socievoli (spesso anche con l'uomo) e, come tutti i cetacei, comunicano attraverso un complesso **"linguaggio"** fatto di ultrasuoni e movimenti del corpo.

🟦 Le evoluzioni acrobatiche di due delfini in mare aperto.

Qual è il più grande animale della Terra?

La balenottera azzurra è il più grande essere vivente sulla Terra: una femmina può pesare più di 130 tonnellate e misurare oltre 30 metri di lunghezza. Questi giganti dei mari si cibano quasi esclusivamente di krill, piccoli gamberi che vivono in grandi sciami composti da decine di migliaia di individui. Le balenottere arrivano a mangiarne fino a 4 tonnellate al giorno. Purtroppo la balenottera è un cetaceo a grave rischio di estinzione.

INSETTI, ARACNIDI, ANFIBI E RETTILI

PERCHÉ ALCUNI INSETTI SONO DETTI "SOCIALI"?

Alcune specie di insetti formano vaste comunità all'interno delle quali svolgono compiti e **funzioni utili per tutto il gruppo**, come procurare il cibo, allevare i "piccoli", proteggere la colonia. Esempi di insetti sociali sono le api, le formiche e le termiti.

Nelle società di insetti esistono in genere individui di tre tipi: una femmina feconda o regina, la sola in grado di deporre le uova, individui sterili, che lavorano, e maschi.

Le abitazioni che accolgono le colonie – alveari, formicai o termitai – hanno spesso una struttura imponente e vengono costruite grazie all'**incessante lavoro** dei loro abitanti.

PERCHÉ GLI INSETTI SONO NECESSARI ALLE PIANTE?

Gli insetti partecipano attivamente al processo di **impollinazione** delle piante, trasportando il polline da un fiore all'altro. Questo tipo di impollinazione, detta incrociata, dà alle piante discendenti più sani e robusti.

PERCHÉ LE VESPE PUNGONO?

Mentre le vespe adulte si cibano di vegetali (nettare, frutti e linfa), le loro larve vengono nutrite di altri insetti. Le vespe usano quindi i pungiglioni per **uccidere altri insetti** che, una volta masticati, producono un succo che costituisce il nutrimento vero e proprio delle larve.

Le vespe non attaccano spontaneamente gli esseri umani; di solito pungono solo quando sono state **infastidite** o si sentono in pericolo.

Il veleno della vespa provoca un'immediata reazione nel nostro organismo, che si difende

In alto, un'ape su un fiore.
In basso, formiche al lavoro.

◪ Api nelle cellette di un alveare. Sotto, una mosca su una foglia.

liberando una sostanza chiamata **istamina**; in presenza del veleno e dell'istamina i vasi del sangue si dilatano e producono un doloroso gonfiore.

⬤ PERCHÉ LE API COSTRUISCONO GLI ALVEARI?

Le abitazioni delle api sono costruzioni particolari e complesse, composte da migliaia di piccole celle a forma di esagono: gli alveari.

Le cellette degli alveari sono adibite a diversi usi; quelle superiori e quelle periferiche servono a **immagazzinare il miele** e il polline, mentre le altre servono per accogliere le uova.

Ai lati dell'alveare si trovano poi altre celle, più grandi, di forma ovale, che **contengono le uova** da cui si dischiuderanno le future api regine. Per la costruzione degli alveari le api usano la cera, da loro stesse prodotta.

⬤ PERCHÉ LE API PRODUCONO IL MIELE?

Il processo di produzione del miele da parte delle api inizia con l'assorbimento del **nettare dei fiori**, di cui sono molto golose.

La trasformazione del nettare in miele avviene nell'apparato digerente dell'ape grazie a un particolare **enzima** capace di elaborare gli zuccheri contenuti nel nettare.

Terminato questo processo, che rende il composto più condensato e quindi meno soggetto all'attacco dei batteri, l'ape deposita nelle cellette dell'alveare il nettare trasformato.

L'uomo alleva le api proprio per raccogliere il miele, che è un **alimento nutriente** e ricco di preziosi elementi utili al nostro organismo.

⬤ PERCHÉ LE MOSCHE NON SCIVOLANO QUANDO CAMMINANO SULLE SUPERFICI LISCE?

Le zampette della mosca terminano con un'unghia a uncino e con un cuscinetto a forma di **ventosa** ricoperto di pelo; quest'ultimo produce una sostanza collosa che permette alla mosca di rimanere attaccata alle superfici lisce, vincendo la forza di gravità.

Un'altra particolarità delle mosche è data dal fatto che, al posto delle ali posteriori, hanno un paio di organi detti "**bilancieri**" che vibrano rapidamente durante il volo, permettendo all'insetto di tenersi in equilibrio e di cambiare bruscamente direzione.

🌐 PERCHÉ ALCUNI INSETTI "CANTANO"?

Grilli, cicale, cavallette, appartenenti all'ordine degli Ortotteri, sono gli unici fra gli insetti a saper "cantare".

Non si tratta di un canto vero e proprio ma di un suono prodotto dallo **sfregamento** di una parte del corpo contro l'altra: le cavallette, per esempio, producono il caratteristico stridore sfregando le zampe posteriori contro le ali anteriori.

Il motivo della produzione di suoni non è stato ancora stabilito con certezza; si pensa che sia **un richiamo** per riunire insieme popolazioni di una determinata specie.

Rispetto agli altri insetti, gli Ortotteri hanno sviluppato speciali organi uditivi per poter distinguere gli uni i suoni degli altri.

🔲 In alto, una pulce.
A lato una cavalletta.
Sulla destra,
una coccinella.
Sotto, uno
scarabeo
Goliathus.

🌐 PERCHÉ LE PULCI SALTANO?

Le pulci sono insetti parassiti che vivono tra i peli degli animali. Non possiedono ali, ma le loro grosse zampe posteriori sono dotate di **muscoli e tendini robusti** che le rendono capaci di spiccare potenti balzi.

Il sofisticato apparato per il salto di un animale così minuscolo è costituito da un materiale gommoso che produce una spinta prodigiosa. In proporzione alle dimensioni, per saltare come una pulce un uomo dovrebbe spiccare un balzo su un grattacielo di 65 piani.

🌐 PERCHÉ LE COCCINELLE SONO AMICHE DELL'AMBIENTE?

In alcune zone agricole si è pensato di sperimentare l'uso delle coccinelle al posto dei veleni usati per **combattere gli afidi**, fra i più dannosi parassiti delle piante.

Le coccinelle, insetti dalla caratteristica forma rotonda con il dorso rosso a puntini neri, si nutrono infatti degli afidi, e possono dare un contributo alla **riduzioni dei pesticidi** in agricoltura.

Quali sono gli insetti di maggiori dimensioni?

**Sono quelli che vivono nei paesi tropicali:
uno scarabeo gigante africano, del genere *Goliathus*, può misurare
10 centimetri e pesare anche 100 grammi. Il cerambice gigante,
un coleottero del Brasile, con le antenne può superare
i 15 centimetri di lunghezza. Gli esemplari con le ali più grandi
si trovano tra le farfalle, alcune delle quali presentano
aperture alari di oltre 30 centimetri.**

🌐 PERCHÉ LE FARFALLE NOTTURNE HANNO GRANDI ANTENNE?

Le farfalle notturne, o falene, sono insetti attivi di notte.

Mentre la vista delle falene è poco sviluppata, il loro olfatto è straordinario. Le femmine producono infatti speciali **sostanze chimiche** per attrarre i maschi, le cui antenne dispongono di **recettori** molto sensibili, atti a captare l'odore di queste particelle disperse nell'aria.

Gli studiosi hanno scoperto che il maschio di una particolare falena, la pavonia, è in grado di percepire la presenza della femmina a più di dieci chilometri di distanza.

⬛ Le grandi antenne di una farfalla notturna.

🌐 PERCHÉ LE LUCCIOLE LAMPEGGIANO?

Durante le sere d'estate non è raro osservare nei prati tante piccole luci che si accendono e si spengono, creando una magica atmosfera.

Sono il segnale della presenza delle lucciole, **insetti notturni** abbastanza comuni. Le luci prodotte da questi coleotteri sono dovute a una

⬛ In alto, una falena. Qui sotto, una lucciola.

DATI E NUMERI

2546,458

ALCUNI INSETTI DANNOSI PER L'UOMO

Afidi: parassiti delle piante, di cui suggono la linfa, sono dannosi per l'agricoltura.

Locuste: insetti diffusi nel Mediterraneo, in Africa e in Asia; si spostano in sciami e sono assai dannosi per le coltivazioni che divorano voracemente.

Mosca tsè-tsè: trasmette la malattia del sonno.

Pidocchi: parassiti dell'uomo che, a seconda delle specie, attaccano le loro uova ai capelli, ai peli o anche agli abiti.

Sanguisughe: parassiti che si nutrono del sangue di altri animali e anche di quello dell'uomo.

Tarli: insetti le cui larve vivono nel legno, che rodono scavandosi gallerie.

Tarme: insetti che depongono le uova negli indumenti o in alcuni alimenti.

Tenia: è un verme parassita intestinale dell'uomo.

Zanzara anofele: è la responsabile della trasmissione della malaria, una malattia difficile da curare che miete ogni anno numerose vittime.

sostanza, detta "**luciferina**", che diventa luminosa al contatto con l'ossigeno.

Durante il periodo riproduttivo i maschi delle lucciole usano brevi lampeggiamenti come **richiami sessuali**, cui le femmine rispondono con una luminosità di più lunga durata.

PERCHÉ ALCUNI BACHI PRODUCONO LA SETA?

Il bruco del bombice del gelso, o baco da seta, fu scoperto in Cina circa 4000 anni fa.

I bachi sono piccoli vermi destinati a diventare farfalle: alcuni di loro possiedono due ghiandole dette "serigene", da cui fanno uscire fili di seta capaci di raggiungere lunghezze anche di un paio di chilometri. Con quei fili il baco costruisce un **bozzolo**, un involucro che lo ospiterà durante la **metamorfosi** in farfalla.

La seta si ottiene immergendo il bozzolo in acqua calda o lasciandolo seccare. In Italia l'allevamento dei bachi da seta si è sviluppato a partire dal XVI secolo.

⬛ Un baco da seta con il bozzolo.
Qui sopra, la velenosa vedova nera.

⬛ Un ragno secerne il filamento per la sua tela.

PERCHÉ I RAGNI TESSONO LA TELA?

Le ragnatele sembrano mirabili opere di ingegneria, costruite appositamente per attrarre in una **trappola** mortale le prede dei ragni: mosche o altri piccoli insetti.

Alcuni ragni fabbricano tele dalla forma non definita, altri invece realizzano ragnatele dalla perfetta forma a raggiera.

Le tele sono **appiccicose e resistenti** e l'ospite che vi incappa non può sfuggire: quelle di alcuni grandi ragni tropicali sono in grado addirittura di intrappolare piccoli uccelli.

CULTURA

QUAL È L'ORIGINE DEL NOME VEDOVA NERA?

Uno dei ragni più temuti è senz'altro la vedova nera, originaria dell'America settentrionale, il cui morso può essere mortale anche per l'uomo. È un ragno nero grande pressappoco come una noce, con delle macchie rosse sull'addome. Il suo lugubre nome è giustificato dalla sanguinaria pratica di accoppiamento, al termine della quale la femmina divora il maschio restando perciò... vedova.

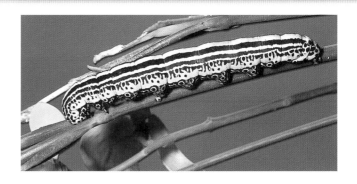

🔲 Sopra, lo scorpione ha due grosse chele e la coda arcuata. A destra, un bruco. Al centro, un girino di rana verde. Sotto, una lucertola immobile su una roccia, pronta a scattare al primo segnale di pericolo.

⊙ PERCHÉ LO SCORPIONE HA LA CODA VELENOSA?

Gli scorpioni, come i ragni, sono **aracnidi** dotati di grosse chele e di una coda arcuata. L'ultimo tratto della coda termina con un pungiglione attraverso il quale emettono veleno per **uccidere le prede** che hanno immobilizzato.

Di solito non sono aggressivi e usano il pungiglione solo se disturbati.

Nei paesi del Mediterraneo e anche in Italia è comune un piccolo scorpione lungo circa 5 centimetri; ben più lunghi e pericolosi sono gli scorpioni dei paesi tropicali, la cui puntura può essere **letale anche per l'uomo**.

⊙ PERCHÉ LE LUCERTOLE SI CROGIOLANO AL SOLE?

Le lucertole, come i serpenti, sono animali a **sangue freddo**. Dopo il letargo invernale e, in primavera e in estate dopo il freddo notturno, hanno bisogno di ripristinare la **circolazione** sanguigna con il calore dei raggi solari.

Nelle giornate serene, quindi, vediamo le lucertole uscire allo scoperto e sostare soprattutto sulle pietre, per sfruttare al massimo il calore assorbito dal suolo.

⊙ PERCHÉ ALCUNI ANIMALI SUBISCONO UNA METAMORFOSI?

Alcuni animali, come la farfalla e la rana, raggiungono lo stadio adulto dopo aver subito una serie di mutamenti detta metamorfosi, da una parola greca che significa "trasformazione".

La metamorfosi implica un **mutamento della forma e della struttura**: la rana ha un aspetto molto diverso dal girino, così come la farfalla non somiglia affatto al bruco da cui si è sviluppata. I piccoli degli animali che subiscono la metamorfosi si chiamano **larve**.

La maggior parte dei vertebrati si sviluppa invece direttamente, anche se in modo graduale, a partire dall'uovo, mentre le larve hanno aspetto e abitudini completamente diversi dall'individuo adulto.

PERCHÉ RANE E ROSPI SONO ANIMALI ANFIBI?

Rane e rospi appartengono alla classe degli Anfibi il cui nome, dal greco, significa dalla "**doppia vita**", cioè acquatica e terrestre.

Finché sono allo stadio di larva (girini) vivono in ambiente acquatico e respirano per mezzo di **branchie**, mentre allo stadio adulto vivono in ambiente terrestre e respirano l'aria per mezzo dei **polmoni** e attraverso la pelle.

 Un rospo. Al centro, una raganella velenosa.

PERCHÉ ALCUNE RAGANELLE SONO COSÌ VARIOPINTE?

In America Meridionale vivono numerose specie di raganelle velenose. Caratterizzate dai colori brillanti, secernono una potente **tossina** dalle ghiandole della pelle, usata un tempo dalle popolazioni Indios per avvelenare le punte delle lance. Ne esistono varietà potenzialmente letali anche per l'uomo.

Con questo abito sgargiante "**avvertono**" i possibili predatori, che se ne tengono alla larga.

PERCHÉ I SERPENTI SONO COSÌ TEMUTI?

Molti serpenti possiedono un morso pericoloso e a volte mortale: i loro denti, o zanne, sono connessi con delle ghiandole che producono **veleno**. Mentre le prede più piccole restano paralizzate all'istante, gli animali più grandi possono fuggire prima che il veleno faccia effetto ma, grazie al potente olfatto, i rettili sono in grado di seguirne facilmente le tracce.

I serpenti più pericolosi per l'uomo (vipere, crotali, mamba, cobra) hanno le zanne veleni-fere nella parte anteriore della bocca.

DATI E NUMERI

SERPENTI CONTRO RESTO DEL MONDO

La mangusta (qui a fianco), il porcospino, il tasso, l'armadillo e il coyote sono alcuni dei mammiferi da cui devono guardarsi i serpenti. La mangusta è l'animale più abile nell'uccidere i rettili; pur non essendo affatto immune al veleno, presenta una resistenza superiore agli altri animali, grazie anche alla protezione della folta pelliccia; possiede inoltre un'eccezionale agilità che le permette di schivare i morsi. Gli aculei del riccio lo difendono dalle vipere: dopo aver dato un morso alla vipera, il riccio si arrotola in modo che il serpente vada a scagliarsi contro gli aculei; quando la vipera è abbastanza indebolita, il riccio si srotola di nuovo per divorarla. Anche alcuni uccelli si battono con successo contro i serpenti. Il serpentario africano piomba addosso al rettile con le zampe, calpestandolo, mordendolo e divaricando le ali per impedirgli di raggiungere il suo corpo. Anche aquile e falchi di tanto in tanto aggrediscono serpenti velenosi.

Qual è il rettile più grande del mondo?

È il varano di Komodo, un sauro capace di raggiungere i 3 metri di lunghezza e i 150 chili di peso. Vive nell'omonima isola indonesiana ed è in grado di divorare un cervo in pochi minuti. Il serpente più grande del mondo è l'anaconda che può raggiungere gli 8 metri di lunghezza.

Il varano e, a sinistra, l'anaconda: i rettili più grandi. Sotto, la lingua biforcuta di una biscia, In basso, un cobra con l'incantatore.

PERCHÉ I SERPENTI "CAMBIANO PELLE"?

Il corpo dei serpenti è rivestito da squame, formate da leggere pieghe della pelle. I serpenti mutano la pelle **più volte all'anno** e, prima che la vecchia pelle si stacchi, si è già formata la nuova sotto lo strato corneo sottile.

Questi rettili compiono la muta perché il corpo cresce con maggior velocità della pelle, che diventa così **troppo stretta** e rende difficile i movimenti. Una muta può richiedere, a seconda delle specie, da pochi minuti a vari giorni.

PERCHÉ I SERPENTI VANNO IN LETARGO?

I serpenti sono animali "a sangue freddo". Per rimanere attivi necessitano del calore solare, mentre con il freddo **si intorpidiscono**.

Essi vivono generalmente nelle regioni più calde del globo; quelli che vivono nei **climi temperati**, con il sopraggiungere dell'inverno vanno in letargo entro grotte, tane o fessure nella roccia.

PERCHÉ I SERPENTI FANNO USCIRE LA LINGUA?

I serpenti **"assaggiano"** l'aria con un organo situato nel palato, detto organo di Jacobson. L'aria, e con essa minuscole quantità di **sostanze odorose**, viene trasportata fino a quest'organo di senso grazie alla lingua bifida del rettile, che guizza dentro e fuori dalla bocca.

I serpenti possono protrarre lingua anche con la bocca chiusa, attraverso una scanalatura del labbro superiore.

PERCHÉ I COBRA "DANZANO" CON IL FLAUTO?

Il cobra è sordo, quindi non è alla musica che reagisce ma alle **vibrazioni del suolo**. Mentre suona, infatti, l'incantatore batte il piede a terra. Il cobra avverte il pericolo e si mette sulla difensiva.

I lenti movimenti del flauto compiuti dal suonatore fanno credere al serpente di trovarsi di fronte a un nemico: il rettile, quindi, non danza, ma ondeggia insieme all'incantatore per tenere sotto controllo la situazione.

GLI UCCELLI

🌐 PERCHÉ GLI UCCELLI SONO IN GRADO DI VOLARE?

Spiccare il volo e spostarsi nell'aria comporta per gli uccelli un grande dispendio di energia: devono avere ali adatte e una struttura corporea leggera e robusta.

Gli organi fondamentali per il volo sono le **ali**: equivalenti in origine dell'avambraccio e della mano dell'uomo, nel corso dell'evoluzione questi arti hanno subito una drastica trasformazione per divenire adatti al volo.

La superficie corporea degli uccelli è capace di adattarsi alle mutevoli condizioni del volo grazie alla presenza delle **penne**: esse sono infatti allo stesso tempo flessibili, leggere e robuste. Le ossa, poi, sono in gran parte **cave e piene d'aria**, strutturate in modo da garantire un'elevata resistenza. Per volare gli uccelli usano anche la coda, che agisce come un timone controllando l'altezza e la direzione.

Altri fattori indispensabili per volare sono un senso dell'equilibrio assai sviluppato e un'ottima vista. Infine, la capacità di digerire il cibo rapidamente permette agli uccelli di disporre dell'energia necessaria al volo.

🌐 PERCHÉ ALCUNI UCCELLI VOLANO SENZA BATTERE LE ALI?

Alcuni uccelli sono capaci, dopo essersi alzati in volo, di compiere ampie traiettorie ad ali aperte ma ferme. Per farsi sostenere sfruttano le **correnti termiche**, ovvero l'aria calda che si alza verso il cielo quando il terreno si riscalda.

Un volo di questo tipo costituisce uno degli spettacoli più affascinanti della natura ed è tipico di uccelli come l'albatros, che è in grado di **planare** come un aliante, e di rapaci come l'aquila e il falco.

Uno stormo di cigni selvatici. In alto, il volo aggraziato dell'albatros reale.

DATI E NUMERI

AEROPLANI E UCCELLI

I principi del volo di aeroplani e uccelli non sono poi così dissimili. Nell'aereo a elica o a reazione le eliche o i reattori forniscono la spinta in avanti, che le ali trasformano poi in spinta ascensionale, quella che permette al velivolo di salire nel cielo. Negli uccelli sono le ali a compiere entrambe le funzioni: le ali vengono ritmicamente portate verso il basso e in avanti e sollevate poi in senso inverso.

I rondoni, sono fra i più comuni migratori.

Uno stormo di anatre selvatiche in formazione a "V".

PERCHÉ GLI UCCELLI MIGRANO?

Le migrazioni stagionali degli uccelli sono legate alla ricerca di **climi favorevoli**, dove si compie il ciclo riproduttivo della specie, e di località che garantiscano migliori **riserve di cibo**.

L'uccello che compie il viaggio più lungo è la sterna artica, che attraversa tutto il globo in senso longitudinale fino all'Antartide.

PERCHÉ GLI UCCELLI CANTANO?

Tra le caratteristiche più affascinanti degli uccelli vi è quella di **comunicare** tra loro con i suoni. In genere gli uccelli cantano prima dell'alba, per avvertire della propria presenza.

Ogni specie ha il suo richiamo, alcune però hanno canti diversi a seconda delle occasioni: il fringuello, per esempio, possiede 6 variazioni di canto e 13 diversi richiami.

Un uccello può avere un canto di avvertimento o di **allarme**, un altro canto che usa come richiamo per la femmina e uno ancora come delimitazione **territoriale**.

Molte sono però ancora le cose da scoprire: a volte, infatti, sembra che essi cantino per il puro piacere di farlo.

PERCHÉ GLI UCCELLI VOLANO IN STORMI A "V"?

Il volo a "V", adottato dagli stormi di uccelli sia durante brevi spostamenti sia per migrare, viene scelto per **ragioni aerodinamiche**.

Solo così, infatti, ogni elemento dello stormo riesce a sfruttare in parte il coefficiente di penetrazione nell'aria di quelli che sono davanti a lui. L'uccello che apre la formazione fa dunque necessariamente più fatica degli altri e, per questo, è previsto un cambio periodico del ruolo di "apripista".

Un usignolo, celebre per il canto. Qui a fianco, un canarino, uccello dalla "voce" melodiosa.

PERCHÉ GLI UCCELLI SI ORIENTANO IN VOLO?

Gli uccelli possiedono un senso dell'orientamento assai sviluppato: un'intera zona del loro cervello infatti è dedicata a questo.

Molte specie di uccelli migratori sono addirittura in grado di **riconoscere i luoghi** dove sono passati da piccoli con i genitori e di percorrere la strada a ritroso. Gli elementi del paesaggio, più la luce del Sole, le stelle e la temperatura, servono agli uccelli come "**bussola**" per orientarsi durante il volo.

Un kiwi. Sotto, un airone nella tipica posizione di "riposo".

PERCHÉ ALCUNI UCCELLI NON POSSONO VOLARE?

Diverse specie di uccelli si sono evolute adattandosi a particolari ambienti e perdendo la capacità di volare. Alcuni sono diffusi dove si trovano **pochi predatori**, soprattutto in Australia e Nuova Zelanda, come il kiwi.

Altri invece hanno messo in atto diverse strategie, come gli struzzi, i casuari e gli emù, che hanno sviluppato lunghe e potenti zampe adatte alla **corsa**; i pinguini invece usano le ali come pinne e **nuotano** velocemente.

PERCHÉ SPESSO L'AIRONE STA SU UNA ZAMPA SOLA?

Spesso si vedono aironi sulle rive dei fiumi o delle paludi su una zampa sola, anche con la testa reclinata sulle spalle.

È il loro **modo di riposare** o di dormire; in realtà il loro è un sonno molto leggero e che gli consente di stare perennemente all'erta, nel caso in cui capitasse una preda nei paraggi.

Anche altri uccelli di **specie diverse** scelgono di riposare su una zampa sola.

CULTURA

PERCHÉ SI CREDE CHE LE CICOGNE PORTINO I BAMBINI?

Le cicogne sono grandi uccelli capaci di compiere lunghissime migrazioni volando molto alte nel cielo. Nidificano prevalentemente in Europa in marzo e aprile, ma durante il periodo invernale migrano in Africa alla ricerca di climi più miti. I nidi si trovano solitamente su alti edifici, comignoli, campanili e tralicci dell'alta tensione. L'immaginazione popolare della cicogna (nella foto, un esemplare sul nido) che porta i bambini deriva dal fatto che, in antichità, quando in primavera questi uccelli arrivavano nei cieli del nord, sceglievano per nidificare i comignoli delle case ancora riscaldate. Solo se c'era un neonato in casa, infatti, si teneva ancora il "riscaldamento acceso" in quella stagione.

Qual è l'uccello più veloce?

L'uccello più veloce in assoluto è forse il rondone gigante dalla coda spinosa, capace in una picchiata di superare i 170 chilometri orari. Altri uccelli molto veloci sono le rondini e i piccioni. Anche rapaci come il falco pellegrino e la poiana, quando scendono in picchiata sulla preda raggiungono velocità ragguardevoli.

PERCHÉ ALCUNI PICCIONI SONO DETTI "VIAGGIATORI"?

I piccioni sono uccelli molto comuni anche nelle città, dove volentieri approfittano dei resti di cibo lasciati dagli uomini.

Fra le loro particolarità vi è la **resistenza** nel volo: possono infatti coprire lunghe distanze senza mai fermarsi e sanno ritrovare sempre la **strada di casa**. Ecco perché in passato, quando i mezzi di comunicazione erano scarsi, furono impiegati come messaggeri.

Oggi, incrociando diverse razze, sono stati ottenuti piccioni viaggiatori capaci di coprire distanze davvero ragguardevoli: in un solo giorno alcuni esemplari sono in grado di percorrere fino a 1000 chilometri.

PERCHÉ I PAPPAGALLI "PARLANO"?

I pappagalli hanno una conformazione particolare della **apparato vocale** che gli permette di modulare numerosi suoni. Inoltre sono in grado di **ripetere** quelli che ascoltano più frequentemente.

Una coppia di pappagalli nella foresta. In alto, una rondine.

Possiedono una buona **intelligenza** e, quando sono in cattività, possono imitare anche la voce dell'uomo: ripetono parole, suoni o versi di altri animali.

Si conoscono circa 300 specie di pappagalli, diffusi nei paesi tropicali e subtropicali. Possiedono becchi assai sviluppati e a forma di uncino, zampe prensili e piume variamente colorate. Hanno un solo compagno per tutta la vita e sono animali **molto longevi**.

PERCHÉ IL COLIBRÌ PUÒ RESTARE IMMOBILE NELL'ARIA?

Il colibrì è tra i più piccoli uccelli esistenti; si nutre del nettare dei fiori e, per riuscire nell'impresa, deve volare con una tecnica particolare: le sue ali **sbattono velocissime**, fino a 70-80 colpi al secondo, muovendosi avanti e indietro.

In tal modo il colibrì riceve una **spinta verso l'alto** sufficiente a garantirgli il sostegno e a farlo rimanere immobile nell'aria. A quel punto infila il becco, lungo e sottile, nella corolla del fiore e succhia il nettare come da una cannuccia.

PERCHÉ IL PELLICANO HA UNA SACCA SOTTO IL BECCO?

Il pellicano è un grande uccello con piedi palmati, piumaggio bianco e un lungo becco sotto al quale è posta una sacca membranosa.

Il becco del pellicano è un perfetto strumento per procurarsi il cibo di cui si nutre, i pesci. La sacca inferiore funzione come una sorta di **rete da pesca** e può dilatarsi fino a contenere 10 litri d'acqua.

PERCHÉ LE ANATRE IN ACQUA NON SI BAGNANO?

Le anatre sono uccelli che vivono negli stagni e nei corsi d'acqua. Si cibano di pesci, insetti, vermi, piccoli crostacei, che catturano immergendo completamente il lungo collo.

Proprio perché passano la maggior parte della loro vita sguazzando, le anatre devono avere un buon **sistema di isolamento** per non disperdere il calore corporeo. Un grasso secreto da una ghiandola vicino la coda le rende **impermeabili** all'acqua: ecco perché questi uccelli sono spesso impegnati a spalmarsi le piume con il becco a forma di spatola.

PERCHÉ I PAVONI FANNO LA RUOTA?

I pavoni maschi possiedono penne della coda lunghe e sottili, ornate al centro da una macchia iridescente. Per farsi notare dalle femmine, durante la **stagione degli amori**, distendono il vistoso piumaggio e "fanno la ruota".

Dalla caratteristica di questo uccello deriva il verbo "pavoneggiarsi", detto di chi ama vantarsi delle proprie qualità esteriori.

Sopra, un pellicano. Sotto, un'anatra e un pavone che fa la ruota.

PERCHÉ L'AQUILA REALE COMPIE DELLE ACROBAZIE?

L'aquila reale è un maestoso uccello rapace dotato di un'apertura alare che può raggiungere i 2 metri e mezzo. È abilissima soprattutto a veleggiare nel cielo sfruttando le correnti.

Durante il periodo del **corteggiamento**, per farsi notare i maschi si lanciano in una serie di "acrobazie": **volano in picchiata** verso la femmina e poi le girano attorno. Le femmine rispondono a loro volta con altre acrobazie.

Pinguini reali sui ghiacci dell'Antartide. Sotto, un'aquila reale.

PERCHÉ IL FALCO FU USATO NELLA CACCIA?

Il falco è un rapace che si distingue per la sua **abilità predatoria**; fin dall'antichità fu addestrato a una particolare caccia, detta falconeria, molto di moda soprattutto in epoca feudale.

La tecnica di caccia usata dal falco è spettacolare e infallibile: dopo aver tracciato ampi cerchi in volo, **piomba a capofitto** sulla preda senza lasciargli scampo.

PERCHÉ I PINGUINI NON SI CONGELANO SUL GHIACCIO?

I pinguini sono uccelli marini che vivono prevalentemente sulle coste dei **mari antartici**.

D'inverno questi uccelli camminano sul ghiaccio e nuotano in acque la cui temperatura si aggira intorno ai 4°C, con venti che possono soffiare fino a 70 chilometri orari e temperature che arrivano a -40°.

Un particolare **sistema circolatorio** consente ai pinguini di mantenere la loro temperatura corporea. Inoltre hanno uno spesso **strato di grasso** sotto la pelle e un'isolamento di aria tra le penne che impedisce all'acqua di toccare il corpo.

 CURIOSITÀ

PERCHÉ ALCUNI UCCELLI SONO "LADRI"?

La gazza è uccello della famiglia dei corvi e, come i suoi cugini, ha una particolare predilezione per gli oggetti che luccicano: dunque non esita a "rubare" pezzetti di vetro e di metallo per adornare il nido. La fama di ladra è accresciuta dalla propensione a rubare dai nidi anche uova o piccoli uccelli. La femmina del cuculo, invece, ha un'abitudine davvero singolare: trova alle sue uova un altro genitore che le covi. Depone infatti di nascosto le uova in nidi già abitati da uccelli di specie diversa; il "padrone" si accorge raramente di ciò e accudisce il piccolo non suo che, spesso, è anche più grosso del suo genitore adottivo.

Il piccolo di un cuculo nel nido di un altro uccello, l'ignaro cannareccione.

I MAMMIFERI

PERCHÉ SI SONO SVILUPPATI I MAMMIFERI?

I mammiferi presero il sopravvento sui rettili come classe dominante nell'era Cenozoica, iniziata circa 70 milioni di anni fa. Essi si dimostrarono **estremamente adattabili**, capaci di sviluppare una grande varietà di forme.

I primi mammiferi furono probabilmente insettivori di piccole dimensioni che, nel corso di milioni di anni, si adattarono sempre meglio all'ambiente in cui vivevano, differenziandosi ed evolvendosi nelle forme complesse che ancora oggi popolano la Terra.

Circa due milioni di anni fa "apparve" un mammifero dalla **stazione eretta**, dotato di un cervello straordinariamente sviluppato. Era l'antenato degli odierni Primati e dell'uomo.

Due scimpanzé in atteggiamento affettuoso. In alto una mucca. Sotto, un mammuth, antenato degli attuali elefanti.

PERCHÉ LE SCIMMIE SONO I MAMMIFERI PIÙ SIMILI ALL'UOMO?

Le scimmie insieme all'uomo costituiscono l'ordine dei **Primati**. L'uomo e la scimmia hanno avuto **antenati comuni**, milioni e milioni di anni fa, poi la specie umana si è evoluta sviluppando un'intelligenza capace di pensiero astratto, che è la base di ogni differenza con qualsiasi altro animale.

Le scimmie presentano molte somiglianze con i "parenti" umani: la forma della testa, il cervello ben sviluppato, l'**andatura eretta**, arti ben sviluppati e dotati di mobilità (con **mani prensili**), capaci di compiere operazioni complesse.

Tra le scimmie cosiddette antropomorfe, quelle più simili all'uomo sono lo scimpanzé e il gorilla.

PERCHÉ LO SCIMPANZÉ È "INTELLIGENTE"?

Gli scimpanzé hanno un'acuta intelligenza. Sono capaci di fabbricarsi degli **utensili** e di servirsene per operazioni anche complesse, come estrarre il miele dal favo o far uscire termiti e formiche dal nido.

Gli scimpanzé, che vivono in prevalenza nelle foreste tropicali africane, sono animali **molto socievoli** e quando si incontrano dopo essere stati lontani si salutano toccandosi, stringendosi le mani o baciandosi.

Gli studiosi hanno scoperto che queste scimmie possono **pensare in modo logico** e, anche in cattività, imparare sempre nuove abilità.

CULTURA

QUAL È L'ORIGINE DEL NOME MAMMIFERI?

Il termine mammifero deriva dal latino mamma, che significa mammella, e sta a indicare il vasto raggruppamento di animali (se ne conoscono circa 4.500 specie) che possiedono ghiandole mammarie. Nelle femmine adulte dei mammiferi, le ghiandole producono il latte di cui si nutrono i piccoli, succhiandolo dalle mammelle. La maggior parte dei mammiferi – fra cui gli esseri umani – viene alla luce dopo aver trascorso un certo tempo entro il grembo materno.

Una zebra allatta il suo piccolo.

PERCHÉ IL GORILLA SI BATTE IL PETTO?

Il gorilla è una delle specie di scimmie più grandi: può raggiungere i 2 metri di altezza e i 300 chilogrammi di peso.

Se infastiditi o se si sentono minacciati, gli esemplari maschi urlano battendosi il petto: l'atto costituisce al tempo stesso un **segnale di pericolo** per gli altri gorilla e un segnale per spaventare i nemici.

I gorilla sono animali di indole pacifica, hanno una complessa vita sociale e possono vivere fino a 40 anni.

PERCHÉ ALLA NASCITA I CUCCIOLI DEI MAMMIFERI HANNO UN DIVERSO GRADO DI SVILUPPO?

Ciò avviene a seconda che siano erbivori o carnivori. I primi, infatti, anche da cuccioli, devono essere capaci di **fuggire dai predatori** e quindi sono capaci da subito di sostenersi sulle zampe e di seguire i genitori.

I carnivori, invece, non hanno questo problema e possono **rimanere nella tana**, accuditi completamente anche fino a due-tre mesi.

In alto, un possente gorilla. Sotto, una leonessa con i suoi cuccioli.

Un wallaby con il piccolo nel marsupio.

PERCHÉ ALCUNI MAMMIFERI SONO DETTI MARSUPIALI?

Un gruppo particolare di mammiferi, diffusi soprattutto in Australia, Tasmania e Nuova Guinea, è costituito dai marsupiali: le ghiandole mammarie delle femmine sono situate in una **tasca ventrale** detta marsupio.

Poiché manca la placenta, i piccoli vengono alla luce in uno stadio molto immaturo, in genere dopo un breve periodo di gestazione. Appena nati, si dirigono verso il marsupio, all'interno del quale vengono **allattati e protetti** dalla madre fino al completo sviluppo.

Canguri, wallaby, vombati e koala sono tipici marsupiali australiani, mentre l'opossum è diffuso in tutto il continente americano.

PERCHÉ ALCUNI MAMMIFERI CADONO IN LETARGO?

D'inverno, per sopravvivere alle rigide temperature e alla **carenza di cibo**, alcuni mammiferi si trovano una tana riparata e vi restano per mesi in uno stato simile al sonno: il letargo.

Durante l'autunno immagazzinano nel corpo una riserva di cibo sotto forma di grasso.

Nel periodo del letargo **il metabolismo è ridotto** e sia il battito cardiaco sia la respirazione sono assai rallentati: le riserve energetiche vengono quindi consumate lentamente. Fra i mammiferi che cadono in letargo vi sono orsi, marmotte, ghiri, scoiattoli, ricci e pipistrelli.

PERCHÉ SI ALLEVANO GLI ANIMALI DOMESTICI?

Alcuni animali sono da sempre "amici" dell'uomo, ma un tempo venivano allevati soprattutto a **scopi pratici**: i cani, ad esempio, erano adibiti a vari impieghi fra cui la caccia o la guardia; i gatti servivano per scacciare i topi; i cavalli sono utilizzati fin dall'antichità come animali da tiro e come cavalcatura.

Cavalli al pascolo. Qui sotto, gli echidna, dal corpo ricoperto di aculei come i porcospini.

Quali mammiferi depongono le uova?

Gli unici mammiferi a deporre le uova sono l'ornitorinco e l'echidna. Questi animali, che vivono in Australia, testimoniano l'antica discendenza dai rettili e sono considerati mammiferi perché i piccoli, dopo la schiusa delle uova, si nutrono del latte secreto dai pori del ventre materno.

Al giorno d'oggi questi animali, pur conservando le proprie caratteristiche peculiari, hanno come funzione principale quella di fare **compagnia** all'uomo.

Nella graduatoria degli animali più presenti nelle case il primato spetta ai cani, seguiti da gatti, volatili, pesci, tartarughe, criceti e conigli.

🌐 PERCHÉ IL CANE È IL "MIGLIOR AMICO DELL'UOMO"?

Il cane è un animale estremamente intelligente e capace di **socializzare**. Grazie a queste qualità, fin dai tempi antichi è stato allevato e addestrato dall'uomo.

Il cane, come il lupo, in natura vive in branco e ha bisogno di riconoscere un "**capo**" che sappia guidarlo e a cui affidarsi.

Con l'uomo, si stabilisce quindi una relazione di questo tipo e il cane considera la famiglia umana dove vive come il suo **branco**. Ai suoi conviventi, e soprattutto al suo "capobranco", dimostra tutto il suo affetto.

◢ Il cane estrae la lingua per far traspirare il corpo.

◢ Probabilmente il giallo, il colore di questa pallina, è uno di quelli che il cane distingue meglio.

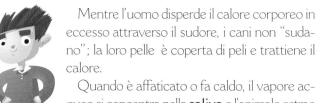

🌐 PERCHÉ SI DICE CHE I CANI VEDONO IN BIANCO E NERO?

Mentre l'occhio umano possiede tre tipi di cellule che riconoscono i colori (i **fotorecettori**, grazie ai quali possiamo vedere l'intera gamma di colori), i cani riescono a distinguere solo **una parte dello spettro visibile**, cioè soltanto alcuni colori.

Possiedono infatti due tipi di fotorecettori, quello per le tinte blu e quello per le tinte giallo-rosse-verdi che vengono vste, probabilmente, indistintamente in giallo; non è vero quindi che vedono in bianco e nero.

🌐 PERCHÉ DOPO UNA LUNGA CORSA IL CANE TIENE LA LINGUA FUORI?

Mentre l'uomo disperde il calore corporeo in eccesso attraverso il sudore, i cani non "sudano"; la loro pelle è coperta di peli e trattiene il calore.

Quando è affaticato o fa caldo, il vapore acqueo si concentra nella **saliva** e l'animale estrae la lingua per espellere il liquido in eccedenza e permettere al corpo di **traspirare**.

PERCHÉ I GATTI FANNO LE FUSA?

Spesso i gatti, quando sono rilassati o quando vengono accarezzati, fanno le fusa. Si tratta di un fenomeno in parte simile a quello umano del russare: anche nel caso delle fusa infatti l'aria passa in una struttura posta all'interno della laringe, che funziona come se fosse un altro apparato di corde vocali.

Le ricerche per trovare una spiegazione univoca del fenomeno sono ancora in corso: secondo alcuni studiosi, le fusa costituirebbero un messaggio per altri gatti o per gli esseri umani del tipo "**siamo amici**", oppure "**sono sottomesso**"; secondo altri, sarebbero un retaggio di un'abitudine contratta da piccoli, quando **succhiavano il latte** della mamma.

In ogni caso, la spiegazione più suggestiva – e quella che più si avvicina all'esperienza di tutti coloro che vivono con un gatto – è che i gatti facciano le fusa **quando stanno bene** e quando provano una sensazione piacevole.

I gatti fanno le fusa anche quando interagiscono in modo "affettuoso" fra di loro.

Di giorno le pupille del gatto sono come strette fessure.

PERCHÉ I GATTI VEDONO AL BUIO?

Gli occhi dei mammiferi contengono due tipi di cellule sensibili alla luce: i coni, deputati alla visione in piena luce, e i bastoncelli, che sono più sensibili alla luce debole.

I gatti, ma anche molti altri animali notturni, sono dotati di un gran numero di **bastoncelli**, per una migliore visione nell'oscurità; inoltre la loro pupilla è in grado di **dilatarsi e restringersi** moltissimo a seconda dell'intensità della luce, facendo arrivare alla retina la quantità di luce sufficiente per la visione notturna. Questo perché in natura cacciano soprattutto con il buio le loro prede.

CULTURA

PERCHÉ SI DICE "TESTARDO COME UN MULO"?

Il mulo è un animale cosiddetto ibrido, in quanto è derivato da un incrocio fra un asino e una cavalla. Gli incroci fra animali sono stati introdotti al fine di ottenere esemplari con determinate caratteristiche, proprie delle due specie di partenza. Nella fattispecie, il mulo è noto per la sua resistenza alla fatica, grazie alla quale è allevato fin dai tempi antichi come animale da soma. Una delle sue "qualità" meno apprezzate è la testardaggine: quando il mulo rifiuta di obbedire, non c'è verso di convincerlo. Spesso però i muli si bloccano perché avvertono un pericolo che gli uomini non riescono ad avvertire.

🌐 PERCHÉ IL LEONE È DETTO IL "RE DELLA FORESTA"?

Insieme a tigri, leopardi e giaguari, il leone appartiene al genere *Panthera*, che comprende i felini di maggiori dimensioni.

Animale robusto e possente, è il **predatore al vertice** nel suo territorio. Il maschio possiede una folta **criniera** che ne ricopre la testa, il collo e la parte anteriore del petto: è questa la caratteristica che gli conferisce la sua "regalità", insieme alla grande forza, al potente ruggito e alle rigide abitudini territoriali.

Vive e caccia in gruppo e osserva una ferrea **gerarchia** al vertice della quale c'è un maschio adulto dominante.

🌐 PERCHÉ LA LINCE HA DEI CIUFFI SULLE ORECCHIE?

La lince è un felino simile a un enorme gatto, con arti e zampe più sviluppati e coda corta, che vive nelle foreste eurasiatiche e in America Settentrionale.

Un particolare vistoso del suo aspetto è rappresentato dai ciuffi di pelo che ha alla sommità delle orecchie. Questi ciuffetti costituiscono per l'animale una **sorta di antenne**, per mezzo delle quali è in grado di riconoscere il tipo e la provenienza di un suono.

Un altro senso sviluppato nella lince è la **vista**, particolarmente acuta soprattutto da lontano.

In alto, una lince. Qui sotto, due leoni maschi adulti. In basso, un ghepardo pronto allo scatto.

Qual è l'animale terrestre più veloce?

L'animale più veloce sulla terra è il ghepardo che, in un breve scatto, può raggiungere la velocità di 100 chilometri orari. Il felino usa quest'arma per cacciare antilopi e altri mammiferi di piccola e media taglia nella savana, ma non è in grado di reggere a lungo la corsa: se l'inseguimento non va a buon fine, dopo qualche centinaio di metri deve fermarsi.

PERCHÉ I BOVINI MASTICANO SEMPRE?

Mammiferi erbivori come mucche e buoi hanno un **sistema di digestione lungo** e complesso e sono detti "ruminanti".

Essi ingoiano dapprima tutto il cibo ingerito senza masticarlo bene; l'erba scende nelle prime due parti dello stomaco (il **rumine** e il reticolo) da cui, successivamente, viene rigurgitata di nuovo in bocca sotto forma di **bolo**.

A questo punto l'animale procede alla masticazione (detta ruminazione), dopodiché il bolo scende nelle due altre parti dello stomaco, l'omaso e l'abomaso.

◢ Un gregge di pecore.

PERCHÉ PECORE E CAPRE SONO ALLEVATI DALL'UOMO?

Pecore e capre sono mammiferi erbivori appartenenti alla sottofamiglia dei caprini, diffusi praticamente in tutto il pianeta e che l'uomo alleva dall'origine delle civiltà.

La **lana** di cui sono fatti molti dei nostri vestiti altro non è che il vello delle pecore. Alcune lane di pregio, come il cachemire e il mohair, sono invece ottenute dal pelo di certe capre.

Le **pelli** vengono lavorate per ottenere il cuoio; la **carne** delle pecore costituisce uno dei cibi più comuni in diverse parti del mondo; le capre danno invece un **latte** molto digeribile, impiegato nella preparazione di formaggi.

PERCHÉ ALCUNI ANIMALI HANNO UN MANTO STRIATO?

Alcuni animali come le zebre e le tigri presentano nel loro manto striature che le rendono inconfondibili.

Le strisce servono a **mimetizzarsi** nell'ambiente e quindi a nascondersi dai predatori (o, nel caso delle tigri, dalle prede). Servono però anche come strumento di **riconoscimento** fra esemplari della stessa specie che, come le zebre, vivono riunite in branchi compatti per difendersi dagli attacchi dei predatori.

◢ Una mucca che rumina. A lato, una zebra.

Un branco di orici, grandi antilopi della savana africana.

PERCHÉ I MAMMIFERI DELLA SAVANA VIVONO IN BRANCHI?

La savana è l'ambiente tropicale tipico dell'Africa sub-sahariana, habitat di numerosissime specie di animali erbivori e carnivori.

La formazione di branchi da parte degli animali al pascolo costituisce un'utile **strategia di difesa** dai predatori. Più i membri di un branco sono numerosi, **minori sono i rischi per ciascuno**, infatti i predatori attaccano solitamente gli esemplari isolati. Tra le specie che formano branchi numerosi ci sono gli gnu, le zebre, le antilopi, le gazzelle di Thompson.

PERCHÉ LA GIRAFFA HA IL COLLO LUNGO?

La giraffa, un mammifero diffuso nella savana africana, si fregia del titolo di **animale più alto del mondo**: grazie alle lunghe zampe e al collo allungato può infatti superare i 5 metri di altezza. Il suo cibo preferito si trova in cima alle fronde degli alberi di acacia e di altri arbusti.

Gli studiosi pensano che nel corso dell'evoluzione la natura abbia selezionato gli individui con il collo più lungo, dato che erano quelli con maggiori possibilità di accedere alle **foglie dei**

rami alti, fuori dalla portata degli altri erbivori. L'altezza costituisce un ulteriore vantaggio per la giraffa: una visione dall'alto gli permette infatti di scorgere con anticipo l'arrivo di eventuali predatori.

Una giraffa scruta l'orizzonte.

PERCHÉ I RINOCERONTI SONO ANIMALI A RISCHIO DI ESTINZIONE?

I rinoceronti sono grossi mammiferi ungulati dai caratteristici corni. In passato erano diffusi in molte regioni forestali; dall'inizio del secolo scorso invece, confinati in aree ristrette dell'Africa e dell'Asia, sono a rischio di estinzione. In Africa soprattutto il loro numero è diminuito con l'avanzare della colonizzazione e la riduzione del loro habitat. Questi animali sono stati oggetto di una caccia spietata per l'assurda credenza, diffusa specialmente in Asia, nelle proprietà afrodisiache del suo corno, ridotto in polvere.

Il corno o i corni (quello africano ne ha due, quello asiatico uno) dei rinoceronti sono costituiti da un gran numero di elementi cornei cementati insieme, a base di cheratina secreta dalla pelle del naso.

Un rinoceronte bianco, specie africana.

Un elefante al bagno.

Gli elefanti hanno bisogno di circa 300 litri d'acqua al giorno: 100 per bere e 200 per rinfrescarsi e pulire la pelle propria e dei piccoli.

PERCHÉ LE ANTILOPI SPICCANO GRANDI BALZI?

Le diverse specie di antilopi, mammiferi ungulati tipici della savana africana, hanno in comune la capacità di correre compiendo notevoli balzi in aria. I salti servono innanzitutto per **segnalare** la presenza di un predatore e poi, naturalmente, come **mezzo di fuga**.

Le antilocapre sono in grado di correre a balzi a una velocità di 80 chilometri orari, mentre gli impala in corsa balzano scartando bruscamente di lato, per disorientare i predatori.

PERCHÉ GLI ELEFANTI HANNO LA PROBOSCIDE?

La proboscide costituisce il prolungamento del labbro superiore dell'elefante, saldato al naso. È l'organo del **tatto** e, ovviamente, dell'**olfatto** e viene usata per alimentarsi, per bere, per rinfrescarsi e per percepire gli odori.

La sua origine risale all'**evoluzione** del pachiderma: un tempo infatti gli elefanti erano simili a grossi maiali, che gradualmente aumentarono di dimensioni sviluppando zampe massicce e una testa molto più grossa.

Una testa così pesante poté essere supportata solo da un collo corto e tozzo, dunque gli elefanti ebbero necessità di sviluppare un arto – la lunga proboscide – per **procurarsi il cibo**.

Un'antilope accudisce il suo cucciolo.

CULTURA

QUAL È L'ORIGINE DEL NOME IPPOPOTAMO?

L'ippopotamo è un mammifero erbivoro non ruminante. Il suo nome deriva dal greco e significa "cavallo di fiume". Questo animale passa infatti la maggior parte del tempo immerso in corsi d'acqua e paludi, sporgendo in superficie solo con gli occhi, con le narici e con le orecchie poste alla sommità della testa. Questo perché la pelle dell'ippopotamo, molto spessa e dura, ha bisogno di rimanere bagnata per non seccarsi sotto i potenti raggi del Sole. Diffuso soprattutto nell'Africa sub-sahariana, l'ippopotamo si nutre di erba che tritura con i potenti molari.

Un cammello della Battriana.

PERCHÉ IL CAMMELLO HA LE GOBBE?

I cammelli sono i tipici animali del deserto e in diversi luoghi ancora oggi vengono usati come animali da soma, grazie alla loro **resistenza** unita a una buona docilità.

Uno dei segreti della resistenza del cammello sta proprio nelle sue gobbe, che fungono da **riserve di energia**: esse sono fatte di grasso e servono all'animale per sostentarsi consentendogli di rimanere per lungo tempo senza mangiare e senza bere.

Il cammello ha un "fratello", il dromedario, che gli assomiglia in tutto, tranne che per il numero delle gobbe: ne ha infatti una sola.

Due iene nascoste tra le alte erbe della savana. A lato, un koala su un ramo di eucalipto.

PERCHÉ LE IENE HANNO FAMA DI "SPAZZINI"?

Le iene sono mammiferi carnivori tipici dell'Africa sub-sahariana. Venivano erroneamente considerate animali "spazzini", perché si pensava si nutrissero di **carogne** e dei resti del "pranzo" di altri predatori della savana.

Questa fama è stata smentita da studi recenti, che hanno rivelato come le iene siano in realtà **formidabili predatori**, che solo ogni tanto non disdegnano di mangiare anche gli animali già morti. Le iene cacciano in gruppo, soprattutto di notte, e servendosi delle potenti mascelle sono in grado di divorare quasi completamente le loro vittime, ossa comprese.

Il loro caratteristico ululato ricorda una stridula risata.

PERCHÉ IL KOALA VIVE SUGLI ALBERI?

Il koala, mammifero marsupiale che vive solo in Australia, si ciba esclusivamente dei **germogli** e delle giovani **foglie** di alcune specie di eucalipto.

Ne mangia fino a mezzo chilo al giorno, nelle ore serali, mentre il resto del tempo lo passa **dormendo sui rami** o abbracciato al tronco con i grossi unghioni.

Da questa dieta vegetariana trae anche l'acqua di cui ha bisogno. Il koala scende dagli alti fusti degli eucalipti molto raramente, per cambiare albero o per inghiottire qualche sassolino che lo aiuti nella digestione.

CURIOSITÀ

PERCHÉ I BISONTI SONO SCOMPARSI DALLE PRATERIE?

Le immense praterie dell'America Settentrionale erano un tempo popolate dalle mandrie di bisonti, animali venerati dai nativi pellerossa. All'inizio del XIX secolo ne esistevano probabilmente 50 milioni di esemplari che nel corso di un centinaio di anni, cacciati in massa dai colonizzatori bianchi per la carne, le ossa e le pelli, furono ridotti a poche centinaia di capi. Uno dei motivi per cui i pellerossa si opposero strenuamente alla colonizzazione fu che i coloni sottraevano il pascolo ai bisonti, animali da cui i nativi traevano nutrimento e materiale da costruzione, da abbigliamento e perfino armi. Oggi il bisonte (nella foto) è una specie protetta e vive nei grandi parchi nazionali.

PERCHÉ GLI ORSI MANGIANO IL MIELE?

Pur appartenendo all'ordine dei Carnivori, gli orsi sono in realtà mammiferi **onnivori**, mangiano cioè ogni sorta di cibo.

In particolare, sono ghiotti di miele, che si procurano saccheggiando gli alveari delle api selvatiche. Oltre al miele, gli orsi non disdegnano le bacche e altri frutti, oltre a piccoli animali come insetti, roditori e lucertole. Alcuni sono anche abili pescatori.

PERCHÉ GLI ORSI POLARI NON HANNO FREDDO?

Gli orsi polari o orsi bianchi abitano le gelide regioni artiche intorno al Polo Nord.

Una **folta pelliccia** con un fitto sottopelo, frutto di un lungo adattamento alla vita sui ghiacci, ne ricopre interamente il corpo, perfino sotto le zampe. Inoltre, sono forniti di un denso strato di **grasso sotto la pelle** che fungono da "cuscinetto" termico: gli orsi bianchi possono così resistere, e addirittura nuotare, a bassissime temperature (fino a -50°!).

Instancabile camminatore e nuotatore, l'orso polare è **carnivoro**: si ciba di foche, volpi, lepri, renne, pesci e di qualsiasi altro animale riesca a trovare nel suo ambiente inospitale.

L'orso bianco è un abile nuotatore.

PERCHÉ IL PROCIONE È DETTO ORSETTO LAVATORE?

Il procione è un animale originario del continente americano. È lungo fino a un metro, ha una pelliccia grigia, nera e beige, e una bella coda inanellata. Le sue zampe somigliano a piccole **mani prensili**, che sa usare con abilità.

Viene chiamato anche orsetto lavatore perché ha l'abitudine di **lavare il cibo** nell'acqua prima di consumarlo.

Si tratta tuttavia di un'abitudine conseguita in **cattività**; in natura il procione, che è un animale onnivoro, pesca il cibo che predilige (pesci e anfibi) direttamente nell'acqua.

PERCHÉ LO SCOIATTOLO HA SEMPRE LA BOCCA PIENA?

Gli scoiattoli appartengono all'ordine dei Roditori, come topi, castori e istrici. Possiedono **forti denti incisivi**, simili a scalpelli, che usano per rosicchiare il cibo.

Molto comuni anche nei parchi e nei boschi europei, si cibano prevalentemente di **semi**, prediligendo nocciole, ghiande e pinoli: dritti sulle zampe posteriori, gli scoiattoli usano girare e rigirare il cibo fra le zampe prima di portarlo alla bocca.

La loro bocca sembra sempre piena: lo scoiattolo infatti non ingoia tutto ciò che mette in bocca, ma il cibo viene immagazzinato all'interno delle **guance**, dove si trovano due sacche adibite allo scopo. Questo roditore è molto attivo e scattante, capace di salire con sorprendente agilità in cima agli alberi.

A sinistra, un procione. Sopra, uno scoiattolo.

AMBIENTE

PERCHÉ LE FOCHE VENGONO CACCIATE?

Le foche sono mammiferi che vivono prevalentemente sulle coste dei mari freddi. A terra sono piuttosto goffe, costrette a muoversi strisciando sulla pancia, ma una volta in mare diventano agilissime nuotatrici capaci di pescare con grande abilità. Questi animali sono cacciati spietatamente da più di 200 anni. Gli esemplari più a rischio sono i cuccioli, il cui mantello bianco è molto ricercato per ottenere pellicce pregiate; il mantello inizia a cadere appena una decina di giorni dopo la nascita, per scomparire completamente nel giro di un mese lasciando il posto a una corta peluria. Abituate a costruirsi rifugi sotto la neve, le foche vengono uccise dai cacciatori di pellicce perfino all'interno delle tane, con arpioni acuminati. Fino a non molto tempo fa erano destinate all'estinzione; oggi, grazie ad attente misure di prevenzione, sono meno in pericolo.

Una giovane foca della Groenlandia.

Quali sono i più grandi carnivori?

I più grandi mammiferi carnivori terrestri sono l'orso kodiak e l'orso polare, che possono raggiungere i 3 metri di lunghezza e pesare oltre mezza tonnellata. Tra i felini, quello di maggiori dimensioni è la tigre siberiana.

PERCHÉ I CASTORI COSTRUISCONO LE DIGHE?

Perché durante la stagione delle piogge le loro **tane**, costruite sulle rive di corsi d'acqua, potrebbero venir **allagate**.

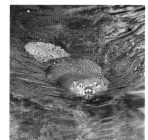

I castori, veri e propri roditori "ingegneri", costruiscono le dighe rodendo gli alberi alla base e usandoli per ostruire il flusso dell'acqua.

Per fissare la diga, che viene di continuo riparata e rinforzata, usano ramoscelli, foglie e fango. All'interno delle tane si trovano gallerie che corrono sopra la superficie dell'acqua, mentre **le entrate sono subacquee**, per tenere alla larga i predatori.

PERCHÉ SI DICE "LENTO COME UN BRADIPO"?

Il bradipo, un mammifero che vive in America Meridionale, è un animale dal **metabolismo davvero lento**: riesce a dormire anche venti ore di seguito, interrompendo il sonno solo quel poco che gli basta per consumare lentamente le foglie e i frutti che compongono la sua dieta e che digerisce con altrettanta lentezza.

Il bradipo vive praticamente **sempre sugli alberi**, spostandosi appena fra i rami; si avventura raramente sul terreno, dove si trova poco a suo agio: alla massima velocità raggiunge

appena gli 0,16 chilometri orari. Ciò significa che, in una gara di 100 metri, impiegherebbe circa 40 minuti per arrivare al traguardo!

PERCHÉ I PIPISTRELLI HANNO UN "RADAR"?

I pipistrelli appartengono all'ordine dei Chirotteri, gli unici **mammiferi capaci di volare**.

Essendo pressoché ciechi, al senso della vista hanno sostituito un sistema basato sulle **onde sonore**: i pipistrelli emettono cioè strida molto acute che vengono fatte rimbalzare indietro dagli oggetti circostanti, come fanno i radar.

Desumendo elementi quali la direzione, il timbro e l'ampiezza dei **suoni di rimbalzo**, questi mammiferi ottengono tutte le informazioni necessarie per orientarsi durante il volo.

Hanno abitudini notturne (durante il giorno dormono appesi con la testa all'in giù), ma grazie a questo sofisticato sistema di "guida" sono in grado di spostarsi anche nel buio più assoluto.

🔲 In alto, una tigre. Al centro, un castore nell'acqua. Qui a fianco, nel pipistrello l'udito è uno dei sensi più sviluppati.

IL CORPO UMANO

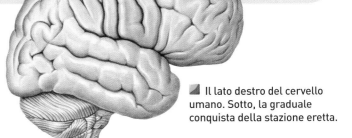

Il lato destro del cervello umano. Sotto, la graduale conquista della stazione eretta.

🔵 PERCHÉ LA STAZIONE ERETTA HA AVVANTAGGIATO L'UOMO RISPETTO AGLI ALTRI ANIMALI?

Mentre il funzionamento di organi come polmoni, cuore, fegato è simile in tutti gli animali superiori, l'associazione del sistema osseo e di quello muscolare riservata all'uomo è assolutamente peculiare; circa otto milioni di anni fa, gli permise di assumere la stazione eretta e di svilupparsi fino a diventare la specie dominante sul pianeta.

Un primo vantaggio di tale conquista fu dato dal fatto che a differenza di un quadrupede, costretto a tenere la testa quasi a livello del suolo e quindi a guardare prevalentemente in basso, il bipede teneva la **testa alta** e il suo sguardo poteva abbracciare l'orizzonte. Ciò gli consentì una **visione più ampia** e la possibilità di valutare e classificare le immagini.

Un altro vantaggio fu che le membra superiori, non essendo più impiegate per appoggiarsi sul suolo, rimanevano libere. Le mani non solo potevano servire per toccare altri individui a scopo di **socializzazione**, ma si dimostrarono adatte ad afferrare e a trasportare gli oggetti,

in particolare le riserve di cibo.

Le mani diventarono strumenti per ottenere una conoscenza tattile delle cose e quindi per riprodurle: un'attività che, valendosi della collaborazione dell'occhio, stimolò le funzioni cerebrali, contribuendo così allo **sviluppo dell'intelligenza** dell'uomo.

⚪ PERCHÉ IL CERVELLO UMANO È COSÌ SVILUPPATO?

Il cervello può essere definito come il ganglio principale del sistema nervoso di un animale e, quindi, anche dell'essere umano.

Il ganglio è un insieme di cellule nervose, dette **neuroni**, che elaborano informazioni ricevute dalle fibre nervose presenti in tutto il corpo. Il livello di complessità di un ganglio centrale equivale grosso modo alla complessità anatomica dell'organismo a cui appartiene.

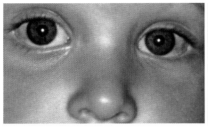

Gli occhi di un bimbo e l'occhio di un rapace.

Il cervello è suddiviso in due parti quasi uguali, ciascuna delle quali è detta emisfero cerebrale; gli **emisferi** sono collegati da una formazione costituita prevalentemente da fibre nervose. È il gran numero di queste fibre associative a conferire all'uomo la sua potenza intellettiva rispetto al resto del regno animale.

Il notevole sviluppo della parte posteriore del cervello nell'uomo è dovuto all'enorme importanza rivestita dal senso della vista. L'uomo infatti fa un uso delle **informazioni ottiche** di gran lunga maggiore rispetto a quello di qualsiasi altro animale: per esempio, sebbene l'aquila abbia una vista molto più acuta, il suo centro visivo è piccolo rispetto a quello dell'uomo perché non dispone di molte fibre associative.

PERCHÉ È IMPORTANTE LA FUNZIONE DELLO SCHELETRO?

Il nostro corpo è costruito su una specie di **impalcatura** – lo scheletro – costituito dalle ossa, parti anatomiche dure e resistenti.

Quante ossa ci sono nel nostro corpo?

Nel corpo umano ci sono 206 ossa principali, oltre ad alcune particolari piccole ossa dette sesamoidi. Può capitare che alcune persone ne abbiano di più (ad esempio perché possiedono una o due costole in più), o di meno (nel caso in cui alcune ossa risultino unite insieme).

Lo scheletro si divide in tre parti (**testa, tronco e arti**) e non è solo la nostra struttura portante, ma ha anche la funzione di proteggere alcuni organi delicatissimi come il cervello e il midollo spinale.

Le ossa devono la loro solidità al fatto di essere vuote e leggere e, a seconda della funzione che svolgono, hanno **forme diverse**: nelle braccia e nelle gambe sono lunghe e tonde; nel polso e nella mano, tonde e sottili; nella scatola cranica sono piatte e larghe.

La **colonna vertebrale**, o spina dorsale, è forse la struttura ossea più importante di tutto il corpo: va dal collo al fondo schiena ed è composto da 33 ossa chiamate vertebre, grazie alle quali può piegarsi facilmente.

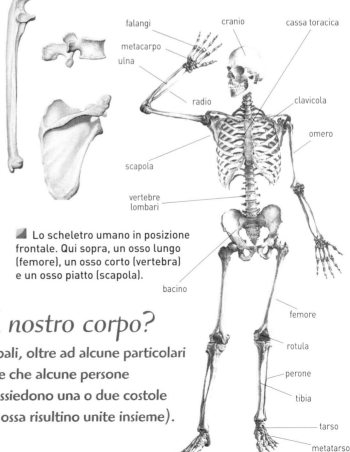

falangi
cranio
cassa toracica
metacarpo
ulna
radio
clavicola
omero
scapola
vertebre lombari
bacino
femore
rotula
perone
tibia
tarso
metatarso

Lo scheletro umano in posizione frontale. Qui sopra, un osso lungo (femore), un osso corto (vertebra) e un osso piatto (scapola).

◯ PERCHÉ LE OSSA SONO RICOPERTE DI CARTILAGINE?

I punti nei quali avviene la connessione o la giuntura tra osso e osso prendono il nome di **articolazioni**.

Alcune articolazioni sono **mobili** e, in questo caso, in una delle ossa è scavata una rientranza nella quale penetra una corrispondente sporgenza dell'altro osso.

Queste due parti a contatto sono tappezzate da una sostanza di colore bianco madreperlaceo, detta cartilagine, che ha il compito di aumentare la **scorrevolezza** dell'articolazione e di attutire eventuali urti.

La cartilagine è coperta a sua volta da una specie di sacco, detto **membrana sinoviale**, da cui trasuda un liquido, la sinovia, che ha il compito di lubrificare le superfici articolari.

◯ PERCHÉ IL CUORE È UNA "MACCHINA" EFFICIENTISSIMA?

L'organismo degli esseri viventi ha bisogno di una **pompa** per mantenere in circolazione il sangue. Questa pompa è il cuore: le sue robuste pareti si contraggono regolarmente per tutta la vita di una persona, al ritmo di circa 70 volte al minuto (le **pulsazioni**). Tra una pulsazione e l'altra c'è una pausa di circa mezzo secondo.

Il cuore è un organo molto potente: il lavoro che compie nel corso della sua vita con il suo continuo pulsare potrebbe sollevare un corpo umano a 15.000 metri di altezza.

Il cuore è costituito da un tipo speciale di muscolo, il **muscolo cardiaco**, che presenta una particolare caratteristica: la ritmicità che gli permette di **contrarsi e rilassarsi** in modo regolare senza bisogno di stimoli da parte dei nervi.

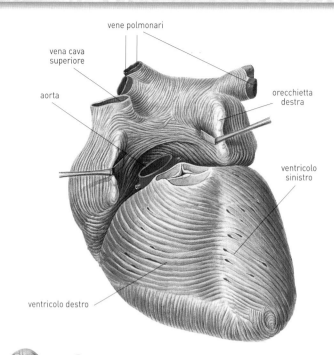

vene polmonari
vena cava superiore
aorta
orecchietta destra
ventricolo sinistro
ventricolo destro

◯ PERCHÉ IL NOSTRO CORPO È COSÌ PIENO DI SANGUE?

Il sangue irrora ogni parte dell'organismo, circolando in continuazione nel nostro corpo.

Esso presiede infatti a una funzione essenziale, quella di **portare ossigeno** a tutti i tessuti dell'organismo e di provvedere ad **allontanare le sostanze di rifiuto**, trasportandole fino agli organi deputati alla loro eliminazione.

Il sangue ritorna dunque dal cuore ai tessuti e viene inviato ai polmoni dove cede l'anidride carbonica, un gas di rifiuto che ha raccolto dalle cellule, e riceve ossigeno; ritorna quindi al cuore con il suo carico di ossigeno, dove viene pompato ai tessuti.

Negli animali a sangue caldo, come l'uomo, il sangue serve anche a **trasportare il calore**.

▰ Il sistema circolatorio: vista frontale dei vasi principali; in blu, le vene; in rosso, le arterie. Sopra, la muscolatura cardiaca.

PERCHÉ È PERICOLOSA UNA EMORRAGIA?

Viene chiamata emorragia la **fuoriuscita di sangue** dai vasi arteriosi, venosi e capillari.

Quando si verifica, si riducono sia il numero dei globuli rossi sia la massa liquida complessiva del sangue, che è il fenomeno più pericoloso perché può provocare uno **stato di choc**.

Il corpo può farvi fronte in due modi: con la vasocostrizione, cioè un restringimento dei vasi sanguigni provocato da meccanismi riflessi e ormonali; oppure sottraendo liquido dagli spazi tra le cellule dell'organismo e convogliandolo nel sistema circolatorio.

A un'emorragia di solito consegue uno stato di **anemia** (riduzione del numero di globuli rossi), che viene superata dopo qualche tempo. I globuli rossi sono infatti prodotti incessantemente dall'organismo: in caso di

Dopo una caduta dalla bicicletta, sul ginocchio "sbucciato" si forma una crosta. Sotto, globuli rossi e globuli bianchi (più scuri).

emorragia il processo si accelera, soprattutto se viene aumentata l'assunzione di ferro.

PERCHÉ SU UNA FERITA SI FORMA LA CROSTA?

Quando ci si taglia o ci si graffia, sulla pelle si forma una crosta fatta di sangue secco o coagulato e di altre sostanze.

Essa funge da **protezione** della ferita contro i germi o altri agenti esterni. Responsabili del processo di coagulazione sono particolari cellule presenti nel sangue, le **piastrine**.

PERCHÉ RESPIRIAMO IN CONTINUAZIONE?

L'atto della respirazione è costante e inconsapevole: avviene senza la nostra volontà, eppure è uno dei processi vitali più essenziali.

È determinato dai centri nervosi cerebrali sensibili alla quantità di anidride carbonica presente nell'organismo i quali regolano di conseguenza l'attività dei muscoli.

Si respira per **estrarre dall'aria l'ossigeno** di cui il nostro organismo, che ne consuma un chilogrammo al giorno, ha bisogno; si espira per **espellere l'anidride carbonica**, un prodotto di rifiuto della respirazione.

CURIOSITÀ

PERCHÉ ESISTONO ORGANI CHE NON SERVONO A NIENTE?

I cosiddetti organi vestigiali nel corso dell'evoluzione hanno subito una modificazione o una riduzione perché la funzione che svolgevano ha perso importanza, oppure è diventata inutile. Nell'uomo ne sono un tipico esempio le ossa che formano il coccige, eredità della coda dei nostri antenati, oppure l'appendice, il residuo evoluzionistico di un organo importante per gli erbivori. In questi animali, infatti, l'appendice è un sacco contenente una popolazione di batteri che aiutano la digestione dei vegetali.

La colonna vertebrale termina con il coccige, un organo vestigiale.

PERCHÉ I NEONATI QUANDO NASCONO EMETTONO UN GRIDO?

La respirazione comincia solo dopo la nascita. All'interno dell'utero, infatti, il feto galleggia nel liquido amniotico e "respira" per mezzo del cordone ombelicale che lo unisce alla madre.

Appena venuto al mondo, il bambino emette un grido che è provocato dall'improvvisa **immissione d'aria** nei suoi polmoni, evento che segna il passaggio dalla vita "acquatica" a quella "aerea".

PERCHÉ CON L'ATTIVITÀ FISICA AUMENTA IL VOLUME DEI MUSCOLI?

L'aumento del volume dei muscoli equivale a un aumento del diametro delle fibre muscolari.

L'esercizio fisico induce numerose modificazioni del **metabolismo** della cellula muscolare quali l'aumento delle riserve di energia, non-

ché di numerosi enzimi che catalizzano reazioni importanti per la produzione di **energia**. I muscoli più utilizzati influiscono sulla figura e la rendono più armonica, cosa che si nota in particolare negli atleti.

L'esercizio aumenta poi il volume della cassa toracica attivando in tal modo la **respirazione** e agisce sulle funzioni della nutrizione, aumentando l'appetito e favorendo la digestione e l'assimilazione. La sua azione sul cuore intensifica anche la circolazione sanguigna.

Il primo "atto" di un neonato è un acuto strillo. A lato, una ballerina di danza classica, una disciplina che comporta un notevole sforzo fisico.

CULTURA

PERCHÉ IL TENDINE D'ACHILLE SI CHIAMA COSÌ?

Il tendine d'Achille è il robusto tendine che si inserisce sul calcagno del piede; esso ha il compito di trasmettere allo scheletro la forza originata dai muscoli delle gambe ed è implicato costantemente durante la deambulazione, la corsa e il salto. Il suo nome viene da Achille, figlio di Peleo e di Teti, uno degli eroi dell'*Iliade*, il poema epico greco attribuito a Omero. Secondo la leggenda, la madre Teti aveva immerso Achille nelle acque della palude Stige, rendendolo invulnerabile fuorché nel tallone, ovvero il punto per il quale lo teneva. La sua morte fu causata da una freccia scagliata da Paride, guidato da Apollo, che lo colpì appunto nel tallone. Il tendine d'Achille è rimasto nell'uso anche come modo dire, per indicare il punto debole di una persona.

Achille, leggendario re dei mirmidoni.

CURIOSITÀ

PERCHÉ SI DICE "HA FEGATO"?

Il fegato è simbolo di coraggio: gli antichi pensavano che fosse la sede della forza e della caparbietà. È il solo organo del corpo umano capace di una rigenerazione quasi totale: se, per esempio, in un intervento chirurgico ne viene tolta una parte, dopo pochi mesi il corpo la reintegra totalmente. Così si spiega la leggenda di Prometeo, il mitico progenitore degli uomini, condannato da Zeus a un terribile supplizio per aver rubato il fuoco agli dei: ogni giorno un'aquila gli divorava il fegato che, durante la notte, si riformava per essere ancora divorato il giorno dopo.

PERCHÉ A VOLTE DOPO UNA CORSA FA MALE LA MILZA?

La milza, situata nella parte sinistra dell'addome, è un organo che contiene una **grande quantità di sangue**, fungendo da "serbatoio" al quale attingere in caso di necessità.

Durante uno sforzo muscolare intenso come una corsa, i muscoli hanno bisogno di molto sangue per poter lavorare bene e, soprattutto se non si è allenati, lo richiedono agli organi che ne hanno meno bisogno. **La milza lo cede**, ma la sua improvvisa contrazione può causare un dolore, che cessa al termine dello sforzo.

PERCHÉ È IMPORTANTE QUELLO CHE SI MANGIA?

Per mantenersi attivo il corpo ha bisogno di energia. L'**energia** viene fornita dai cibi, ciascuno dei quali contiene le materie prime necessarie ad alimentare l'organismo.

Una giusta quantità dei seguenti elementi è alla base di una **dieta equilibrata**.

Proteine: (carne, pesce, formaggio, legumi) indispensabili soprattutto nell'età della crescita per produrre nuovo tessuto corporeo.
Carboidrati: (zuccheri, cereali ecc.) forniscono al corpo l'energia per funzionare.
Grassi: (fra cui olio, carne, latte e derivati ecc.) rappresentano una "riserva" di energia cui attingere quando ne abbiamo bisogno.
Vitamine e sali minerali: presenti in particolare nella verdura e nella frutta fresca.

PERCHÉ È ESSENZIALE IL RUOLO DELLA DIGESTIONE?

Perché l'organismo possa utilizzare le sostanze contenute nei cibi, queste devono essere ridotte in particelle più piccole e più semplici. Questo processo si compie nell'apparato digerente e prende il nome di digestione.

Il compito di attaccare e demolire gli alimenti, fino a ridurli in molecole sufficientemente piccole da essere assorbite e distribuite dal sangue, è riservato ai **succhi gastrici** dello stomaco e, per la precisione, a particolari sostanze contenute in essi: gli **enzimi**, complesse molecole che svolgono svariate funzioni di grande importanza in tutto l'organismo.

Frutta e verdura sono essenziali per una corretta alimentazione.

 Si beve per reintegrare i liquidi nell'organismo.

PERCHÉ SI HA SETE?

Attraverso la pelle, la respirazione e le funzioni renali, il nostro corpo perde continuamente acqua, elemento fondamentale per il buon funzionamento dell'organismo.

Una parte dei liquidi viene reintegrata attraverso l'assunzione dei cibi, il resto con le bevande. Lo stimolo a bere parte da una zona del cervello detta proprio "**centro della sete**".

Quando cominciano a scarseggiare i liquidi, il volume del sangue si riduce, la pressione nei vasi diminuisce e le sostanze di cui è composto il sangue si concentrano. Questo meccanismo **attiva segnali** che raggiungono direttamente il cervello e fanno così venire "voglia di bere".

PERCHÉ ABBIAMO BISOGNO DI DORMIRE?

Durante il giorno nel corpo si accumulano sostanze di scarto e i muscoli si affaticano, portando a una sensazione di stanchezza.

Anche **il cervello si "stanca"**; alla sera, dopo aver studiato o lavorato, ci si sente spossati come dopo una lunga camminata. Il corpo usa il sonno per **ricaricarsi**, crescere e "ripulirsi": le funzioni durante il sonno sono ridotte al minimo, il battito cardiaco diminuisce e il respiro rallenta, facendosi più profondo; solo una parte della corteccia cerebrale rimane vigile.

La quantità di sonno di cui una persona ha bisogno è variabile e dipende da vari fattori, fra cui l'età e il tipo di attività che si svolge.

 In basso, i neonati dormono fino a 18 ore al giorno.

CURIOSITÀ

PERCHÉ IL CRANIO DEI NEONATI PRESENTA LE "FONTANELLE"?

Nella primissima infanzia, i tessuti che legano le ossa del cranio non sono ancora completamente sviluppati e tali ossa hanno un certo grado di movimento. Nel cranio dei neonati si trovano sei spazi membranosi, dette fontanelle, che separano le

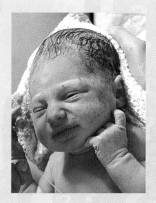

ossa adiacenti; queste possono muoversi evitando che il cervello del bambino subisca una pressione eccessiva durante il parto. Le fontanelle in genere scompaiono dopo circa un anno.

Cefalee ed emicranie sono dolori molto diffusi. In basso, un atleta che ha sudato molto per disperdere il calore corporeo.

vello, che li interpreta come "dolore" localizzandoli in base all'ubicazione della terminazione nervosa stimolata.

Molti tipi di dolore, come una ferita o il malessere provocato da una malattia, hanno una causa fisica; le sensazioni dolorose possono esser provocate anche da disturbi nervosi o da reazioni emotive come la rabbia o la paura.

Se da un lato è augurabile non dover mai provare dolore, dall'altro è bene tener presente che il dolore costituisce un **efficace segnale** di allarme che entra in azione quando l'organismo è minacciato da qualche pericolo.

PERCHÉ PROVIAMO DOLORE?

La sensazione di dolore si verifica quando vengono stimolate particolari **fibre nervose** presenti nel nostro corpo: minuscoli segnali elettrici viaggiano lungo quelle fibre partendo dalle terminazioni nervose che costituiscono i recettori dolorifici.

I **segnali del dolore** viaggiano nelle fibre nervose quando il corpo riceve un danno in prossimità di una terminazione nervosa.

Da qui gli impulsi vengono condotti al cer-

PERCHÉ SI SUDA?

Per funzionare bene, il nostro organismo deve mantenere una **temperatura interna** costante di circa 37 gradi.

Quando il corpo si surriscalda, la temperatura sale ed entrano in azione le ghiandole sudoripare: il compito del sudore, che affiora attraverso i pori, è quello di mantenere con la sua evaporazione il **giusto calore** del corpo.

Il cattivo odore del sudore è causato dai batteri che lo fanno degenerare.

Da quanta acqua e da quanto sangue è composto il corpo umano?

La quantità di acqua contenuta nel corpo umano corrisponde a circa il 60% del peso corporeo. È maggiore nei giovani e tende a diminuire con l'età. Un adulto possiede da 4,5 a 5,5 litri di sangue, a seconda delle dimensioni; la massa sanguigna, ovvero la quantità totale di sangue presente nell'organismo, corrisponde a circa 1/12 del peso corporeo.

Quante sono le cellule del nostro corpo?

Nel corpo umano sono presenti milioni e milioni di cellule.
Ciascun organo è presieduto da un particolare tipo di cellule:
le più piccole sono i globuli rossi, che misurano meno di un
millesimo di centimetro; le più grandi sono quelle nervose,
che possono essere lunghe anche un metro.

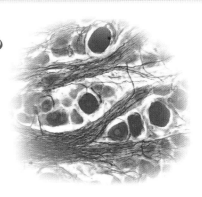

Jenner vaccina un bimbo contro il vaiolo, da un dipinto di Ernest Board. Sotto, il colore della pelle è una caratteristica genetica.

PERCHÉ SI VIENE VACCINATI?

I vaccini sono preparati biologici atti a stimolare le **reazioni immunitarie** verso infezioni di carattere batterico e virale.

Il loro scopo è quello di provocare la formazione di un certo quantitativo di **anticorpi** nel sangue, in grado di neutralizzare batteri e virus al momento della loro comparsa.

Nel 1796, il medico inglese Edward Jenner mise a punto un vaccino contro il vaiolo, una malattia virale assai contagiosa e spesso mortale. Il nome "**vaccino**" deriva dal fatto che Jenner utilizzò materiale preso dalla pustola di una mucca ammalata di vaiolo.

Oggi, grazie ai vaccini, molte malattie sono state debellate o sono tenute sotto controllo.

PERCHÉ ABBIAMO TANTI COLORI DI PELLE?

Il colore della pelle è una delle caratteristiche **ereditarie** più evidenti e si deve all'azione di alcuni geni che agiscono insieme. In generale, i figli presentano una pigmentazione della pelle di tipo intermedio rispetto a quella dei genitori.

Nelle unioni miste (formate da persone appartenenti a gruppi etnici diversi, per esempio bianchi e neri) può accadere che i figli presentino una colorazione più scura o più chiara dei genitori, come risultato di una trasmissione selettiva di alcuni **geni della pigmentazione**.

Le persone di pelle chiara provengono dalle aree settentrionali del pianeta, mentre la pelle scura è una caratteristica delle regioni calde, sviluppatosi forse come forma di protezione contro i raggi del Sole. In Oriente le persone hanno la pelle leggermente olivastra.

❓ PERCHÉ SI STARNUTISCE CON IL RAFFREDDORE?

Alla base di un raffreddore c'è un'eccessiva secrezione di sostanza mucosa localizzata nella cavità nasale.

Questo accumulo è causato da un'**infezione** o da un'irritazione delle mucose nasali.

A causa di questa irritazione, le terminazioni nervose trasmettono il messaggio che ci sono **corpi estranei** nelle vie nasali. Lo starnuto, quindi, è il mezzo che il nostro naso ha per eliminare tutto quello che inibisce il respiro.

❓ PERCHÉ SI SBADIGLIA?

Lo sbadiglio è una profonda **inspirazione involontaria** che porta a spalancare la bocca, più frequente quando si ha fame, sonno o quando ci si annoia.

Il fenomeno è tuttora piuttosto **misterioso**. Le varie ipotesi sulla sua funzione non hanno trovato finora un riscontro scientifico univoco e nemmeno la sua nota "contagiosità" è chiaramente spiegabile.

Una curiosità: la mano davanti alla bocca quando si sbadiglia non è solo un atto di edu-

cazione; esso deriva dall'antica credenza che l'anima potesse sfuggire dalla bocca, quando questa è aperta.

❓ PERCHÉ INVECCHIANDO I CAPELLI DIVENTANO GRIGI O BIANCHI?

I capelli umani assumono la loro peculiare colorazione grazie a particolari cellule, chiamate **melanociti**, che producono un pigmento detto melanina all'interno del follicolo (la microcavità in cui è ospitata la radice del capello).

I melanociti producono **tre pigmenti base**, responsabili delle colorazioni nero/castano scuro, biondo/castano chiaro e rossa. Man mano che si invecchia, la **riserva di melanina** si esaurisce, dunque i capelli diventano grigi o bianchi.

In alto, una bimba con un noioso raffreddore. Sotto, lo sbadiglio che annuncia il sonno. A lato, con l'avanzare dell'età i capelli ingrigiscono.

🔍 CURIOSITÀ

PERCHÉ IL PALMO DELLA MANO E LA PIANTA DEL PIEDE NON SI ABBRONZANO MAI?

Il palmo della mano e la pianta del piede hanno pochi melanociti, cioè poche cellule che producono melanina, responsabile non solo della pigmentazione della pelle ma anche dell'abbronzatura. Inoltre, a causa dello spessore relativamente elevato dell'epidermide in queste parti, la melanina non riesce a raggiungere (soprattutto nei piedi) lo strato corneo superficiale.

POPOLI E CIVILTÀ

Fin dalla preistoria ogni gruppo umano ha creato e sviluppato proprie tradizioni e costumi, credenze, modi di vivere. Insomma, la sua "cultura" e la sua "civiltà". Così si spiega il fatto che nel mondo vi siano civiltà tanto diverse, usi e costumi autoctoni, modi di vivere opposti. Tutti però discendiamo da un unico, lontano progenitore, quell'*Homo sapiens* che nel corso del tempo è emerso come colonizzatore del globo.

LE CIVILTÀ ANTICHE

🌐 PERCHÉ SAPPIAMO COSÌ POCO DELLE CIVILTÀ PREISTORICHE?

La preistoria è il periodo della storia umana che risale a prima dell'**invenzione della scrittura**, come ci indica il suo stesso nome, composto dai due termini di derivazione latina *pre* (prima) e *historia* (storia).

Quando l'uomo inventò la scrittura sentì il bisogno di raccontare ai propri simili e ai posteri la sua vita, le sue credenze religiose, il suo tempo. Le più antiche registrazioni scritte datano all'**Età del bronzo**, che iniziò circa 3500 anni fa e coincise con il sorgere delle antiche civiltà di Egitto e Mesopotamia.

🔲 La navigazione sull'Eufrate. Al centro alcuni manufatti risalenti all'età del bronzo. In alto il disco di Festo, importante testimonianza della civiltà minoica.

🌐 PERCHÉ ALCUNE CIVILTÀ ANTICHE FURONO DETTE "IDRAULICHE"?

Civiltà idrauliche furono denominate le antiche formazioni sociali sviluppatesi nei pressi dei **grandi fiumi**. Le prime civiltà idrauliche fiorirono a partire dal 3000 a. C. circa lungo i bacini di fiumi come il Nilo (in Egitto), il Tigri, l'Eufrate e l'Indo (in Asia Minore), e il Fiume Giallo (in Cina).

Il binomio insediamento-fiume fu caratterizzato da un duplice problema: trattenere e **utilizzare le acque** delle piene, evitandone nel contempo il carattere distruttivo. Lo scavo di canali e la costruzione di argini furono, per esempio, tra le attività più frequenti dei governatori delle città-stato sumeriche.

Particolare dello *Stendardo di Ur*, opera sumerica del 2500-2400 a.C. Sotto, una tavoletta cuneiforme della stessa epoca e, più in basso, un'illustrazione della ziqqurat di Ur.

PERCHÉ MOLTE CIVILTÀ ANTICHE SORSERO ATTORNO AL MEDITERRANEO?

Quasi tutte le civiltà antiche sbocciarono in regioni del globo **fertili e temperate**, dove la lotta per la vita era meno aspra.

La regione mediterranea, in particolare, dal 3000 a.C. in poi vide sorgere ed estinguersi diverse civiltà: gli egizi, i sumeri, i babilonesi, gli accadi, i fenici, gli ebrei, gli ittiti e gli assiri.

PERCHÉ GLI ITTITI ERANO GUERRIERI IMBATTIBILI?

La civiltà ittita si sviluppò nell'altopiano dell'Anatolia (attuale Turchia) nel II millennio a.C.

All'apice del suo splendore l'impero ittita arrivò a controllare le vie commerciali della Mesopotamia e del Mediterraneo, grazie alla sua superiorità militare.

L'esercito infatti usava resistenti **armi di ferro**, mentre gli altri popoli usavano ancora il bronzo. Un altro punto di forza dell'esercito ittita erano i **carri da combattimento**, trainati da cavalli e dotati di due ruote a raggi.

PERCHÉ I SUMERI INVENTARONO LA SCRITTURA?

L'uso della scrittura cuneiforme nacque probabilmente da **necessità pratiche**: i sumeri erano abili commercianti e dovevano registrare la quantità di merci che circolava.

Con uno stilo ricavato da una canna si iniziò a tracciare su pezzetti di **argilla** delle barrette che numeravano i beni in transito. Quando l'argilla si seccava, rimaneva l'impronta dell'incisione. Le barrette divennero poi disegni schematici (**pittogrammi**) che rappresentavano, ad esempio, il bue, il legno, l'orzo. Infine si arrivò a veri e propri segni astratti.

PERCHÉ I BABILONESI COSTRUIRONO LE ZIQQURAT?

La ziqqurat è una torre a terrazze, con una cappella in cima e una gradinata d'ingresso.

È il simbolo della **montagna sacra**, il luogo più alto ove Marduk, la divinità suprema, scendeva per incontrare il re-sacerdote.

Originariamente le ziqqurat erano posti di vedetta per controllare campi e canali; in seguito divennero il simbolo del potere dei sacerdoti e il **centro religioso** ed economico della città. Furono inoltre usate come **osservatori** del cielo e degli astri.

CULTURA

PERCHÉ FU INNALZATA LA TORRE DI BABELE?

Una leggenda basata su un passo dell'*Antico Testamento* narra che il sovrano babilonese Nimrod, ambizioso e arrogante, volle sfidare Dio per vendicare la morte dei suoi avi, annegati durante il Diluvio Universale. Decise quindi di edificare una torre altissima con la quale ascendere al cielo.

La Torre non era ancora finita che già l'esercito di Nimrod ebbe l'ordine di scagliare le proprie frecce dalla sommità della Torre contro il cielo; gli angeli di Dio raccolsero i dardi uno a uno e, per ingannare gli

Pieter Bruegel, *La Torre di Babele*.

uomini, lasciarono cadere delle gocce di sangue. Gli arcieri pensarono di aver ucciso tutti gli abitanti del cielo. Dio allora disse agli angeli: «Scendiamo tra loro e confondiamo il loro linguaggio, in modo che invece di una sola lingua ne parlino settanta». I costruttori cessarono di capirsi, il lavoro rallentò e poi si fermò del tutto. La Torre di Babele fu in seguito inghiottita per un terzo dalla terra e per un altro terzo da un fuoco scagliato dal cielo. La parte restante cadde in rovina lentamente, erosa dal tempo.

PERCHÉ I FENICI FURONO OTTIMI NAVIGATORI?

Intorno al 2000 a.C. i fenici si insediarono in Asia Minore, in un territorio che corrisponde più o meno all'attuale Libano.

Inizialmente dediti all'**agricoltura**, ben presto pensarono di sfruttare la ricchezza di materie prime della zona, soprattutto il legno, votandosi ai commerci e alla navigazione.

Il mare si rivelò una vera e propria risorsa, e i fenici divennero **formidabili mercanti**.

Con il pregiato legname dei cedri del Libano costruirono navi a vela e a remi con cui intrapresero **lunghi viaggi**, che li portarono a contatto con civiltà fino ad allora sconosciute.

I fenici importavano materie prime e materiali pregiati (rame, stagno, piombo, oro, ambra, sale, avorio), ed esportavano legname, olio, vino, cereali e prodotti artigianali.

PERCHÉ VA RICORDATO L'ALFABETO FENICIO?

I fenici introdussero (perfezionando un sistema forse in uso in Egitto e in Palestina) l'alfabeto **fonetico**, quello che ancora oggi usiamo.

Volendo semplificare le complicate scritture geroglifiche e cuneiformi, i cui segni andavano interpretati, inventarono un sistema più rapido per i commerci e la vita quotidiana.

Nell'alfabeto fenicio i segni (le **lettere**) non indicavano più significati o sillabe ma semplicemente i **suoni** delle consonanti.

Con la combinazione delle 22 lettere si formavano le **parole**.

Chiunque poteva imparare i pochi segni, non solo gli specialisti della scrittura come gli scribi.

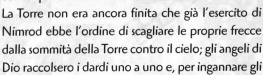

Una nave fenicia e, sopra, una tavoletta con una scrittura fenicia.

Mosè e gli ebrei passano il Mar Rosso (manoscritto del XIV sec.).
Sotto, uno specchio etrusco che raffigura l'indovino Calcante.

della religione ebraica e cristiana.

Nella *Bibbia* si trova scritto tra l'altro che gli ebrei sono il popolo "eletto", **scelto da Dio** per trasmettere agli uomini il suo messaggio.

Secondo la *Bibbia* Jahvè ordinò al patriarca Abramo di spostarsi nella regione di Canaan, la Terra Promessa. Jahvè guidò quindi Mosè fuori dall'Egitto, dove gli ebrei venivano trattati come schiavi.

PERCHÉ GLI EBREI SONO DETTI IL POPOLO "ELETTO"?

Alla fine del XIII secolo a.C. gli ebrei, tribù di **pastori nomadi**, si spostarono dalla Mesopotamia verso le valli del Nilo e del Giordano; in seguito una parte di essi si insediò in Egitto.

A differenza degli altri popoli, che erano politeisti (veneravano più di una divinità), gli ebrei erano **monoteisti**: credevano in un solo Dio (nella loro lingua, Jahvè). La storia di questo popolo è contenuta nella *Bibbia*, il testo sacro

PERCHÉ GLI ETRUSCHI INTERROGAVANO GLI ARUSPICI?

Gli etruschi vivevano un **rapporto con le divinità** abbastanza diverso da quello che avevano altri popoli del mondo antico: per i greci, ad esempio, le divinità vivevano appartate in un loro mondo, noncuranti della sorte degli uomini e dominati dalle medesime passioni e debolezze.

Gli etruschi provavano invece un senso di sottomissione agli dei: essi vivevano nel cielo o nel sottosuolo ed era necessario comprendere i loro voleri dall'osservazione dei segni.

I sacerdoti deputati a **decifrare i segni** erano detti aruspici: molto considerati, questi predicevano il futuro dando indicazioni sul comportamento da tenere.

CULTURA

QUAL È L'ORIGINE DEL NOME MESOPOTAMIA?

La Mesopotamia è una regione dell'Asia Minore che comprendeva un tempo le vaste pianure situate fra i fiumi Tigri ed Eufrate; il nome deriva da una parola greca che significa appunto "in mezzo ai fiumi"; il territorio della Mesopotamia, come evidenzia la cartina, corrisponde oggi a una zona compresa fra Turchia, Siria e Iraq.

MESOPOTAMIA

tigri

eufrate

DESERTO ARABICO

GOLFO PERSICO

Quanto sono alte le piramidi di Giza?

Fra le circa 60 piramidi che si trovano fra il Nilo e il deserto, le più alte sono quelle di Giza, presso Il Cairo, fatte edificare dai faraoni Cheope (137 metri), Chefren (136 metri) e Micerino (66 metri).

❓ PERCHÉ GLI EGIZI COSTRUIRONO LE PIRAMIDI?

Le più imponenti costruzioni dell'antico Egitto sono le piramidi, colossali **tombe** monumentali per i faraoni, i cui corpi mummificati e chiusi in un sarcofago venivano posti nella camera sepolcrale all'interno della costruzione.

Le tombe più antiche, dette **mastabe**, erano edifici a forma di piramide tronca larga e bassa. La sovrapposizione di diverse mastabe diede origine alle **piramidi a gradoni**, di cui l'uni-

🔲 Le operazioni di imbalsamazione di un defunto. Sopra, le piramidi di Giza.

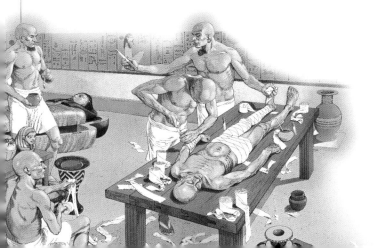

ca giunta fino a noi è la piramide del re Zoser a **Saqqara**, progettata nel 2600 a.C.

L'evoluzione delle tecniche costruttive portò infine alla realizzazione delle piramidi vere e proprie, di cui le più famose sono le tre piramidi dei faraoni dalla IV dinastia a **Giza** (Il Cairo), dedicate a Cheope, Chefren e Micerino e risalenti al 2600-2500 a.C.

🌐 PERCHÉ GLI ANTICHI EGIZI IMBALSAMAVANO I MORTI?

Gli egizi credevano nella **sopravvivenza dell'anima** dopo la morte. Dato che l'anima, per restare immortale nell'aldilà, aveva bisogno anche del **corpo**, essi praticavano l'imbalsamazione: una tecnica che ne garantiva la perfetta conservazione.

Alla morte, svuotato degli organi interni, il corpo veniva riempito di sostanze conservanti e di aromi vegetali, quindi era avvolto in bende di lino e sistemato nelle camere mortuarie, in sarcofaghi di legno dipinto.

Grazie all'eccellente procedimento di mummificazione, numerose **mummie** egizie sono giunte fino a noi ed è stato possibile studiarle.

DATI E NUMERI

LE SETTE MERAVIGLIE DEL MONDO ANTICO

Le Sette Meraviglie del mondo antico erano le costruzioni considerate insuperabili per bellezza e imponenza. La piramide di Cheope, in Egitto, è l'unica giunta fino a noi. Le altre sei erano: i giardini pensili di Babilonia (odierno Iraq); il tempio di Diana a Efeso (Turchia); la statua di Giove a Olimpia, il colosso di Rodi, il mausoleo di Alicarnasso (Grecia); il faro di Alessandria (Egitto).

PERCHÉ SI PARLA DI UNA SOCIETÀ MATRIARCALE A CRETA?

Della cultura minoica, che si sviluppò a Creta a partire dal 3000 a.C., sappiamo ancora relativamente poco, ma sembra certo che in questa **civiltà florida** e straordinariamente avanzata le donne avessero una posizione importante all'interno della società.

Alcuni studiosi pensano che fosse addirittura un ruolo preminente: lo spiegano con la presenza, al centro della religione, della Grande Dea o **Dea Madre**. Altri indizi sarebbero la tendenza pacifica dei regni minoici, e la presenza di **sacerdotesse-regine**.

La massima espressione dell'arte e della civiltà cretese è testimoniata dai resti dei palazzi di Festo e Cnosso (2100-1750 a.C.).

PERCHÉ NELL'ANTICA GRECIA FURONO IMPORTANTI LE "POLEIS"?

A partire dai regni micenei, gli antichi greci si organizzarono in **territori indipendenti**, piuttosto che in uno Stato unitario.

Affermatesi a partire dai secoli VIII-VII a.C, le *poleis* (o **città-stato**) erano formate da un centro abitato ove si erano raccolti i ricchi proprietari terrieri e gli artigiani, e dai villaggi della campagna, dove viveva la popolazione rurale.

Ogni città era caratterizzata da un forte senso di autonomia e indipendenza rispetto ai centri vicini. Nella *polis* l'organo politico che deteneva il potere e a cui spettavano le decisioni più importanti era l'**assemblea** generale della popolazione maschile, un sistema di partecipazione diretta alla vita della comunità.

Le città-stato erano costruite attorno a un'**acropoli**, una rocca fortificata in posizione dominante sul centro abitato. Atene e Sparta furono le due città-stato che lottarono per la supremazia nella Grecia antica.

Una scena di vita pubblica ad Atene.
Al centro, la dea dei serpenti (arte minoica, ca. 1550 a.C.).

🌐 PERCHÉ AD ATENE SI SVILUPPÒ UN'ARTE TANTO RAFFINATA?

Sotto la guida politica di **Pericle**, rieletto per 13 anni di seguito, tra il 450 e il 400 a.C. Atene diventò la massima potenza greca.

Durante il suo governo lo stratega rafforzò la democrazia e promosse l'**arte**, che raggiunse uno splendore e una maturità mai eguagliati.

Sublime esempio fu l'acropoli di Atene, ricostruita dopo i danni subiti durante la guerra Persiana, che divenne il modello esemplare dell'arte di questo felice periodo, poi detta "classica".

Protagonista in campo scultoreo e architettonico fu **Fidia**, cui si devono molte importanti opere dell'età classica.

🔲 Il Partenone, progettato dagli architetti Ictino e Callicrate con la collaborazione di Fidia, è l'edificio più importante e fra quelli conservati meglio dell'Acropoli di Atene.

CULTURA

PERCHÉ LA SFINGE FORMULAVA GLI ENIGMI?

Secondo la mitologia greca, la Sfinge era un mostro con la testa di donna e il corpo di leone alato, figlia di altri due mostri, Echidna e Tifone. Appostata su una rupe, la Sfinge interrogava i passanti con i suoi enigmi; poiché nessuno era in grado di risolverli, li divorava senza pietà. L'indovinello più ricorrente era: «Chi è quell'animale che al mattino cammina con quattro zampe, al pomeriggio con due e alla sera con tre?» Il mito racconta che solo Edipo riuscì a interpretare l'enigma (che alludeva all'uomo nelle varie fasi della sua esistenza), procurando tanta rabbia alla Sfinge che si gettò dalla rupe. A Giza, vicino al Cairo, è conservata una colossale Sfinge di circa 4500 anni fa.

🔲 La sfinge di Náxos (570-560 a.C.).

🌐 PERCHÉ I CITTADINI ATENIESI SI RIUNIVANO NELLA "ECCLESÍA"?

Nel 510 a.C. il politico Clistene promosse ad Atene una riforma del governo di stampo democratico. Nacque l'*ecclesía*, cioè l'**assemblea** dei cittadini di tutti i demi (zone), convocata all'alba almeno quattro volte al mese.

L'*ecclesía* prendeva tutte le decisioni importanti, come proclamare la pace o la guerra, e nominava i cittadini ai posti di responsabilità.

Dovevano partecipare almeno 6000 cittadini: ciascuno poteva chiedere la parola ed esprimere il proprio parere. Le **votazioni** avvenivano per alzata di mano.

🌐 PERCHÉ L'ELLENISMO FU UN'ETÀ MULTICULTURALE?

Nei 13 anni del suo regno il re di Macedonia, **Alessandro Magno** (336-323 a.C.) conquistò l'impero persiano e sottomise gran parte del mondo conosciuto, spingendosi fino in India.

Si dedicò quindi a un'opera di **unificazione** che contribuì a ridefinire molti aspetti della cultura e della società del tempo. Civiltà molto lontane e diverse tra loro, dal Mediterraneo alla Persia, all'Oriente, vennero a contatto sotto l'egida della lingua e della **cultura greca**, dando origine a un'epoca che gli storici hanno chiamato Ellenismo.

In ogni paese era possibile apprendere conoscenze e idee che provenivano da zone lontane e fonderle con le tradizioni culturali della propria regione. La cultura greca assorbì usanze, costumi, cultura e religione dal mondo orientale e viceversa, in un **fertile scambio**.

I centri maggiori dell'Ellenismo, oltre ad Atene e ad altri centri del Peloponneso e dell'Asia Minore, furono Alessandria e Pergamo.

PERCHÉ I MACEDONI CREARONO LA FALANGE?

Nel IV secolo a.C. il re macedone Filippo II schierò i suoi soldati per combattere contro l'esercito greco. Le truppe erano composte da **16.000 opliti**, muniti di lunghe lance e disposti secondo una formazione detta a falange.

Questa comprendeva 16 file da mille uomini ciascuna: le prime **puntavano le lance** verso il nemico, gli altri le tenevano alzate, ma erano pronti ad **abbassarle** nel caso le prime file cadessero. Difesa ai lati da squadre di cavalleria, la falange rappresentò un formidabile strumento militare.

Una formazione a falange e, qui a destra, un busto di Alessandro Magno.

Una ricostruzione della biblioteca di Alessandria.

PERCHÉ ERA FAMOSA ALESSANDRIA D'EGITTO?

Alessandria d'Egitto fu fondata da Alessandro Magno nel 332 a.C. sul delta del Nilo e, all'epoca, rappresentò il simbolo dell'avvenuta espansione della civiltà greca verso oriente.

La città divenne in breve tempo il principale **porto** del Mediterraneo, punto d'arrivo delle merci da tutto il mondo; secondo le cronache dei tempi, conobbe un'ineguagliabile prosperità e splendore. Alessandria ospitava fra l'altro la reggia dei Tolomei, con la famosa **biblioteca**, considerata il "contenitore" di tutte le scienze conosciute nel mondo ellenistico.

Il **faro** di Alessandria era annoverato fra le sette meraviglie del mondo antico.

🌐 PERCHÉ ROMA DIVENNE CAPITALE DI UN IMPERO?

L'assassinio di Giulio Cesare, nel 44 a.C., da parte di una congiura di senatori, diede avvio a una serie di guerre civili che si conclusero con la vittoria di Caio Ottaviano, nipote ed erede di Cesare, cui il Senato diede pieni poteri e il titolo di "**Augusto**".

Nel 27 a.C. Augusto prese anche il titolo di **imperatore**, che in origine significava "comandante in capo"; egli riorganizzò il governo e il sistema delle tasse, emanò molte leggi e sotto il suo regno Roma e i territori a essa assoggettati, divenuti parte dell'impero, conobbero un lungo periodo di pace e prosperità, noto come *Pax Romana*.

Dopo Augusto, gli imperatori ressero Roma per oltre quattro secoli.

🖼 Sopra, una statua di Augusto. A fianco, le Terme di Caracalla. Sotto, la Lupa capitolina (scultura etrusca).

❓ PERCHÉ I ROMANI COSTRUIRONO LE TERME?

In tutte le città dell'impero le terme caratterizzano l'edilizia romana. Erano imponenti edifici dove praticare le più diverse forme di bagni, con in più giardini, sale per massaggi, palestre, biblioteche e musei.

Di solito, alle terme si andava nel pomeriggio, alla fine della giornata di lavoro; si faceva un po' di **ginnastica** e ci si faceva **massaggiare** e detergere il corpo con lo strigile, un raschiatoio ricurvo in metallo o avorio. Quindi si passava nel calidarium, dove si trovavano la vasca con l'acqua calda e il bacile per le abluzioni.

Un tuffo nella piscina fredda concludeva il **bagno**.

Sudando, ungendosi e raschiando via le impurità dalla pelle gli antichi romani, che non conoscevano il sapone, facevano un vero e proprio trattamento di pulizia. Le terme più importanti della Roma imperiale furono le Terme di Caracalla.

📖 CULTURA

PERCHÉ IL SIMBOLO DI ROMA È UNA LUPA?

Secondo la leggenda raccontata dallo storico Livio, progenitore di Roma fu Enea che, dopo esser scampato alla guerra di Troia, giunse nel Lazio dove suo figlio Ascanio fondò la città di Albalonga. Il figlio di questo, Amulio, usurpò il trono a suo fratello Numitore e lo imprigionò uccidendo i nipoti maschi, mentre la nipote Rea Silvia fu segregata in un tempio. Di lei si innamorò il dio Marte e nacquero due figli: Romolo e Remo. Amulio, temendo per il trono, fece rapire i gemelli. Abbandonati in una cesta sul Tevere, i bambini vennero trovati e allattati da una lupa e cresciuti poi dal pastore Faustolo e da sua moglie, Acca Laurenzia. Quando conobbero la verità i gemelli punirono Amulio e liberarono il nonno Numitore. Quindi si recarono sulla riva del Tevere, dove erano cresciuti, per fondare una nuova città. Avrebbe dato il nome alla città chi avesse visto volare più uccelli. La fortuna favorì Romolo il quale, con un aratro, tracciò un solco sul colle Palatino per segnare la cinta della città che da lui prese nome. Anche i due gemelli litigarono per il potere, e Remo fu ucciso da Romolo che divenne il primo re di Roma.

CURIOSITÀ

PERCHÉ I PRIMI CRISTIANI DISEGNAVANO UN PESCE?

I primi cristiani rappresentavano Gesù con un pesce stilizzato; il simbolo veniva utilizzato in luoghi di culto come le catacombe e rappresentava una sorta di "linguaggio cifrato" per i fedeli durante il periodo delle persecuzioni, quando il cristianesimo era ancora una religione clandestina. Le origini del simbolo del pesce sono da ricercare nella parola greca *ictys*, che contiene le iniziali (sempre in greco) della frase "Gesù Cristo Figlio di Dio Salvatore", e all'episodio del *Vangelo* in cui si narra la moltiplicazione dei pani e dei pesci da parte di Gesù. La simbologia del pesce si è mantenuta fino ai nostri giorni.

PERCHÉ GLI ANTICHI ROMANI COSTRUIRONO MOLTE STRADE?

Gli imperatori dell'antica Roma crearono una rete stradale fitta e capillare allo scopo di collegare fra loro i **centri nevralgici** dell'impero. Da Roma, la rete viaria raggiunse la Gallia, la Spagna e perfino l'Asia Minore, per un totale stimato di **100.000 chilometri** di strade principali e 200.000 di vie secondarie.

Le strade erano realizzate con una tecnica che le rendeva resistenti ai danni del tempo e del traffico. Una delle più famose strade romane era la **via Appia**, di cui sono ancora visibili alcuni tratti, che congiungeva la capitale dell'impero con Brindisi, in Italia meridionale.

PERCHÉ I PRIMI CRISTIANI FURONO PERSEGUITATI?

L'impero romano, padrone nel I secolo d.C. di buona parte del mondo conosciuto, considerò il cristianesimo come una **minaccia alla sua stabilità**. La persecuzione dei cristiani che non volevano rinunciare alla loro fede prese avvio con Nerone e raggiunse il culmine sotto l'imperatore Decio, nel 250, che si era autoproclamato "dio".

I cristiani che si rifiutarono di riconoscere la sua autorità divina vennero brutalmente **messi a morte**, bruciati vivi o gettati in pasto alle belve nelle arene. Le celebrazioni liturgiche venivano tenute in segreto in edifici privati.

Con l'**editto di Costantino**, promulgato nel 313, i cristiani poterono finalmente professare liberamente la loro fede.

L'interno di una catacomba, cimitero cristiano.

CULTURA

QUAL È L'ORIGINE DEL NOME BARBARI?

Furono i greci a chiamare per primi "barbari" gli stranieri che parlavano lingue sconosciute, le cui parole suonavano appunto "bar-bar". Il termine entrò poi nell'uso di greci e romani per designare tutti i popoli meno "evoluti" e, ancora oggi, è usato in tale accezione. Nel 476 popolazioni "barbare" provenienti dall'Europa settentrionale (franchi, goti, alemanni ecc.), che fin dal III-IV secolo avevano cominciato a premere alle frontiere dell'impero, fecero crollare l'Impero Romano d'Occidente.

PERCHÉ I MAYA OSSERVAVANO IL CIELO?

L'impero maya governò nel Messico meridionale e sull'America Centrale, raggiungendo il suo apice tra il 350 e l'800 d.C.

Esperti astronomi, i maya erano in grado di osservare i **pianeti** e le **stelle** con incredibile precisione. Erano molto abili nella matematica e sapevano prevedere il sorgere e il tramontare del **Sole** e perfino le eclissi, dimostrando approfondite conoscenze sui cicli della Luna e sulle stelle. Nella loro religione gli elementi celesti rappresentavano altrettante **divinità**.

PERCHÉ I MAYA PONEVANO OGGETTI ACCANTO AL CORPO DEI DEFUNTI?

Secondo le credenze maya, gli uomini erano composti di mais e nel loro corpo scorreva il sangue degli dei. La loro religione era politeista e si basava sulla **dualità**: vita e morte, giorno e notte, rappresentavano aspetti indivisibili.

I maya credevano che dopo la morte la vita continuasse in un **altro mondo**. Per questo nelle tombe mettevano tutto ciò che poteva rivelarsi utile nell'aldilà.

🞂 La sepoltura di un nobile maya. Sopra, il gioco della palla presso l'antico popolo azteco. Al centro, una figura di Nazca che rappresenta un ragno.

PERCHÉ PER GLI AZTECHI IL GIOCO DELLA PALLA COSTITUIVA UN RITUALE?

Gli aztechi, insediatisi nel territorio dell'attuale Messico nell'XI secolo, diedero vita a una fiorente civiltà attorno alla grande città di Tenochtilan, l'odierna Città del Messico.

Come per tutti i popoli del Mesoamerica, il gioco della palla aveva un valore rituale e simbolico. Il campo da gioco era circondato su due lati da mura cui erano fissati degli **anelli**; i giocatori dovevano far passare la palla attraverso gli anelli.

Poiché la palla era il simbolo del **Sole** e gli anelli rappresentavano il centro della **Terra**, il gioco della palla rappresentava il simbolico incontro tra il Sole e la Terra.

PERCHÉ I NAZCA TRACCIAVANO DISEGNI SUL TERRENO?

La civiltà dei nazca prese avvio tra il III e il IX secolo sulla costa meridionale del Perù, prima che gli incas ne divenissero padroni assoluti.

Le origini e la cultura di questo popolo sono in gran parte ancora misteriose.

Caratteristici sono i grandiosi disegni tracciati sul terreno, noti come "**linee di Nazca**". Lunghi fino a parecchi chilometri, rappresentano forme geometriche o animali che, secondo gli studiosi, si legano alle abitudini religiose di questo popolo.

Le figure infatti hanno come soggetto prevalente **simboli sacri** e venivano forse realizzate durante riti di tipo magico-religioso.

I POPOLI MODERNI

Jean-Pierre Houël, *La presa della Bastiglia*.

PERCHÉ IRLANDESI E SCOZZESI PARLANO GAELICO?

L'irlandese e lo scozzese sono idiomi che conservano una derivazione celtica o gaelica (dal nome di una tribù dei celti, i **Gaeli**, o Goideli).

Gli abitanti di questi paesi discendono infatti dall'antico popolo dei celti al quale devono le origini della loro cultura.

I celti vissero in Europa centrale circa 2500 anni fa. Forti **guerrieri** e abili agricoltori, erano riuniti in tribù e possedevano un sistema di leggi non scritte, ma tramandate oralmente.

PERCHÉ I FRANCESI FESTEGGIANO IL 14 LUGLIO?

Il 14 luglio è per i francesi l'anniversario della presa della Bastiglia, un avvenimento di eccezionale portata storica perché segnò l'avvio della **Rivoluzione francese**.

Nel 1789 il popolo francese, esasperato per le forti ingiustizie sociali nel paese, insorse contro i governanti per ottenere libertà e uguali diritti per tutti.

Il 14 luglio la Francia intera esce in strada per i grandi festeggiamenti, nella celebrazione degli ideali di "*liberté, égalité, fraternité*" che, a partire dalla Rivoluzione francese, si sono diffusi in tutto il continente.

In alto, statuetta di una divinità guerriera celtica.
Qui a lato, un *pappás*, il prete greco.

PERCHÉ IN GRECIA SI INCONTRANO I "PAPPÁS"?

Il *pappás* è il prete della Chiesa cristiana **greco-ortodossa**, e costituisce una figura di riferimento per il popolo greco.

Indossa un abito completamente nero e porta barba e capelli lunghi; **può sposarsi**, ma solo prima di essere ordinato prete, e risposarsi se rimane vedovo.

La chiesa greco-ortodossa ha agito nel corso dei secoli come una forza unificante del popolo greco e ancora oggi, particolarmente radicata nel territorio, detiene una notevole influenza.

La raccolta dei tulipani in una coltivazione nei Paesi Bassi. Sotto, Aston Villa contro Sunderland, da un dipinto del 1893.

PERCHÉ GLI INGLESI SONO GLI "INVENTORI" DEL CALCIO?

Il football si diffuse in Inghilterra verso il 1700, ma la nascita del calcio moderno risale al 1863, quando venne fondata la *Football Association* londinese. Nella seconda metà dell'Ottocento il calcio conobbe una rapida diffusione e fu introdotto come **sport olimpico** ai Giochi di Londra del 1908.

Gli inglesi mantennero la supremazia fino alla prima guerra mondiale, poi dovettero cedere in favore di altre "scuole", come quella sudamericana.

La passione per questo sport è sempre viva in Inghilterra e anche nel resto del mondo si seguono le partite della *Premier League*, il campionato inglese considerato il più spettacolare in assoluto, ricco dei migliori talenti del calcio.

PERCHÉ GLI OLANDESI SONO DETTI "TULIPANI"?

Uno degli aspetti più caratteristici del paesaggio olandese è costituito dai tulipani: questi fiori sono **presenti ovunque**, nei polder come nelle aiuole dei parchi o, recisi, sui banchi dei fiorai e sui tavoli dei ristoranti.

La coltivazione di tulipani nei Paesi Bassi risale alla fine del 1400, allorché i primi bulbi vennero introdotti dalla Turchia. Ma fu nel XVII secolo che per questi fiori si scatenò una vera passione collettiva. Da allora, i coltivatori olandesi hanno creato **3000 varietà** di tulipani, i cui bulbi sono fra i prodotti più esportati.

Quando sono nate le regole del calcio?

Con la nascita dell'Ifab nel 1882, l'associazione delle rappresentanti del calcio del Regno Unito, vengono decise le 17 regole fondamentali del gioco, che continuano ancora oggi a disciplinarne lo svolgimento, dalle dimensioni del terreno a quelle del pallone. Ma è la regola del fuorigioco la più controversa e, oggi, la Fifa – la federazione internazionale del calcio – sta pensando di migliorarla per rendere questo sport sempre più spettacolare.

CULTURA

PERCHÉ FRA IRLANDESI DEL NORD E INGLESI C'È STATO UN CONFLITTO SECOLARE?

L'Ulster occupa l'estremità nord-orientale dell'Irlanda (circa un sesto della superficie dell'isola) ma appartiene al Regno Unito. È un territorio collinare coperto di pascoli e piuttosto povero.

Il paese è dilaniato da un secolare conflitto religioso: la maggioranza degli abitanti è protestante, unionista ed economicamente privilegiata; a essa si contrappone una minoranza cattolica, più povera e professionalmente meno qualificata, che vorrebbe staccarsi dal Regno Unito per riunirsi al resto dell'Irlanda, da cui fu divisa nel 1921. La contrapposizione ha assunto i toni di una vera e propria guerra civile fatta di scontri tra l'IRA (Irish Republican Army, il braccio armato clandestino del movimento nazionalista cattolico) e le formazioni paramilitari protestanti, affiancate nella repressione dall'esercito britannico.

Oggi la situazione si è normalizzata, l'IRA ha deposto le armi, ha trovato un accordo con il governo britannico e ha affidato la sua rappresentanza politica al partito dello Sinn Féin che dal 1983 siede in Parlamento.

◣ Murales che inneggiano alla lotta armata dell'IRA.

⬤ PERCHÉ GLI ITALIANI SONO UN POPOLO DI EMIGRANTI?

Tra la fine dell'Ottocento e i primi del Novecento in Italia lo **sviluppo industriale** coinvolse in un primo tempo soltanto il Nord e le fabbriche si concentrarono nel cosiddetto triangolo industriale (Torino-Milano-Genova).

Il fenomeno determinò un vasto movimento migratorio interno, che vide spostarsi al Nord molte famiglie provenienti dal Mezzogiorno. L'emigrazione verso l'estero si rivolse, invece, in particolare agli **Stati Uniti**, dove esistevano maggiori opportunità di lavoro e ricchezza.

Attualmente le dimensioni del fenomeno migratorio interno non sono più di massa, eppure il flusso non è cessato.

Il problema del lavoro nel Mezzogiorno è, in effetti, ancora in parte irrisolto. D'altra parte l'Italia è divenuta essa stessa terra di immigrazione, in particolare per i lavoratori che giungono da alcuni paesi in via di sviluppo.

◣ Emigranti sul molo in partenza per l'America, un dipinto di Raffaello Gambogi (1895 circa).

🌐 PERCHÉ I NORVEGESI SONO DETTI "VICHINGHI"?

I vichinghi o normanni, come furono chiamati in Europa continentale, erano un popolo originario della Norvegia. Spinti dalla sovrappopolazione delle coste norvegesi a cercare nuovi sbocchi commerciali, a partire dall'VIII secolo solcarono i mari con le *drakkar*, le navi a remi dalla tipica prua arcuata e rialzata.

Giunsero fino in Russia e in Asia Minore; conquistarono la Scozia e, nel IX secolo, la Normandia e la Sicilia.

Famosi per le imprese predatorie e per il coraggio in battaglia, i vichinghi furono inoltre abili **commercianti** e avventurosi **esploratori**; nei loro domini, prosperarono agricoltura e allevamento e sorsero vivaci città commerciali.

La Norvegia, ovvero "via del Nord", deve ai vichinghi l'etimo del suo nome.

🔍 CURIOSITÀ

PERCHÉ CI SI SCAMBIA L'ANELLO NUZIALE?

L'usanza di scambiarsi l'anello durante il matrimonio è un'antica consuetudine diffusa presso molti popoli del mondo: l'anello è visto come simbolo di completezza e di appartenenza. Quando due persone si sposano formano un'unità completa e indissolubile, simboleggiata appunto dal cerchio dell'anello. Secondo alcuni antropologi, l'anello discenderebbe dal bracciale portato dalle donne in epoche primitive al braccio o alla gamba, per indicare qual era la sposa del capo tribù.

🖼 Raffaello, *Lo sposalizio della Vergine* (particolare).

🌐 PERCHÉ I FINLANDESI FANNO LA SAUNA?

I finlandesi sono un popolo molto attento alla cura della propria salute. Tutti almeno una volta alla settimana si recano ai bagni per il rituale purificatore della sauna, che ha un effetto insieme **rilassante** e **ritemprante**.

Il vapore acqueo viene creato versando acqua calda sulle pietre della stufa, all'interno della cabina di legno. Dopo la sauna è consigliato un bagno freddo, che dà luogo a una reazione fisiologica **tonificante**.

🌐 PERCHÉ I RUSSI USANO L'ALFABETO CIRILLICO?

Secondo la tradizione, l'alfabeto cirillico fu introdotto nel IX secolo dai santi Cirillo e Metodio, due monaci cristiani ortodossi che partirono missionari per la Moravia allo scopo di **tradurre la Bibbia** in un linguaggio comprensibile da tutti i popoli slavi. I monaci venivano dalla Grecia, ecco perché molti caratteri assomigliano alle lettere dell'alfabeto greco.

Il cirillico ha **33 lettere** che riproducono tutte le vocali e le consonanti usate dal russo. L'alfabeto cirillico è diffuso nella Federazione Russa, in Bielorussia, Bulgaria, Macedonia, Moldavia, Ucraina, nei paesi della ex Iugoslavia e in genere nelle repubbliche ex sovietiche.

🖼 In alto, la caratteristica prua di una *drakkar* vichinga. Qui a lato, i santi Cirillo e Metodio, da un'icona del 1859.

La raccolta delle rose nella valle del Tundža.

1992: l'arrivo di un mezzo dell'ONU in Bosnia.

PERCHÉ I BULGARI RACCOLGONO LE ROSE?

La coltivazione delle rose rappresenta da tempo per i bulgari un'**attività redditizia**. Durante la prima settimana di giugno la valle del fiume Tundza, o Valle delle Rose, si ricopre di un manto rosa, rosso e bianco.

La raccolta inizia all'alba, prima che i petali disperdano il profumo nell'aria, e la preziosa fragranza viene inviata alla distillazione per ottenere l'**essenza di rose**, usata in profumeria.

Per ottenere 1 chilogrammo di essenza ci vogliono in media da 3000 a 4000 chili di fiori! La raccolta è accompagnata da un **festival** popolare con processioni, mascherate, sfilate di carri allegorici, danze e canti.

PERCHÉ CI FU IL CONFLITTO DEI POPOLI SLAVI?

La Jugoslavia – con il capo del governo Tito (Josip Broz) – comprendeva diversi stati riuniti in una **Confederazione multietnica**.

Alla morte di questo capo carismatico (nel 1980), che per quasi quarant'anni aveva istituito di fatto una dittatura, le spinte autonomiste dei vari gruppi presero il sopravvento e le diverse repubbliche, dopo il fallimento del congresso del 1990 che tentava la riconciliazione, una ad una proclamarono l'**indipendenza** (Slovenia, Croazia, Macedonia e Bosnia-Erzegovina), contrapposte alla nuova **Repubblica Federale di Jugoslavia** composta dalla Serbia e dal Montenegro.

Ma gli interessi e i particolarismi etnico-religiosi presenti nelle diverse repubbliche, (che per quarant'anni avevano convissuto forzatamente), si risvegliarono scatenando ben presto devastanti **guerre civili**.

Dal 1993 le Nazioni Unite hanno istituito il "Tribunale Penale Internazionale per l'ex-Jugoslavia" per mettere in luce i numerosi crimini di guerra e punire i responsabili.

PERCHÉ GLI SPAGNOLI BALLANO IL FLAMENCO?

La danza è una delle espressioni caratteristiche del folklore spagnolo e, fra le danze, una delle più suggestive è il flamenco, un genere musicale di **origine gitana** con inflessioni arabe.

Il flamenco può essere cantato (*saeta*), accompagnato dalla chitarra (*seguidilla*) o danzato (*malagueña*). Il tratto distintivo del flamenco danzato è il ritmo ossessivo e vorticoso scandito dalle **nacchere** e dal battito dei **tacchi** dei ballerini.

Una ballerina di flamenco.

Votazioni per alzata di mano in Svizzera.

Una giovane rom sulla porta della roulotte. Sotto, Stanley durante la sua spedizione in Congo.

PERCHÉ GLI SVIZZERI SONO UN POPOLO "NEUTRALE"?

La Svizzera, o Confederazione Elvetica, fu riconosciuta formalmente dagli altri Stati europei nel 1648, con il **trattato di Vestfalia**, che sancì anche la sua posizione di neutralità assoluta nel panorama politico-militare mondiale, ribadita poi nel Congresso di Vienna del 1815.

Tale posizione ha contraddistinto le scelte del paese durante le guerre mondiali, facendone un **luogo di rifugio** per molti perseguitati politici.

La scelta di neutralità ha condizionato anche i rapporti degli svizzeri con i partner europei: referendum popolari hanno più volte bocciato l'adesione all'ONU e, a partire dal 1992, l'entrata del paese nell'area dell'Euro.

PERCHÉ GLI "ZINGARI" SONO DISPERSI IN TANTI PAESI?

Gli "zingari" sono una popolazione indoeuropea che nei secoli XIII e XIV è penetrata in tutta Europa dall'oriente. Sono divisi in diverse etnie: **rom** (che significa "uomo"), **sinti**, **kalé**.

La loro caratteristica è, almeno in origine, quella di spostarsi in carovana di luogo in luogo, anche se oggi molti sono divenuti sedentari. Il **nomadismo** ha causato la dispersione di questi gruppi un po' in tutti i paesi d'Europa, dove essi vivono spesso alla periferia di grandi città, praticando lavori occasionali o chiedendo l'elemosina.

Gli zingari rappresentano oggi un difficile problema sociale e umano, perché sono mal tollerati nei paesi in cui vivono. Questo popolo ha conservato nei secoli un forte senso di coesione etnica e di **autonomia**, tanto che non si è quasi mai integrato con le altre popolazioni, orgoglioso di mantenere la propria identità.

PERCHÉ GLI AFRICANI FURONO COLONIZZATI DAGLI EUROPEI?

Nell'Ottocento grandi esploratori come David Livingstone e Henry Stanley raggiunsero territori dell'Africa fino ad allora rimasti ignoti, e ne rivelarono i segreti e i tesori naturali.

Vari paesi europei, spinti dalla bramosia di potere e **avidi di ricchezze**, partirono alla conquista del continente, fondandovi delle colonie.

La festa del 4 luglio a Filadelfia in un dipinto d'epoca.

QUAL È L'ORIGINE DEL NOME BERBERI?

I berberi sono gli antichi abitanti dell'Africa settentrionale, da cui discendono parte degli abitanti di Marocco, Algeria e Tunisia. La parola berberi proviene da "barbari" e fu coniata dai popoli invasori. Essi stessi preferiscono chiamarsi *Imazighen*, che significa "uomini liberi". Anche i tuareg, gli "uomini blu" che vivono nel deserto del Sahara, discendono dagli *Imazighen*.

Un cammelliere berbero in Tunisia.

Gli europei costruirono strade, scuole e ospedali ma, in cambio, **depredarono l'Africa** delle sue ricchezze (cacao, legname, avorio, oro, diamanti) e sottomisero gli abitanti, limitandone la libertà o rendendoli **schiavi** ed esercitando varie forme di oppressione.

PERCHÉ GLI AMERICANI CELEBRANO IL 4 LUGLIO?

Nell'aprile 1775 scoppiò la cosiddetta rivoluzione americana, o guerra di indipendenza, durante la quale i coloni si ribellarono al governo inglese.

Il 4 luglio 1776 le 13 colonie nordamericane, con la **Dichiarazione di Indipendenza**, si proclamarono libere e indipendenti dall'Inghilterra. La guerra però continuò fino al 1781, quando gli inglesi si arresero a Yorktown.

Negli Stati Uniti, il 4 luglio – *Independence Day* – è **festa nazionale**.

PERCHÉ GLI ARABI USANO UN CALENDARIO DIVERSO?

Mentre la nascita di Cristo segna l'anno 1 dell'era cristiana, l'era musulmana inizia invece con la **fuga di Maometto**, il profeta dell'Islam, dalla Mecca. Come si legge nel *Corano*, il libro sacro della religione islamica, Maometto si inimicò i ricchi e la classe sacerdotale e nel **622** d.C. dovette fuggire da La Mecca a Medina.

Da allora questo anno viene chiamato dai musulmani "**anno dell'Egira**", ovvero anno della fuga, ed è posto come l'anno 1 del calendario islamico.

Medina, la "città del Profeta".

PERCHÉ I BENGALESI ABITANO SU PALAFITTE?

I bengalesi vivono nel Bangladesh, uno degli stati più poveri della Terra, posto all'estremità nord-orientale del subcontinente indiano.

Questa zona ospita il delta dei fiumi **Gange** e **Brahmaputra** ed è ricca di canali, laghi e paludi. I villaggi sono costruiti tenendo conto delle caratteristiche della zona: le abitazioni sono capanne di bambù su palafitte, raggruppate in villaggi tra ampie distese di risaie.

Le palafitte sono necessarie per proteggere le case dalle rovinose **piene dei fiumi**. Anche i **monsoni** estivi sono particolarmente violenti e spesso obbligano i contadini a lasciare le case per trovare rifugio sulle colline.

CULTURA

QUAL È L'ORIGINE DEL NOME CANADA?

I canadesi raccontano una storia curiosa in merito all'origine del nome Canada, che deriverebbe dallo spagnolo *acà nada*, ovvero "qui, niente". All'epoca delle prime esplorazioni del continente americano, gli spagnoli avevano seguito il grande navigatore italiano Giovanni Caboto nel suo viaggio verso le Americhe. Approdarono sulle coste canadesi in cerca di minerali preziosi, ma non trovandone pronunciarono dunque la frase *acà nada*, per significare che non c'era oro. L'espressione, poi semplificata in Canada, venne scelta dai colonizzatori per designare la nuova patria.

PERCHÉ I CINESI CONSIDERANO IL DRAGO UN DIO BENEFICO?

Secondo la tradizione del popolo cinese, il drago non è affatto una creatura malvagia ma un dio **portatore di pioggia**. Esso viene di solito rappresentato con il corpo di coccodrillo, le

ali di aquila, gli artigli di leone e la coda di serpente.

Ogni anno si celebra una **festa** in suo onore, la Festa del battello del drago, durante la quale si svolge una gara tra barche come rito propiziatorio per la pioggia.

CURIOSITÀ

PERCHÉ QUANDO SI BRINDA SI DICE "CIN CIN"?

Cin cin è una forma italiana derivata dal cinese "ch'ing ch'ing" ("prego, prego"). È una formula di cortesia, introdotta in Europa dai marinai inglesi che commerciavano con l'Oriente. In Italia è stata interpretata in modo onomatopeico, perché simile al tintinnio dei bicchieri che si fanno battere l'uno con l'altro nel brindisi. È perciò diventata un augurio, con il significato di "alla salute!".

PERCHÉ GLI EBREI FESTEGGIANO IL SABATO?

In obbedienza alla Torah, la legge della religione ebraica, il sabato, detto *Shabbat*, è il giorno in cui **il Signore si riposò** al termine della Creazione.

Ogni settimana, dal tramonto del venerdì al tramonto del sabato, qualsiasi attività viene interrotta: **non si lavora** e nelle case non si prepara nemmeno il pranzo, ma si mangiano i cibi cotti il giorno prima.

La danza del drago in Cina, in una processione.

🌐 PERCHÉ GLI INDIANI NON UCCIDONO VACCHE E BUOI?

L'induismo, la religione più seguita in India, vieta ai fedeli l'uccisione di mucche, buoi e zebù, in quanto ritenuti **animali sacri** e simbolo di abbondanza.

I bovini vengono allevati per la produzione di latte e burro, ma è frequente trovarli anche per le strade delle città, accanto ai passanti e alle automobili, mentre ruminano indisturbati **in libertà**: se ostacolano il traffico, il massimo che possono ricevere sarà un colpo di clacson o un'innocua spinta come invito ad allontanarsi.

🌐 PERCHÉ I MUSULMANI CELEBRANO IL RAMADAN?

Il Ramadan corrisponde al **nono mese** del calendario islamico.

La moschea Badshahi di Lahore, in Pakistan.

◢ Alcune vacche a Benares, città sacra dell'India.

Dura un intero mese lunare e corrisponde a un **periodo di penitenza** in cui è d'obbligo rispettare alcune usanze: dall'alba al tramonto non si può mangiare, non si possono bere alcolici né fumare; durante la notte si può dare libero sfogo a queste attività.

Il **digiuno** è il momento fondamentale del Ramadan perché è il modo in cui i fedeli ringraziano Allah per i benefici ricevuti.

🌐 PERCHÉ FU FONDATO IL PAKISTAN?

Il Pakistan è una repubblica dell'Asia meridionale, formatasi in tempi abbastanza recenti allo scopo di unire gli indiani di religione musulmana in un grande Stato.

Il nome è composto dalle iniziali di Punjab, Afghanistan, Kashmir, e dalle lettere finali di Belucistan: ovvero i quattro paesi cui il nuovo Stato sottrasse una parte di territorio.

In lingua persiana, Pakistan significa "**terra dei puri**", in riferimento all'unità degli indiani di religione musulmana. Purtroppo le dispute per i confini territoriali hanno portato i pakistani a un **lungo conflitto** ancora irrisolto con l'India, paese a maggioranza induista.

PERCHÉ I GIAPPONESI PRATICANO L'IKEBANA?

L'ikebana, l'arte di realizzare composizioni armoniose con **fiori recisi**, fu inventata dai giapponesi nel VI secolo d.C.

In un primo tempo era usata per **decorare i templi** dedicati a Buddha, poi l'ikebana entrò anche nelle case dei nobili e, ancora oggi, rappresenta un'arte diffusa in tutto il Giappone.

PERCHÉ GLI INUIT COSTRUISCONO GLI IGLOO?

Gli inuit, o eschimesi, abitano le terre all'interno del Circolo polare artico, caratterizzate da temperature estremamente rigide e dalla presenza di **ghiacci perenni**.

Le loro abitazioni sono realizzate con l'unico materiale che lì si trova in abbondanza: neve e ghiaccio; sono gli igloo, le tipiche costruzioni con **pianta circolare** e cupola sferica.

Alla sommità è aperto un foro per far uscire il fumo del falò che viene acceso al centro dell'igloo e che serve a riscaldare l'ambiente.

Alla fine dell'inverno gli inuit abbandonano gli igloo per praticare la caccia, fonte principale della loro alimentazione, adattandosi a vivere in **tende** a forma di cono.

Un inuit si riscalda al fuoco davanti a un igloo.

PERCHÉ PRESSO ALCUNI POPOLI SONO DIFFUSI I TATUAGGI?

Il "ta-tau", o tatuaggio, era diffuso già in epoche antiche presso molti popoli. Con veri e propri rituali, decoravano il proprio corpo con disegni simbolici o magici che dimostravano l'appartenenza alle diverse tribù. Il tatuaggio, talvolta piatto e colorato, talvolta con grosse cicatrici incise addirittura con il fuoco, costituiva un segno di rango e di potere, o testimoniava il passaggio all'età adulta.

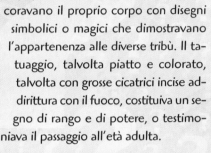

Un guerriero maori tatuato, da una stampa del XIX secolo.

PERCHÉ GLI INDIANI FUMANO IL CALUMET?

Il calumet è la **pipa** caratteristica degli Indiani d'America; è formata da un fornello di argilla e da un lungo cannello, spesso variamente decorato.

La pipa viene usata non solo nelle occasioni conviviali, ma anche con **intenti simbolici**, in occasione della cosiddetta "cerimonia della pipa" durante la quale si invoca la divinità perché scacci ogni pericolo dal villaggio e porti la buona fortuna.

A volte il fumo viene lanciato verso il cielo per **invocare le nuvole** portatrici di pioggia.

Un nativo americano con un calumet decorato con piume d'uccello e penne d'aquila.

⊕ PERCHÉ GLI SHERPA SONO RESISTENTI ALLA FATICA?

Gli sherpa sono **pastori nepalesi** – in origine seminomadi – che vivono sulle alture himalaiane. Il loro metabolismo si è adattato perfettamente alle alte quote e all'**aria rarefatta**, per cui sono in grado di sopportare la fatica anche in presenza di scarso ossigeno, camminando per ore sotto il sole carichi di pesanti bagagli.

L'attuale Dalai Lama, Tenzin Gyasto.

Ancora oggi, nonostante le pressioni della comunità internazionale, il popolo saharawi è impegnato nella lotta per la sovranità nazionale.

⊕ PERCHÉ I SAHARAWI COMBATTONO PER IL RICONOSCIMENTO INTERNAZIONALE?

I saharawi risiedono in un territorio noto come **Sahara Occidentale**, situato in Africa centro-occidentale tra Marocco e Mauritania. La zona faceva parte di un'ex colonia spagnola, ceduta nel 1975 a Marocco e Mauritania.

All'annessione si oppose la resistenza del Fronte Polisario, l'entità politico-militare che si batteva per l'indipendenza dei saharawi.

Nel 1979 la Mauritania rinunciò alle rivendicazioni territoriali e il **Marocco** annettè l'intero territorio.

⊕ PERCHÉ I TIBETANI SONO RIMASTI ISOLATI DAL RESTO DEL MONDO?

Il Tibet, una regione dell'Asia circondata dai monti più alti della Terra, è formato da altopiani impervi che superano i 4000 metri.

Questo paese ha per secoli difeso la propria autonomia e le proprie tradizioni culturali e religiose. Il **buddhismo tibetano** è retto da un sommo sacerdote detto lama (maestro), ritenuto la reincarnazione vivente del Buddha.

L'attuale lama, Tenzin Gyasto, meglio noto come **Dalai Lama** (premio Nobel per la pace nel 1989) è costretto a vivere esule – assieme allo stesso Governo tibetano in esilio – in India a seguito della perdita dell'indipendenza del suo **paese occupato** dal 1951 dalla Cina.

CURIOSITÀ

PERCHÉ GLI ABORIGENI AUSTRALIANI USANO IL BOOMERANG?

Il boomerang è un oggetto, realizzato originariamente in legno d'acacia o di eucalipto, dalla caratteristica forma a gomito. La sua particolarità consiste nel tornare indietro, una volta lanciato, fino a poca distanza dal lanciatore. Gli aborigeni australiani usano questo oggetto per cacciare la selvaggina; anticamente veniva utilizzato anche come arma da combattimento fra le varie tribù.

Il lancio del boomerang da parte di un aborigeno australiano.

IL MONDO GLOBALE

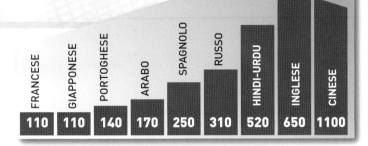

FRANCESE	GIAPPONESE	PORTOGHESE	ARABO	SPAGNOLO	RUSSO	HINDI-URDU	INGLESE	CINESE
110	110	140	170	250	310	520	650	1100

■ Le lingue più parlate al mondo (in milioni).

PERCHÉ ABBIAMO ASPETTI SOMATICI DIVERSI?

Tutti gli uomini appartengono a **una sola specie** originaria, l'*Homo sapiens sapiens*.

I vari gruppi umani presentano fra loro diverse caratteristiche somatiche come il **colore della pelle**, la forma del cranio, il tipo di capelli, l'altezza. Gli studiosi si interrogano ancora sull'origine di tali diversità.

■ Una serie di diversi "tipi" umani: una ragazza indiana, una giovane yemenita, una bimba europea, mamma e figlio mongoli e due giovani nativi americani.

Secondo una delle teorie, con la graduale diffusione dell'*Homo sapiens sapiens* gli individui si trovarono a vivere in una varietà di ambienti sempre più grande e svilupparono adattamenti per sopravvivere in determinate condizioni, assunsero cioè determinate **caratteristiche** che diedero vita ai diversi "tipi" umani, chiamati erroneamente "razze".

Nel corso della storia, il concetto di razza è stato impiegato a **scopi propagandistici** per sostenere la teoria della superiorità "per nascita" di alcuni gruppi rispetto ad altri. Tragico ed emblematico il caso del nazismo, che perpetrò lo sterminio del popolo ebraico teorizzando la superiorità della "razza ariana".

PERCHÉ SI SONO CREATE LE SOCIETÀ MULTIETNICHE?

Nel corso della storia, **migrazioni**, colonizzazioni, guerre e una sempre maggiore facilità negli spostamenti hanno prodotto le cosiddette società multietniche e multiculturali.

Queste sono composte da popolazioni provenienti da **paesi diversi** che si sono integrate con i popoli e le culture originarie, più o meno in profondità, e spesso non senza problemi.

Una bidonville alla periferia di una città in India.

Le luci scintillanti dei grattacieli a New York (USA).

PERCHÉ SI PARLA DI VILLAGGIO GLOBALE E GLOBALIZZAZIONE?

Il concetto di villaggio globale fu introdotto per la prima volta nella storia del pensiero da Marshall McLuhan (1911-1980), uno studioso canadese delle comunicazioni di massa.

Il nostro pianeta viene inteso come uno spazio aperto per le **comunicazioni** e gli scambi umani e culturali, ovvero come un mondo senza frontiere in cui, grazie ai moderni sistemi di comunicazione, siamo diven-

tati cittadini di un unico grande paese, senza più tempi e spazi lunghi da percorrere.

Il termine globalizzazione è un neologismo legato ai processi economici, sociali e culturali che, nella loro evoluzione, sempre di più abbracciano tutto il mondo. Con il progredire della **tecnologia**, dei mezzi di comunicazione e di trasporto le persone, le cose, le idee viaggiano oggi con maggior facilità e più velocemente. Conseguenza di ciò è una generale coincidenza di **aspetti culturali ed economici** in molte parti del mondo.

Una notevole spinta alla globalizzazione è stata data da **Internet**, la rete in grado di fornire dati e informazioni in tempo reale.

PERCHÉ SI PARLA DI TERZO MONDO?

Terzo Mondo è un termine coniato a metà Novecento dal demografo ed economista francese Alfred Sauvy e che è diventato sinonimo di "**paesi sottosviluppati**", in riferimento alla loro condizione economico-sociale disagiata.

Recentemente tuttavia, l'avvio di uno sviluppo industriale e la transizione demografica in alcune regioni fa sì che l'insieme di questi paesi sia **sempre meno omogeneo**, per lo meno dal punto di vista socio-economico.

Quante persone popolano la Terra?

Secondo le stime, oggi (2010) siamo all'incirca sette miliardi, nel 2030 saremo otto miliardi e mezzo, nel 2050 arriveremo a dieci e più miliardi.

❓ PERCHÉ LA CRESCITA DEMOGRAFICA È SQUILIBRATA?

Secondo le stime degli studiosi, fra il 1800 e il 1992 la popolazione del mondo è quasi sestuplicata e **continua a crescere**; si tratta però di una crescita non omogenea. In Europa infatti la popolazione è aumentata di circa tre volte e mezzo, in Asia di cinque e in Africa più di sei. Un caso a parte è costituito dall'America, in cui l'aumento improvviso e vertiginoso della

popolazione fu determinato dai forti movimenti migratori avvenuti nell'Ottocento e nella prima metà del XX secolo.

Il fenomeno risulta ancora più impressionante considerando periodi più ristretti di tempo: dal 1950 al 1990 la popolazione mondiale è all'incirca **raddoppiata**.

Attualmente sono i popoli dei paesi in via di sviluppo ad attraversare una fase di consistente aumento demografico caratterizzata, da un lato, dalla riduzione della mortalità, e dall'altro, da un livello di natalità ancora alto.

DATI E NUMERI

LE CITTÀ PIÙ POPOLOSE DEL MONDO

Il numero di abitanti è calcolato considerando l'area metropolitana, cioè l'area urbana della metropoli più le città vicine che con questa hanno uno stretto rapporto per quanto riguarda le attività e i servizi.

CITTÀ	NUMERO DI ABITANTI	CITTÀ	NUMERO DI ABITANTI
Tokyo (Giappone)	34.493.466	Los Angeles (USA)	17.989.605
Città del Messico (Messico)	22.752.357	Il Cairo (Egitto)	15.907.574
San Paolo (Brasile)	20.937.508	Shanghai (Cina)	15.137.246
Mumbay (India)	20.426.991	Mosca (Russia)	14.612.602
Seoul (Corea del Sud)	20.196.000	Londra (Regno Unito)	12.629.020
New York (USA)	18.747.604	Istanbul (Turchia)	12.249.536
Manila (Filippine)	18.491.668	Pechino (Cina)	11.843.000
Delhi (India)	18.031.488	Milano (Italia)	8.047.125

Una veduta di Tokyo, la più grande megalopoli del pianeta.

DATI E NUMERI

QUANTI ERAVAMO NEL...

ANNO	POPOLAZIONE	ANNO	POPOLAZIONE
1861	22.182.377	1951	47.515.537
1881	28.953.480	1971	54.136.547
1901	32.965.504	1981	56.556.911
1921	39.943.528	1991	56.778.031
1936	42.943.602	2001	56.995.744

La **popolazione italiana** è quasi triplicata dal 1861, anno di nascita dello Stato italiano. Negli ultimi anni però la crescita della popolazione si è fortemente ridotta tanto che, come molti altri stati europei, l'Italia è oggi un paese a "crescita zero". La tabella mostra il tasso di accrescimento progressivo.

PERCHÉ SI FANNO I CENSIMENTI?

Contarsi è importante: sapere **quanti** siamo, quanti bambini nascono, quante persone muoiono. Sapere l'**età** degli abitanti, la durata media della vita, e quindi se la popolazione aumenta o diminuisce. E ancora, registrare quali sono le **professioni** e i mestieri dei cittadini, qual è il loro **reddito**, se si vive più in città o più in campagna, e così via.

"Censire", cioè raccogliere periodicamente le informazioni e i dati relativi ai vari aspetti della vita nazionale (popolazione, economia, servizi, trasporti ecc.), permette di conoscere meglio la realtà di un paese.

PERCHÉ MOLTI POPOLI SONO COSTRETTI A EMIGRARE?

Gli spostamenti di popoli per terre e mari hanno caratterizzato la storia umana per migliaia di anni. Nell'antichità grandi migrazioni furono quelle bibliche verso e dall'Egitto e quelle poi chiamate "**invasioni barbariche**".

Oggi i movimenti migratori che interessano il pianeta rappresentano una costante nei rapporti tra paesi ricchi e paesi in via di sviluppo.

Si stima che siano **più di 100 milioni** gli emigranti nel mondo, considerando lavoratori, familiari, irregolari e rifugiati. Questi flussi, che si rivolgono soprattutto verso l'Europa e gli Stati Uniti, provengono dalle zone in cui si concentra maggiormente la **povertà**: Africa, America Latina e Asia meridionale.

Le migrazioni di massa sono la conseguenza della sovrappopolazione e della ricerca di migliori condizioni di vita. Alla fine del XX secolo, agli emigranti in cerca di lavoro si sono aggiunti i **rifugiati politici** e i **profughi**, fuggiti da paesi devastati da guerre e conflitti di carattere etnico e calamità naturali.

PERCHÉ IN GERMANIA CI SONO TANTI IMMIGRATI?

A partire dal 1949, come forma di "risarcimento" per le conseguenze della seconda guerra mondiale, in Germania fu sancito il **diritto d'asilo** per i perseguitati politici e nel paese affluì un alto numero di profughi, in particolare

L'arrivo di una nave di immigrati in Francia.

dai paesi dell'Est europeo (bosniaci, curdi, albanesi). Negli anni Cinquanta e Sessanta del Novecento la Germania fece un massiccio ricorso alla **manodopera** straniera (turchi, greci, iugoslavi, italiani, marocchini) per la ricostruzione del paese e la ripresa dello sviluppo economico.

Nonostante le **misure restrittive** intraprese dal governo negli ultimi anni, il numero degli stranieri in Germania supera i sette milioni; di essi, la comunità più numerosa è quella turca.

Nel 1999 è stata approvata una legge in base alla quale i figli di genitori residenti in Germania da almeno otto anni otterranno automaticamente la **cittadinanza** tedesca.

Una comunità per l'aiuto dei bambini di strada a Rio de Janeiro, in Brasile.

PERCHÉ CI SONO BAMBINI CHE VIVONO PER LA STRADA?

Il termine "bambini di strada" è la traduzione del portoghese *meniños de rua*, una delle espressioni più usate in Brasile a proposito del dramma dell'infanzia povera e abbandonata.

Per gran parte dei bambini e ragazzi che provengono dalle **favelas**, le baraccopoli alla periferia delle grandi città brasiliane, la strada è diventata la loro casa e gli altri meniños del gruppo la loro "famiglia". Naturalmente, i bambini non scelgono di vivere in strada, ma sono in qualche modo **costretti** dalla loro disastrosa situazione familiare e sociale.

PERCHÉ MOLTI POPOLI SOFFRONO LA FAME?

Molti popoli soffrono la fame a causa della **sbilanciata distribuzione** delle risorse del pianeta; inoltre, molte popolazioni vivono in territori dove l'agricoltura e l'allevamento sono molto difficili da realizzare a causa, per esempio, della **scarsità di acqua**.

Il fabbisogno alimentare degli esseri umani è espresso in calorie e varia secondo l'età, il peso, il sesso ecc. Un'alimentazione sufficiente deve garantire almeno 2000 calorie al giorno.

Secondo l'Organizzazione Mondiale della Sanità, **500 milioni di persone** soffrono di fame assoluta, non disponendo neppure di 1500 calorie al giorno.

Come sono distribuiti i consumi nel pianeta?

Secondo la Banca mondiale il 23% della popolazione mondiale consuma circa l'80% delle risorse del pianeta e un miliardo e 100 milioni di persone vivono con meno di 1 dollaro al giorno.

🔲 Agricoltori in Somalia, uno degli stati più poveri del continente africano.

Un'alimentazione insufficiente porta dal dimagrimento, alla minor resistenza alle malattie, all'invecchiamento precoce, fino alla morte.

Tali conseguenze si manifestano soprattutto nei **bambini**, la cui mortalità nei paesi in via di sviluppo è ancora molto alta.

🌐 PERCHÉ L'AFRICA È UN CONTINENTE COSÌ POVERO?

Secondo la Banca mondiale, la classifica dei paesi più poveri è composta quasi tutta da stati africani.

Sebbene alcuni paesi del Nord Africa abbiano registrato un notevole aumento del PIL (Prodotto Interno Lordo), grazie ai proventi del petrolio, non sono riusciti a trasformare questo vantaggio economico in un **processo di sviluppo** complessivo.

La povertà del continente africano è aggravata dalla forte esplosione demografica. Piena di **debiti internazionali**, con poche possibilità di investimenti, con una produzione agricola scarsa e poco differenziata e con risorse non adeguatamente sfruttate (o sfruttate non a beneficio della popolazione), con classi dirigenti spesso incapaci di far fronte alla situazione, l'Africa pare destinata a veder crescere le sue contraddizioni. L'unica alternativa per molti dei suoi abitanti è purtroppo ancora quella dell'**emigrazione** in massa.

🌐 PERCHÉ LA DISPONIBILITÀ DELL'ACQUA È DIVENUTO UN PROBLEMA PER L'UMANITÀ?

Attualmente l'acqua viene utilizzata senza tener conto della sua **crescente scarsità**.

La domanda d'acqua è triplicata dal 1950 e si prevede che raddoppi ulteriormente entro il 2050. In molte zone questa risorsa è abbondante, mentre in altre è insufficiente.

Un miliardo di persone, soprattutto nei paesi del Sud del mondo, non dispone di acqua potabile e altri due miliardi non hanno un rifornimento adeguato: migliaia di essi muoiono ogni giorno per questo motivo.

Il degrado degli ecosistemi di acqua dolce sta diventando in se stesso un problema che rischia di causare **conflitti** all'interno di molti paesi in cui l'acqua rappresenta un bene raro. Infine, si diffondono sempre più le **malattie** causate da una cattiva qualità delle risorse idriche.

🔲 Un pozzo per l'estrazione dell'acqua in un'area desertica.

❹ PERCHÉ L'AMBIENTE È AL CENTRO DEI PROBLEMI DA RISOLVERE NEL MONDO GLOBALE?

L'uomo ha sempre sfruttato le risorse della natura per assicurarsi la **sopravvivenza**. Le società primitive si limitavano a raccogliere i frutti spontanei, a cacciare gli animali selvatici e a pescare.

In seguito si è incominciato a dissodare il suolo e a incendiare i boschi per farne pascoli e campi da coltivare finché, nei tempi moderni, l'uomo è divenuto capace di mutare radicalmente l'ambiente che lo circonda su larga scala. Con l'energia delle macchine e con l'uso di prodotti chimici, ha **stravolto** in poco più di un secolo quello che non aveva toccato in decine di migliaia di anni.

Le ricchezze naturali del suolo e del mare sono sfruttate in modo **intensivo**; numerose

Rifiuti abbandonati sulle rive di un fiume.

specie animali sono a rischio di **estinzione**.

Solo da poco ci si è accorti che anche le risorse naturali sono destinate a **esaurirsi**, e che perciò devono essere usate con parsimonia.

È in gioco la stessa sopravvivenza di tutti gli esseri viventi: piante, animali e uomini compresi.

◐ PERCHÉ SI RICICLANO I RIFIUTI?

Nel mondo si producono ogni anno miliardi di tonnellate di rifiuti, da quelli liquidi, che finiscono nei fiumi e nei mari, a quelli solidi, accumulati nelle **discariche**.

Provengono dalle industrie, dalle coltivazioni, dagli allevamenti, dalle nostre case, e affollano discariche e **inceneritori**, dove vengono bruciati con emissione di sostanze nocive per l'aria che respiriamo.

Quello dei rifiuti è un problema che riguarda ormai tutto il mondo: anche i cittadini devono contribuire a tamponare gli **effetti dannosi**

AMBIENTE

PERCHÉ L'ABBATTIMENTO DELLA FORESTA AMAZZONICA PREGIUDICA IL BENESSERE DI TUTTI I POPOLI?

In Amazzonia è racchiuso il 40% delle foreste pluviali del mondo: la foresta amazzonica è il più grande "polmone" verde della Terra. Essa svolge un ruolo fondamentale condizionando la biodiversità, il clima e le risorse d'acqua del Brasile e dell'intero pianeta. Il suo progressivo abbattimento, soprattutto per lo sfruttamento del legname, ha come conseguenza non solo l'impoverimento della fauna e della flora e la scomparsa dei villaggi indigeni, ma anche l'incremento dei gas serra nell'atmosfera. Nonostante ciò, continuano gli interventi nel cuore della foresta: costruzione di strade, oleodotti, ranch e impianti idroelettrici, scavo di miniere e trivellazione del terreno in cerca di petrolio. Contro questo scempio si sono mobilitati scienziati e organizzazioni internazionali.

Una fase dell'opera di disboscamento della foresta amazzonica.

Alcuni cassonetti per la raccolta differenziata.

della sovrapproduzione, da un lato limitando gli sprechi, dall'altro praticando la raccolta differenziata. In tal modo i rifiuti possono essere riciclati e trasformati in **nuove risorse**.

PERCHÉ FU FONDATA L'ONU?

L'Onu è un'istituzione internazionale fondata il 25 Aprile 1945, al termine della conferenza di San Francisco, tra gli stati vincitori della seconda guerra mondiale.

I suoi scopi istituzionali sono: il mantenimento della **pace** e della sicurezza internazionale; il progresso economico, sociale, culturale e umanitario; la tutela dei **diritti dell'uomo**, senza alcun pregiudizio razziale, sessuale, linguistico o religioso.

Al centro lo stemma dell'Onu. Qui a lato, Maastricht, 7 febbraio 1992: la firma del trattato che sancisce la nascita dell'Unione Europea.

PERCHÉ È NATA L'UNIONE EUROPEA?

L'Europa ha una storia lunga e tormentata: gli stati che la compongono hanno combattuto tra di loro e talvolta insieme contro altri nemici. Dopo la seconda guerra mondiale è maturato un'**ideale di unificazione** che, pur mantenendo l'identità dei singoli stati, creasse una comunità più ampia di popoli d'Europa.

La motivazione all'origine fu essenzialmente economica. Poi, nel 1992, con il Trattato di Maastricht si è costituita l'**Unione Europea** che ha assunto anche competenze politiche. Per dare corpo e rafforzare l'unità economica, è stata creata la moneta unica dell'UE, l'**Euro**, che è entrata ufficialmente in circolazione il 1° gennaio 2002.

Inizialmente formata da 12 stati membri, oggi l'UE ne comprende 27, e altri aspirano a farne parte. I principali organi istituzionali sono: il Consiglio dei Ministri dell'Unione Europea, il Parlamento e la Commissione Europea.

PERCHÉ È STATO CREATO IL PARLAMENTO EUROPEO?

Il Parlamento Europeo è l'organo che rappresenta tutti i cittadini degli stati che fanno parte dell'Unione Europea. Nasce alle origini della Comunità Europea, nel 1952, con sede a **Strasburgo** e prende il nome di Parlamento nel 1962.

I suoi membri sono eletti direttamente dai cittadini dell'Unione (dal 1978). Tra i suoi compiti più importanti vi sono quelli di **supervisionare** le attività dell'Unione e di partecipare alla creazione di **leggi** comuni e approvarle.

LUOGHI E CITTÀ

LA geografia ci insegna come è fatto il mondo e come orientarsi nel labirinto del globo terrestre. È una disciplina antichissima, ma ancora alla fine del 1400 i geografi pensavano che i tre continenti allora conosciuti (Europa, Africa e Asia) fossero circondati da oceani oltre i quali il mondo finiva. Quando cominciò ad affermarsi la teoria della sfericità della Terra, alcuni esploratori intuirono che doveva essere possibile raggiungere ogni continente e tornare al punto di partenza viaggiando sempre nella stessa direzione. Così Cristoforo Colombo sbarcò su un nuovo continente, chiamato poi Nuovo Mondo. Fu l'avvio delle grandi esplorazioni che, con la scoperta dell'Oceania alla fine del 1700 e la conquista dell'Antartide nel 1840, permisero di tracciare la mappa del mondo, così come oggi lo conosciamo.

LUOGHI E CITTÀ D'ITALIA

🌐 PERCHÉ A ROMA FU COSTRUITO IL COLOSSEO?

Il Colosseo, o Anfiteatro Flavio, fu costruito nel 77-80 d.C. per ospitare grandi spettacoli. Deve il suo nome a una **colossale statua** di Nerone che sorgeva presso quel sito.

È formato da una vasta ellisse con 80 aperture esterne, mentre l'**arena** vera e propria è un ovale circondato da un muro di oltre 4 metri, dietro al quale vi era il podio con il trono imperiale e i sedili per le autorità.

All'epoca poteva contenere 45.000 spettatori seduti e 5000 in piedi.

Negli anfiteatri il popolo romano assisteva a **combattimenti spesso mortali**, come quelli tra gladiatori e di uomini contro belve. Occasionalmente l'arena veniva riempita d'acqua e vi si svolgevano spettacoli navali. Purtroppo la fama di queste costruzioni è legata al sacrificio di tante vite umane e animali.

🖼 Il Colosseo. In alto, l'imperatore Giustiniano, particolare di un mosaico della chiesa di San Vitale a Ravenna.

🌐 PERCHÉ I MONUMENTI DI RAVENNA HANNO UN'IMPRONTA ORIENTALE?

Ravenna, antica capitale dell'Esarcato in **epoca bizantina**, è una città dell'Emilia-Romagna ricchissima di edifici sacri e civili.

Fra tutti spicca la chiesa di San Vitale, costruita verso la metà del VI secolo, edificio a pianta centrale ottagonale sormontato da una cupola, impreziosito all'interno da **marmi** policromi e stupendi **mosaici**. Per questi ultimi i bizantini impiegarono tessere di pasta di vetro colorato, a fondo d'**oro**, frammenti di madreperla e pregiate **pietre dure**.

Le immagini bizantine, fortemente simboliche, impreziosivano le chiese per "illustrare" ai fedeli le verità fondamentali della fede cristiana, a cinque secoli dalla sua nascita.

🌐 PERCHÉ BOLOGNA È DETTA LA CITTÀ DELLE DUE TORRI?

Durante il Medioevo, nel centro di Bologna spiccavano numerose torri. Oggi ne restano molte di meno, ma due soprattutto attirano l'attenzione dei turisti: la torre degli **Asinelli** e quella della **Garisenda**, che risalgono al XII secolo e che sono il simbolo della città.

Secondo la tradizione, l'alta torre della nobile famiglia degli Asinelli, con i suoi **97 metri** aveva scatenato la gelosia di un'altra famiglia del tempo, quella dei Garisenda, che decise di farne costruire una più alta proprio a fianco. Durante i lavori il terreno cedette e la nuova torre si inclinò pericolosamente da un lato, così se ne dovette interrompere la costruzione; oggi è alta **48 metri**.

Leggenda a parte, la torre degli Asinelli divenne proprietà comunale nel Trecento e venne usata anche come prigione. Vanta il primato di **torre pendente** più alta d'Italia.

🌐 PERCHÉ MATERA È NOTA COME LA CITTÀ DEI "SASSI"?

L'abitato di Matera, in Basilicata, occupa due avvallamenti separati da uno sperone roccioso su cui sorge il nucleo cittadino più antico, costituito da tre rioni, i cosiddetti Sassi.

I Sassi sono un complesso unico al mondo composto di **case-grotte**, cisterne e canalizzazioni scavati nella roccia, **chiese**, **palazzi** nobiliari dalle splendide facciate.

Dal 1993 i Sassi di Matera fanno parte del **Patrimonio dell'Umanità** dell'Unesco.

🔲 A sinistra, le due torri di Bologna. Qui sotto, una veduta panoramica dei Sassi di Matera.

CULTURA

PERCHÉ ROMA È IL CENTRO DELLA CRISTIANITÀ?

Nel cuore di Roma si trova la Città del Vaticano, un piccolo Stato sovrano sorto nel 1929 in base al concordato fra l'Italia e il papato. Residenza dei papi, antica meta di pellegrinaggi per visitare la tomba di San Pietro e di tutti i papi dopo di lui, la Basilica vaticana è uno dei luoghi più noti del mondo. Fu costruita nel 324-49 per volontà dell'imperatore Costantino e più volte ampliata e modificata nei secoli. Il complesso è lungo 211 metri e alto 140; all'interno ospita 777 colonne, 44 altari e 395 statue. L'immensa cupola fu progettata da Michelangelo Buonarroti (1546). Antistante la basilica sorge una grande piazza racchiusa da un colonnato concepito nel 1656-1660 da Gian Lorenzo Bernini. Le due ali del colonnato simboleggiano l'abbraccio ideale della Chiesa verso i fedeli.

🔲 Piazza San Pietro a Roma, realizzata su progetto di Gian Lorenzo Bernini fra il 1656 e il 1667.

PERCHÉ LA CALABRIA È UNA TERRA DAGLI ASPRI CONTRASTI?

Dal punto di vista del paesaggio la Calabria è caratterizzata dal continuo contrasto fra mare e montagna: estrema punta meridionale della nostra penisola, questa regione è una sottile striscia di terra occupata in prevalenza dai monti che si innalzano fra il mar **Tirreno** e lo **Ionio**. Qui gli **Appennini** si presentano sotto forma di rilievi separati l'uno dall'altro da fiumi e brevi pianure.

Fra le zone montuose spiccano l'altopiano della **Sila**, ricco di boschi di castagni, pini, querce e faggi, e l'**Aspromonte**, un massiccio che offre paesaggi aspri e affascinanti.

PERCHÉ A CASERTA C'È LA "VERSAILLES ITALIANA"?

La reggia di Caserta, in Campania, costituisce il più vasto edificio italiano del Settecento.

Progettata dall'architetto Vanvitelli, che prese a modello il palazzo di Versailles (la sontuosa **residenza dei re di Francia**), ha la forma di un rettangolo lungo 247 metri e largo 184.

All'interno ospita un maestoso scalone, **1200 stanze** e ben 34 scale di collegamento, mentre all'esterno è circondato da un bellissimo **parco** con fontane e giardini.

PERCHÉ IN LIGURIA SONO FAMOSE LE CINQUE TERRE?

La provincia di La Spezia, capoluogo ligure affacciato sul golfo omonimo, ospita importanti centri turistici, fra cui Portovenere, Lerici e le Cinque Terre. Vengono chiamati con questo nome **cinque piccoli villaggi** arroccati sulla costa rocciosa che cade a picco sul mare, in un paesaggio naturale incontaminato e rigoglioso.

Sono **Corniglia**, **Manarola**, **Monterosso**, **Riomaggiore**, **Vernazza**: per visitarli il modo più suggestivo è compiere un lungo tragitto fra i boschi e le rocce o prendere un battello che li raggiunge via mare.

In alto, Riomaggiore, una delle Cinque Terre liguri. Qui sotto, il palazzo reale di Caserta.

PERCHÉ A MILANO C'È UN "SALOTTO"?

Nel centro di Milano si trova la Galleria Vittorio Emanuele, che collega piazza del Duomo e piazza della Scala e che è considerata il "salotto" cittadino. Realizzata nel 1865 in **ferro e vetro**, secondo le più avanzate concezioni architettoniche dell'epoca, ha una caratteristica forma di croce; il braccio maggiore è quello che assicura il collegamento tra le due piazze.

La Galleria rappresenta il tradizionale ed elegante luogo di **incontro e passeggio** per i milanesi: ospita lussuosi ristoranti e caffè, antiche librerie e nuovissimi megastore, tutti con l'insegna rigorosamente in nero.

Qui sopra, la Galleria Vittorio Emanuele a Milano. A destra, il nuraghe di Losa, in provincia di Oristano.

CULTURA

QUAL È L'ORIGINE DEL NOME ITALIA?

"Terra dei vitelli": così pare che gli antichi greci chiamassero quel paese "oltre" il mare che era l'Italia. Vi si recavano, attraversando l'Adriatico, per comprare prodotti agricoli e bestiame, così le dettero il nome che la gente del posto usava per indicare il vitello: vitulus. Con la caduta della "V" iniziale, il nome di quella terra divenne poi Italia. La leggenda narra invece che durante la decima fatica Ercole attraversò l'Italia per portare in Grecia il gregge di Gerione. Qui perse una delle bestie e si mise a cercarla; poiché gli abitanti del luogo chiamavano vitulus l'animale, egli chiamò tutta la regione con il corrispondente nome greco: Vitalia.

PERCHÉ IN SARDEGNA FURONO COSTRUITI I NURAGHI?

Durante l'Età del bronzo fiorì in Sardegna la **civiltà nuragica**, che raggiunse la massima estensione tra il 1500 e il 500 a.C.

A testimonianza di quella civiltà, sparsi su tutta l'isola sono rimaste alcune migliaia di nuraghi, costruzioni particolari nella struttura e nella forma. Si tratta di una sorta di torrette di **forma tronco-conica** del diametro di circa 10 metri, fatte con grossi blocchi di pietra appena squadrata, appoggiati a pressione gli uni sugli altri e non cementati. I nuraghi sono dotati di uno o due piani comunicanti tra loro mediante una scala interna a spirale e i vani interni prendono luce da piccole finestre e feritoie.

Sull'uso di queste costruzioni gli studiosi non hanno ancora fornito una risposta unanime; forse si trattava di **fortezze** in cui si rifugiava la popolazione nei momenti di pericolo.

PERCHÉ VERCELLI È UN IMPORTANTE "MERCATO"?

Vercelli è situata nella pianura Padana piemontese, sulle rive del fiume Sesia. La città vanta un primato importante: è il principale mercato del **riso** in Italia e in Europa.

Questo cereale per crescere ha bisogno di essere sommerso dall'acqua e le campagne che circondano la città sono state lavorate e irrigate per anni, e trasformate in **risaie**.

Nel vercellese la coltivazione del riso viene praticata da aziende specializzate e costituisce la risorsa più importante e redditizia della zona.

 In alto, i trulli di Alberobello. Qui a lato, risaie nel vercellese. In basso, il tempio di Giunone ad Agrigento.

CULTURA

QUAL È L'ORIGINE DEL NOME CUNEO?

Cittadina del Piemonte, Cuneo sorge ai piedi delle Alpi Marittime su un piccolo altopiano dalla forma a "cuneo", simile alla prua di una nave, formatosi con i detriti trasportati e depositati dai fiumi. Questa "terrazza" alluvionale è circondata da una suggestiva corona di monti.

PERCHÉ È NOTO IL PAESE DI ALBEROBELLO?

Alberobello, un borgo in provincia di Bari, è noto come la "**capitale dei trulli**", tipiche abitazioni contadine a pianta circolare e con il tetto a forma di cono.

Le pareti e il tetto sono fatte di pietre unite "a secco", cioè senza cemento. In genere le pareti dei trulli sono **intonacate di bianco**, mentre i tetti conservano il colore originario della pietra. Gli ambienti di queste abitazioni sono in genere assai confortevoli, perché d'inverno mantengono la temperatura calda, mentre d'estate sono freschi.

Nell'incantevole Alberobello i trulli formano addirittura l'intero centro storico del paese, dove si trova anche una chiesa a forma di trullo.

PERCHÉ AD AGRIGENTO C'È UNA VALLE DEI TEMPLI?

Agrigento fu una tra le più splendide e fiorenti città della **Magna Grecia**. La sua Valle dei Templi è oggi un complesso archeologico fra i più grandi d'Europa, dichiarata Patrimonio Mondiale dell'Umanità dall'Unesco.

Nella suggestiva vallata che si estende ai piedi della parte moderna della città si possono ammirare i resti di una decina di templi imponenti, come quello dedicato a **Giove** Olimpi-

Qual è il capoluogo più alto d'Italia?

Contrariamente a quanto si potrebbe pensare, il capoluogo più alto d'Italia si trova in Sicilia: Enna. La città, soprannominata il "belvedere della Sicilia" per la sua posizione panoramica, svetta a 1000 metri di altezza nel cuore dell'isola, fra i monti Erei, e domina la valle del Dittaino da una terrazza naturale.

🟥 Panorama della città di Enna.

co, uno dei più grandiosi edifici della civiltà greca, quello di **Giunone** o quello detto della **Concordia**, quello conservato meglio.

I monumenti sono inseriti in un paesaggio affascinante ma forte è il contrasto fra la valle e le nuove case visibili poco lontano sorte in modo caotico, a causa soprattutto della speculazione edilizia.

🔵 PERCHÉ LO STRETTO DI MESSINA È TEMUTO DAI MARINAI?

Lo stretto di Messina è stato fin dai tempi antichi uno dei passaggi chiave della navigazione e un punto particolarmente **pericoloso** e temuto dai marinai.

Alta e bassa marea infatti si succedono in orari diversi sul Tirreno e sullo Ionio e danno origine a forti **correnti**.

Queste correnti, che rendono difficile la navigazione, si alternano due volte al giorno e prendono il nome di "**reme**": rema discendente e rema ascendente.

🟥 Uno scorcio degli Uffizi, a Firenze.

🌐 PERCHÉ FIRENZE È COSÌ RICCA DI TESTIMONIANZE ARTISTICHE?

Nel 1435 si impose come cittadino più autorevole nella città di Firenze Cosimo de' Medici, detto il Vecchio. Fu l'inizio di una **dinastia illuminata** che avrebbe conferito a Firenze quel volto nobile che ancora oggi vanta.

Con Lorenzo de' Medici, detto **il Magnifico**, la Signoria di Firenze divenne un centro artistico e culturale di primo piano.

Lorenzo ebbe anche una particolare passione per la **pittura** e la **scultura** e commissionò opere ai migliori artisti e architetti del tempo, come Sandro Botticelli, Filippino Lippi, Antonio Pollaiolo, Andrea del Verrocchio. Il giovane Michelangelo frequentò la scuola d'arte da lui fondata nel Giardino di San Marco.

Anche il complesso dei monumenti religiosi di Firenze è ricco di capolavori; fra tutti citiamo Santa Maria del Fiore, il Duomo, con il campanile di Giotto e, nell'interno, una delle più celebri Pietà di Michelangelo Buonarroti.

PERCHÉ A PISA SI INNALZA UNA TORRE PENDENTE?

Pisa è un capoluogo toscano situato sulle sponde dell'Arno. Nel centro storico si trova il celebre **Campo dei Miracoli**, con il duomo, il battistero e la torre pendente.

Iniziata nel 1173 e ultimata quasi due secoli più tardi, la torre (che in realtà è un campanile) ha ben presto cominciato a inclinarsi a causa della **cedevolezza del terreno**; anticamente in effetti la zona era una palude, poi bonificata. L'inclinazione della torre è andata aumentando finché, di recente si rischiava il crollo. Un team di esperti ha escogitato un **sistema di consolidamento** riuscendo a raddrizzare parzialmente la torre e a stabilizzarla.

A lato, la torre pendente a Pisa. Sopra, La cerimonia di apertura del Palio a Siena.

CULTURA

PERCHÉ PROSPERARONO LE REPUBBLICHE MARINARE?

In epoca medioevale furono protagoniste della storia italiana quattro città divenute note come Repubbliche marinare: Amalfi, Pisa, Genova e Venezia. Grazie alla loro posizione strategica sulle coste del Mediterraneo divennero attivissimi centri commerciali e accrebbero il proprio potere, alternando guerre e alleanze. Tutte godevano della propria autonomia politica. Nel tempo, la potenza marittima e commerciale di Genova e Venezia fu senza dubbio superiore alle altre. Quest'ultima, soprattutto, raggiunse una ricchezza economica e uno splendore senza pari, divenendo un polo culturale di primo piano nella storia d'Italia.

PERCHÉ SIENA È NOTA COME LA CITTÀ DEL PALIO?

Siena è una splendida città che sorge al centro dell'altopiano toscano. Una cerchia di mura trecentesche racchiude il centro storico, dominato dalla bellissima **piazza del Campo**.

La piazza ospita il Palio, la sfida fra le contrade cittadine che si svolge due volte l'anno, il 2 luglio e il 16 agosto.

La competizione, che risale alla fine del Medioevo, consiste in una **corsa a cavallo** durante la quale i fantini delle contrade gareggiano per conquistare il Palio, un drappo di seta dipinto: vince chi riesce a compiere per primo tre giri della piazza.

PERCHÉ AD ASCOLI PICENO SI SVOLGE LA QUINTANA?

Ad Ascoli Piceno, nel giorno della festa del patrono S. Emidio, si corre il **torneo** in costume della Quintana, le cui origini risalgono al Medioevo. Un cavaliere lanciato al galoppo deve colpire con la sua lancia lo scudo del Moro, un **fantoccio che gira** su se stesso.

I giovani a cavallo devono essere molto veloci e precisi perché il Moro è armato di una mazza che, quando gira dopo aver ricevuto il colpo, può colpire a sua volta il cavaliere.

CULTURA

QUAL È L'ORIGINE DEL NOME ANCONA?

Ancona, capoluogo di provincia delle Marche, si estende ad anfiteatro sotto il promontorio del monte Conero, attorno a un vasto porto naturale: qui la costa forma una sorta di gomito, che in greco antico veniva chiamato *ankon*, da cui il nome della città. Fondata verso il V secolo a.C. da coloni provenienti da Siracusa, Ancona fu un porto molto attivo fin dal tempo dei romani e, nei secoli successivi, arrivò a insidiare il primato di Venezia, una delle più grandi potenze commerciali del Mediterraneo. Anche oggi il suo porto è tra i più fiorenti dell'Adriatico.

Uno scorcio del porto di Ancona.

PERCHÉ CARRARA È FAMOSA IN TUTTO IL MONDO?

Carrara è una cittadina toscana situata ai piedi delle Alpi Apuane. Le pareti di questi rilievi sono ricche di **cave di marmo**, sfruttate fin dall'antichità per l'estrazione del minerale.

Il marmo di Carrara è pregiato per il suo colore bianco, con leggere venature, e per la sua levigabilità, che lo rende particolarmente idoneo per la realizzazione di opere di scultura.

Uno dei primi a usare il marmo di Carrara fu il grande **Michelangelo Buonarroti**, che da enormi blocchi di marmo grezzo scolpì straordinarie opere come il Mosè e la Pietà.

Un rifugio della Val Pusteria, in Alto Adige, con le scritte in diverse lingue. Sotto, una vetta delle Apuane intorno a Carrara.

PERCHÉ IN TRENTINO-ALTO ADIGE SI PARLANO TRE LINGUE?

In Alto Adige, nella provincia di Bolzano abitano molti sud-tirolesi di **origine austriaca**; pur essendo cittadini italiani da oltre 70 anni, la loro prima lingua è il **tedesco**. In questa zona le scritte dei cartelli stradali e dei negozi sono in italiano e in tedesco.

La provincia di Trento, invece, è completamente **italiana**, anche se la vicinanza della comunità tedesca si fa comunque sentire.

C'è poi un terzo gruppo di circa 40.000 persone, stanziato in alcune valli settentrionali della regione, che parla il **ladino**, una lingua derivata direttamente dal latino.

○ PERCHÉ L'UMBRIA È TRA LE METE TURISTICHE PIÙ FREQUENTATE D'ITALIA?

L'Umbria è l'unica regione dell'Italia centrale non bagnata dal mare: il paesaggio è dolcemente coronato da vigneti e oliveti, che si dispiegano a terrazze sui crinali dei colli.

La regione vanta innumerevoli **città d'arte** e **borghi medievali** dall'atmosfera solenne e intatta.

■ Il duomo di Orvieto.

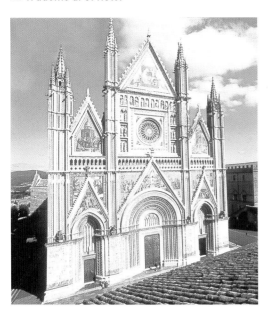

AMBIENTE

PERCHÉ FU ISTITUITO IL PARCO NAZIONALE D'ABRUZZO?

Il Parco Nazionale d'Abruzzo si estende su un'area di oltre 400 chilometri quadrati, compresi nella provincia dell'Aquila (Abruzzo) e in piccola parte anche in Molise e nel Lazio. Nato nel 1921, in origine era la riserva di caccia della famiglia reale dei Savoia; oggi è una delle riserve naturali più importanti della penisola. Protetti e tutelati dalle minacce esterne, vivono qui in completa libertà animali come martore, tassi, linci, gatti selvatici, puzzole. Il Parco ospita inoltre gli ultimi esemplari di lupo, orso bruno e camoscio.

■ Un orso bruno marsicano.

Perugia, il capoluogo, conserva un centro storico di impronta medievale, con antichi palazzi d'età comunale e rinascimentale. Nel circondario sorgono cittadine famose in tutto il mondo: **Assisi**, patria di San Francesco, con i suoi tesori artistici (fra cui la basilica affrescata da Giotto), Gubbio, Spello, Foligno, Spoleto, Todi. Nella provincia di Terni spicca **Orvieto**, con un bel duomo del XIII-XIV secolo.

Qual è la repubblica più antica del mondo?

È San Marino, che sorge sul monte Titano in Emilia-Romagna. Secondo la tradizione fu fondata nel 301 d. C. dal santo che le ha dato il nome e che dichiarò libera da vincoli nei confronti del Papa e dell'Imperatore. La sua superficie è di 60,5 chilometri quadrati; ma la Città del Vaticano, che costituisce uno Stato sovrano, è ancora più piccola: solo 0,44 chilometri quadrati.

PERCHÉ VERONA RICHIAMA GLI APPASSIONATI DI LIRICA?

Adagiata sulle rive dell'Adige, in Veneto, Verona è una città dall'intensa vita culturale.

Colonia romana fin dall'89 a.C., conserva numerose testimonianze storiche. Fra i monumenti spicca l'**arena**, uno dei più vasti e meglio conservati anfiteatri romani del mondo, costruita nel **I secolo a.C.** per ospitarvi i combattimenti dei gladiatori.

In epoca moderna l'arena di Verona è divenuta un **tempio della musica** lirica e ogni anno, d'estate, ospita un ricco programma di opere che attirano appassionati e turisti da ogni parte del mondo.

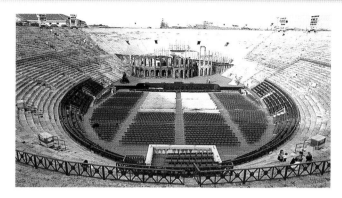

Una veduta d'insieme dell'arena di Verona. Sotto, la baùtta, la tipica maschera veneziana.

PERCHÉ È FAMOSO IL CARNEVALE DI VENEZIA?

Nel **Settecento**, Venezia era la capitale europea della moda e del vivere salottiero.

Già all'epoca il Carnevale coinvolgeva tutta la cittadinanza, richiamando visitatori stranieri e dando alla città un aspetto festoso e spensierato.

Il costume più classico (**la baùtta**) era composto da un cappuccio di seta nera, una cappa di merletto, un ampio mantello e da un cappello a tricorno, il tutto completato da una maschera bianca che copriva il volto e permetteva di girare **in incognito** per la città.

Anche oggi il Carnevale di Venezia richeggia gli antichi splendori: le maschere invadono i campi e ovunque si organizzano festeggiamenti: balli, giochi e rappresentazioni teatrali che attirano turisti da tutto il mondo.

CURIOSITÀ

PERCHÉ LE VIE A VENEZIA HANNO NOMI CURIOSI?

Venezia, il capoluogo del Veneto, non è una città come le altre; sorge infatti su un arcipelago formato da 120 isolette separate fra loro da ben 177 canali. Molte delle vie di Venezia, dette "calli", hanno denominazioni associate ad antichi mestieri (calle del Pestrin, vale a dire del lattaio; del Pistor, cioè del panettiere, e così via), oppure ad attività commerciali (le Frezzerie, dove si fabbricavano le frecce; calle Fiubera, dove si facevano le fibbie per le scarpe). Anche le caratteristiche degli abitanti ispirarono i nomi: calle dei Preti e delle Muneghe, cioè le suore; calle dei Ragusei, cioè degli abitanti di Ragusa, l'attuale Dubrovnik; riva degli Schiavoni, cioè dei Dalmati, e così via.

Una calle veneziana.

LUOGHI E CITTÀ DEL MONDO

PERCHÉ VERSAILLES OSPITA UNA FAMOSA REGGIA?

Un tempo Versailles, che sorge a circa 25 chilometri a sud-ovest di Parigi, era solo un villaggio di pescatori.

Nel XVII secolo, il re Luigi XIII vi fece costruire un padiglione di caccia che trasformò poi in un piccolo castello.

Nel 1661 Luigi XIV, il **re Sole**, decise di ampliarlo ulteriormente; i lavori durarono oltre mezzo secolo e impegnarono i più noti architetti, arredatori e giardinieri. Nel 1682 il sovrano ne fece la sua **residenza principale**, vi trasferì il governo (che vi rimase fino alla Rivoluzione) e la corte, facendo della reggia il simbolo del potere della monarchia francese.

La reggia è circondata da **estesi giardini** – con aiuole, statue, vasche e fontane – che divennero l'emblema dei "giardini alla francese".

🔲 Londra: Trafalgar Square.
Qui sotto, un bus londinese a due piani.

PERCHÉ LONDRA È UNA CITTÀ MULTIETNICA?

Dopo la seconda guerra mondiale in Gran Bretagna affluirono numerosi immigrati irlandesi, polacchi, ebrei, italiani, oltre a un cospicuo numero di cittadini delle **ex colonie** diventate indipendenti (India, Pakistan, Antille ecc.).

Nel Settecento, Londra aveva più di mezzo milione di abitanti (era, insieme con Parigi, la più grande città del mondo). All'inizio dell'Ottocento era salita a 2 milioni, oggi ha superato i 7 milioni (12, nell'area metropolitana).

La capitale del Regno Unito offre **lavoro** a un altissimo numero di immigrati, il cui numero è in costante crescita. L'**integrazione** fra stranieri e londinesi è ottima e, a parte le disparità economiche e sociali, si può dire che Londra sia il prototipo della metropoli multietnica.

🔲 La reggia di Versailles in un dipinto di P. Patel (1668).

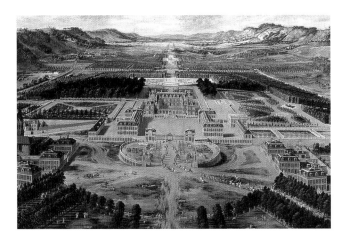

L'altopiano della Meseta, nella Spagna centrale. A destra, l'ascensore di Lisbona. Sotto, la ruota panoramica del Prater di Vienna.

PERCHÉ È FAMOSO L'ALTOPIANO DELLA MESETA?

La parte centrale della Spagna è occupata da un vasto altopiano, la Meseta, posto a un'altitudine compresa fra i 500 e i 1000 metri.

Tagliato da catene montuose e inciso da profonde valli fluviali, l'altopiano della Meseta è diviso in due dalla **Cordigliera Centrale** e presenta diverse zone, caratterizzate da temperature torride e precipitazioni scarse. Una di queste zone, la Mancia, è diventata famosa perché lo scrittore Miguel de Cervantes vi ambientò il suo *Don Chisciotte della Mancia*, capolavoro della letteratura mondiale.

PERCHÉ A LISBONA C'È UN ENORME ASCENSORE?

Lisbona, la capitale del Portogallo, è formata da un centro storico che si trova nella **parte bassa** ("Baixa"), e da altri agglomerati situati più in alto, in **collina**.

Per collegare le due zone, alla fine del XIX secolo fu realizzato un grande ascensore su progetto di Gustave Eiffel, l'architetto cui si deve la torre Eiffel di Parigi.

PERCHÉ A VIENNA C'È UNA RUOTA PANORAMICA?

Ex **riserva di caccia** degli Asburgo, il Prater di Vienna è oggi un vasto e frequentato parco situato proprio nel cuore cittadino.

Lungo i 5 chilometri immersi nel verde del viale che l'attraversa si trovano caffè e ristoranti, un **parco di divertimenti** e lo stadio. Fra le attrazioni, spicca una ruota panoramica di eccezionali dimensioni, costruita nel 1897, da cui si ammira il più suggestivo panorama della capitale austriaca.

CULTURA

PERCHÉ LO STRETTO DI GIBILTERRA ERA DETTO "COLONNE D'ERCOLE"?

Una delle favolose prodezze di Ercole, mitico eroe dell'antichità celebre per la sua forza, fu di aver aperto con le sue braccia lo stretto di Gibilterra, che divide l'Europa dall'Africa e l'oceano Atlantico dal Mediterraneo. Così almeno narra la leggenda, che attribuì il nome di "colonne d'Ercole" alle due rupi rocciose che dominano dall'alto il paesaggio dove Europa e Africa si guardano.

La rocca di Gibilterra.

PERCHÉ AMSTERDAM È DETTA "VENEZIA DEL NORD"?

Edificata nel Medioevo su un centinaio di isolotti, Amsterdam è la **capitale storica** e amministrativa dei Paesi Bassi, mentre la sede del governo si trova a L'Aia.

Il centro storico è racchiuso da una **triplice cerchia di canali**, i cui argini sono fiancheggiati da caratteristiche case di mattoni alte e strette, mentre verso la periferia i quartieri moderni si allargano sui *polder* circostanti.

Città cosmopolita, Amsterdam è una frequentata meta turistica e un vivo centro culturale, con una rinomata università e diversi importanti musei.

PERCHÉ BRUXELLES È CONSIDERATA LA "CAPITALE D'EUROPA"?

Bruxelles è il cuore politico e amministrativo del **Belgio** ma anche dell'Europa comunitaria. Ospita infatti la sede di due fra i maggiori organismi dell'**Unione Europea**: la Commissione europea e il Consiglio europeo.

Le direttive espresse dal Consiglio, formato dai rappresentanti dei governi degli Stati membri, vengono applicate in tutta l'UE.

Sotto, un canale di Amsterdam. A destra, Bruxelles: il palazzo della Commissione europea.

CULTURA

QUAL È L'ORIGINE DEL NOME EUROPA?

Dopo il 1000 a.C. i greci intrapresero l'esplorazione marittima del bacino del mar Egeo e, procedendo verso nord, scoprirono che due linee costiere continentali chiudevano alle navi il passaggio verso altri mari. Chiamarono Europa (dal nome di una bellissima fanciulla della mitologia greca) il complesso di terre che si estendeva a occidente, Asia quello a oriente. L'etimo del termine Europa si fa risalire all'assiro *ereb* (che significa "terra del sole calante", ovvero occidente), usato in contrapposizione ad *asu* (che significa "terra del sole nascente", ovvero oriente), che indicava i territori dell'Asia.

PERCHÉ GINEVRA OSPITA TANTI STRANIERI?

Ginevra sorge sulle rive del lago omonimo, uno dei più grandi della Svizzera. È una città dall'aspetto **cosmopolita**, con una nutrita rappresentanza di studenti e lavoratori stranieri.

Molti di questi stranieri lavorano presso i numerosi **organismi internazionali** insediati a Ginevra sin dall'inizio del secolo scorso, fra i quali la Croce Rossa Internazionale, gli uffici europei dell'ONU, l'Organizzazione Mondiale della Sanità.

PERCHÉ L'IRLANDA È DETTA "ISOLA DI SMERALDO"?

L'Irlanda, seconda grande isola dell'arcipelago britannico, si trova nell'oceano Atlantico, a ovest della Gran Bretagna. Il *verde* è il tratto cromatico saliente che caratterizza tutto il paesaggio irlandese

Verde delle sconfinate praterie adibite a pascolo, verde del mare che penetra nelle insenature, verde dei fiumi, verde dei **trifogli**.

Compare nella sua bandiera ed è il **colore simbolo** di tutta l'isola e dei suoi abitanti.

Un sito archeologico nella contea di Cork, in Irlanda. In alto, un tratto del muro di Berlino.

PERCHÉ A BERLINO FU COSTRUITO "IL MURO"?

Al termine della Seconda guerra mondiale, la capitale della Germania venne **divisa in due**: Berlino Est fu nominata capitale della Repubblica Democratica Tedesca (RDT), posta sotto la sfera di influenza sovietica; Berlino Ovest divenne capitale della Repubblica Federale Tedesca, alleata degli stati occidentali.

Per evitare la fuga dei cittadini da est verso ovest la città fu divisa in due da un muro controllato da militari di entrambe le parti.

Nel **novembre 1989**, sull'onda della disgregazione dell'impero sovietico, una folla festante di cittadini tedesco-orientali si riversò per le strade di Berlino Ovest, mentre altri prendevano a picconate il muro, sancendone il simbolico "crollo". Nel 1991 Berlino tornò **capitale della Germania** riunificata.

CURIOSITÀ

PERCHÉ NORIMBERGA È LA CAPITALE DEI GIOCATTOLI?

Importante centro della Baviera tedesca, Norimberga è nota fin dal Settecento come la "capitale dei giocattoli". I primi giocattoli, una serie di soldatini di metallo realizzati per celebrare le vittorie di Federico il Grande di Prussia, erano belli ma troppo costosi; così nel 1760 un artigiano ebbe l'idea geniale di stampare figure piatte in stagno e peltro appoggiate a un piccolo piedistallo. Le statuine andarono a ruba e costituirono il primo "articolo" della nascente industria di giocattoli di Norimberga. Ancora oggi nel periodo di Natale a Norimberga si svolge il più grande mercato di giocattoli del mondo.

Statuine di Norimberga.

PERCHÉ A COPENAGHEN C'È LA STATUA DI UNA SIRENETTA?

Uno degli aspetti più suggestivi di Copenaghen, la capitale della Danimarca, è costituito dal lungomare. Qui si trova la statua della sirenetta, che costituisce il simbolo cittadino.

La statua è ispirata a una **fiaba** dello scrittore danese Hans Christian Andersen (1805-1875), celebre autore di libri per ragazzi.

Nella fiaba la sirenetta, innamoratasi di un giovinetto, diede la sua **voce** a una maga in cambio di due **gambe** da donna per poter vivere nel mondo degli uomini. Non potendo parlare, però, non riuscì a rivelarsi al suo innamorato e finì per dissolversi in tante bollicine d'aria.

Un paesaggio costiero della Groenlandia. A sinistra, la statua della Sirenetta a Copenaghen.

PERCHÉ LA GROENLANDIA È DETTA "TERRA VERDE"?

Furono i primi scopritori, i **vichinghi** europei, a dare il nome all'isola più grande del pianeta, la Groenlandia, che significa letteralmente "Terra verde".

In realtà solo sulle coste, debolmente lambite dalla Corrente del Golfo, cresce la vegetazione; per il resto l'isola, che si trova all'interno del Circolo polare artico, è ricoperta di **neve** e ghiaccio e vi predomina il bianco.

Probabilmente i vichinghi trovarono l'isola **verdeggiante** giungendovi in primavera.

AMBIENTE

PERCHÉ NELLE CITTÀ ISLANDESI SI RESPIRA ARIA PULITA?

Reykjavik e Akureyri, le principali città dell'Islanda, si distinguono dai centri urbani europei per la completa assenza di smog. L'aria è tersa, pulita e frizzante, il cielo limpido. Alla base di questa fortuna, l'utilizzo per il riscaldamento di un'energia "pulita" come quella geotermica, prodotta attraverso il recupero dell'acqua e dei vapori caldi che sgorgano dal sottosuolo. E, naturalmente, un numero assai ridotto di autoveicoli.

Una veduta di Reykjavik, la capitale dell'Islanda.

PERCHÉ L'ARTIDE È INOSPITALE?

Viene chiamata Artide la zona – comprendente mari e terre emerse – entro il Circolo polare artico, il cui centro è il polo Nord.

Le sue rigide temperature (**oltre i -50°**) la rendono estremamente inospitale: gran parte dell'Artide è infatti ricoperta da uno spesso strato di ghiaccio (la **banchisa**) per tutto l'anno.

Tra gli animali che vivono in un ambiente così rigido vi sono orsi bianchi, foche, caribù, volpi e lepri artiche, e diversi cetacei.

Anche alcune popolazioni umane si sono adattate ad abitare queste terre: sono gli **Inuit** e gli **Yupik** (i cosiddetti Eschimesi).

Cerimonia di consegna dei premi Nobel a Stoccolma.

PERCHÉ BUDAPEST È FORMATA DA DUE CITTÀ?

Budapest, sulle rive del Danubio, è il centro più antico e popoloso dell'Ungheria ed è il risultato della fusione dei due nuclei di **Buda** e **Pest**, entrambi di origine medievale.

La struttura attuale dei quartieri testimonia ancora le funzioni tradizionali dei due nuclei cittadini. Buda, che si estende ai piedi di una collina sulla riva destra del Danubio, è l'antica **residenza dei sovrani,** sede del governo e dell'aristocrazia magiara, e fra le colline e il lungofiume conserva eleganti palazzi, chiese, parchi e stabilimenti termali.

Sulla riva opposta del Danubio si estende Pest, con i **quartieri popolari** a pianta regolare affacciati su ampi viali, che rappresenta il moderno volto commerciale della capitale.

PERCHÉ A STOCCOLMA SI CONSEGNANO I PREMI NOBEL?

Dal 1901 i premi Nobel vengono consegnati a Stoccolma dal re di Svezia ogni 10 dicembre, anniversario della morte di **Alfred Nobel**, un magnate con la passione della letteratura.

In base al testamento, alla sua morte parte del suo patrimonio fu devoluto a una fondazione che ha il compito di conferire ogni anno un premio a coloro che si fossero particolarmente distinti in campo scientifico, letterario e nelle attività volte a promuovere la pace fra i paesi.

Nel 1969 fu istituito un premio anche per le scienze economiche.

Il Parlamento di Budapest si affaccia sul Danubio nella parte vecchia della città.

PERCHÉ A PRAGA C'È UNO STRANO OROLOGIO?

Praga, capitale della Repubblica Ceca, è una città dal nobile passato, testimoniato dai capolavori architettonici che ne adornano il centro storico.

Sulla torre del vecchio municipio, nel cuore della piazza principale, spicca un grande orologio che risale ai primi del Quattrocento. Si tratta di un **orologio astronomico**: non segna cioè soltanto le ore, ma mostra anche il sorgere e tramontare delle stelle, gli equinozi, le lune. L'orologio è diviso in tre parti: il quadrante, al centro, il calendario, in basso, e in alto una serie di **figure animate**.

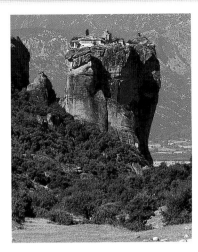

A sinistra, l'orologio astronomico di Praga. A destra, il monastero di Aghía Triáda, nel complesso delle Meteore.

PERCHÉ È FAMOSA LA TRANSILVANIA?

La Transilvania è una regione storica della Romania – nota per i borghi fortificati e i castelli – patria di un personaggio a metà fra storia e leggenda: Dracula, protagonista di numerosi romanzi e film di successo.

La leggenda di **Dracula**, portata agli onori letterari nel 1897 dallo scrittore irlandese Bram

Il castello di Dracula nei pressi di Brasov, in Romania.

Stoker, è ispirata alle vicende di un personaggio realmente esistito, **Vlad III**, incoronato principe della Valacchia nel 1400 dall'imperatore Sigismondo di Lussemburgo.

Nel romanzo di Stoker, Dracula è il fascinoso **vampiro** che si nutre del sangue delle sue vittime, una creatura delle tenebre che non può essere riflessa dagli specchi e perisce solamente se un paletto di legno gli trapassa il cuore.

PERCHÉ IN GRECIA CI SONO LE METEORE?

La piana della Tessaglia, in Grecia, ospita un incredibile scenario naturale: guglie e torrioni rocciosi modellati dagli agenti atmosferici che si elevano ad **altezze vertiginose**, separati da profondi precipizi.

Antichi luoghi di **ritiro ascetico**, nel XIV secolo le Meteore divennero sede dei monaci della regione, che scelsero i torrioni più isolati per sfuggire alle guerre che insanguinavano la zona. Qui costruirono **monasteri** scavati nella roccia o sulla sommità dei pinnacoli, che divennero poi attivi centri culturali e artistici.

Oggi ne rimangono 7, di cui solo 4 abitati.

CULTURA

PERCHÉ A CRETA FU COSTRUITO UN LABIRINTO?

Creta è la maggiore isola greca e la terra più a sud del Mediterraneo. Intorno al 3000 a.C., sul crocevia delle culture di Egitto e Mesopotamia, si sviluppò a Creta la più antica civiltà evoluta d'Europa. Sulla corte del re Minosse, figlio di Zeus e di Europa, fiorirono molte leggende. Una di esse narra che il re avesse chiesto a Poseidone di inviare un segno a conferma del suo diritto al trono. Il dio mandò dal mare un toro bianco che avrebbe dovuto esser sacrificato in suo onore. Minosse invece lo tenne per sé e sacrificò un toro qualsiasi. Per punirlo, Poseidone fece in modo che Pasifae – sua moglie – desse alla luce una creatura con corpo umano e testa e zampe di toro: il Minotauro. Per celare la disgrazia Minosse fece rinchiudere il mostro in un labirinto impenetrabile ideato da Dedalo. Il Minotauro, un essere feroce e selvaggio, fu poi ucciso dall'eroe Teseo.

◣ Una testa di toro ritrovata nel palazzo di Cnosso a Creta, capolavoro dell'arte minoica.

◣ Mosca, le rosse mura del Cremlino e la cattedrale di San Basilio.

◕ PERCHÉ LA FEDERAZIONE RUSSA È UN UNIONE DI ETNIE?

La Federazione Russa, nata nel 1993, è una **Repubblica federale** composta a sua volta da 21 repubbliche. Con circa 146 milioni di abitanti, è il sesto paese più popoloso del mondo.

Il suo territorio è vastissimo e accoglie una moltitudine di popoli diversi per origine, tradizioni, caratteristiche fisiche, cultura.

Delle **oltre 100 etnie**, i russi costituiscono la maggioranza (83%), seguiti da tatari, ucrai-ni, bielorussi e altri. La **tensione** fra le diverse etnie è forte soprattutto nelle regioni in cui i russi rappresentano la minoranza, come nella Repubblica dei Ciuvasci e in Cecenia.

Mosca continua a reprimere militarmente ogni spinta indipendentista all'interno delle repubbliche appartenenti alla Federazione.

◕ PERCHÉ A MOSCA SORGE IL COMPLESSO DEL CREMLINO?

Il Cremlino era in origine la **residenza degli zar,** gli imperatori della vecchia Russia, poi, nel 1918, divenne la **sede del governo** dell'Unione Sovietica, fino al crollo di quest'ultima nell'ultimo decennio del Novecento.

Il recinto del Cremlino è delimitato da mura di colore rosso, lungo le quali si aprono cinque porte e si elevano numerose torri, fra cui la celebre Spasskaya con i suoi imponenti orologi.

All'interno vi sono splendidi edifici come le cattedrali dell'Assunzione e di S. Michele Arcangelo, il palazzo Terem e il campanile di Ivan il Grande. A fianco del Cremlino si apre la celebre **piazza Rossa**.

La zona universitaria di Sarajevo. Al centro, un sarto al lavoro nel suk di Marrakech, in Marocco.

Manifestazione contro l'apartheid in Sudafrica.

PERCHÉ SARAJEVO VISSE UN ISOLAMENTO INTERNAZIONALE?

Sarajevo, fondata nel XV secolo, è la capitale della Bosnia-Erzegovina.

Fino all'ultimo decennio del Novecento rappresentava il simbolo della **pacifica convivenza** fra popoli di diverse etnie e religioni: architetture di impronta islamica (moschee, minareti, il bazar con le tipiche botteghe artigiane in legno) si affiancavano a chiese ortodosse e cattoliche, sinagoghe e palazzi asburgici.

Epicentro della **guerra civile** nella ex Jugoslavia, tra il 1992 e il 1995 Sarajevo fu gravemente danneggiata sia dal punto di vista architettonico sia delle infrastrutture.

Nel 1992 l'aeroporto internazionale rimase chiuso per mesi, durante i quali la città si trovò praticamente isolata.

PERCHÉ I SUK SONO IL REGNO DEI MERCANTI?

Nei paesi arabi, il mercanteggiare durante una **compravendita** è una vera arte.

Molti mercanti commerciano sia con i paesi stranieri sia vendendo nei bazar o nei suk, i quartieri fatti di stradine che pullulano di negozi pieni di **merci di ogni sorta**.

Chiusi nelle loro ingombre botteghe, pronti nel proporre al cliente i prodotti più diversi, a offrire il tè con un sapiente rituale, i mercanti manovrano a volte vere fortune.

PERCHÉ IN SUDAFRICA VIGEVA L'APARTHEID?

Dal dopoguerra fino al 1990 in Sudafrica erano in vigore aberranti **leggi razziali** che discriminavano i neri dai bianchi, il gruppo che deteneva il potere economico e politico.

Ai neri (la maggioranza della popolazione) era proibito accedere ai posti di lavoro e ai locali riservati ai bianchi, vivere negli stessi luoghi (esistevano dei ghetti), legarsi in matrimonio in unioni miste o usare gli stessi mezzi pubblici.

Questa politica fu detta *apartheid*, da una parola che significa "**separazione**".

Dopo sanguinosi scontri, forti pressioni internazionali e grazie soprattutto all'opera di **Nelson Mandela**, leader anti-apartheid che per questo trascorse 27 anni in prigione, il governo cambiò. Mandela fu eletto **presidente** della Repubblica Sudafricana e fu abolita la legislazione razzista.

🔳 Il quartiere di Manhattan a New York.

PERCHÉ A NEW YORK È CELEBRE MANHATTAN?

Uno dei più celebri quartieri di New York è quello di Manhattan, situato sull'isola omonima e delimitato da tre fiumi: l'Hudson, l'East River e l'Harlem River.

Ospita alcuni fra i **luoghi più noti** e visitati della città: il Central Park, un grande parco pubblico; Broadway, nota per i suoi teatri; Wall Street, la strada della finanza; il Greenwich Village, un tempo zona degli artisti; il Madison Square Garden, la celebre arena adibita a eventi sportivi e musicali; il ponte di Brooklin.

Nella zona sud , vi era il complesso del World Trade Center, con le **torri gemelle** distrutte dall'attentato dell'11 settembre 2001.

PERCHÉ WASHINGTON OSPITA UN "PENTAGONO"?

Washington, capitale statunitense, ospita i più importanti edifici pubblici del paese: il Campidoglio (sede del Congresso, il Parlamento americano), la Casa Bianca (residenza del presidente degli Stati Uniti) e il Pentagono.

Quest'ultimo è la sede dello Stato Maggiore delle **forze armate** statunitensi; ha la forma di un enorme pentagono che delimita al suo interno un ampio cortile.

È il simbolo della forza militare americana, di cui racchiude i **segreti**, e il suo accesso è consentito a un numero limitato di addetti.

PERCHÉ IL MONTE RUSHMORE È UNA "GALLERIA DI RITRATTI"?

Il monte Rushmore fa parte della catena delle **Black Hills**, nel Dakota (USA).

Nella roccia sono scolpiti quattro giganteschi ritratti di altrettanti **presidenti americani**: George Washington, Thomas Jefferson, Theodore Roosevelt e Abraham Lincoln. I volti, alti dai 18 ai 20 metri, sono visibili anche da una grande distanza.

🔳 Ritratti dei presidenti americani scolpiti nella roccia del monte Rushmore.

QUAL È L'ORIGINE DEL NOME RIO DE JANEIRO?

Seconda città del Brasile, Rio de Janeiro sorge sulla baia atlantica di Guanabara, scoperta nel 1502 dal navigatore portoghese Gonçalo Goelho. Pensando che fosse la foce di un fiume, il navigatore la chiamò Rio (che in portoghese significa "fiume") de Janeiro (che in portoghese significa "gennaio", ovvero il mese in cui fece la scoperta). Il significato del nome è quindi "Fiume di Gennaio". Capitale del Brasile fino al 1960, poi sostituita da Brasilia, Rio è una meta turistica internazionale grazie alle spiagge (tra cui la famosa Copacabana) e al pittoresco Carnevale. Alle spalle della città, dominata da un picco detto Pan di Zucchero, si estende la foresta tropicale.

La spiaggia di Copacabana a Rio de Janeiro.

PERCHÉ LA MECCA È UNA CITTÀ SANTA DELL'ISLAM?

La Mecca, in Arabia Saudita, è il luogo di nascita di **Maometto**, il profeta dell'Islam.

Luogo di culto per eccellenza è la Grande Moschea, ove sorge il santuario più importante dell'Islam, la **Ka'ba**.

È questo un edificio alto 15 metri, di forma cubica e coperto da una tenda nera; all'interno è conservata la "**pietra nera**", un simbolo molto importante per i musulmani perché sarebbe stata consegnata dall'arcangelo Gabriele al profeta Abramo e a suo figlio Ismaele (per tradizione progenitore degli Arabi).

Un tratto del Muro del Pianto a Gerusalemme. Sotto, un raduno di fedeli presso la Grande Moschea della Mecca.

PERCHÉ A GERUSALEMME C'È UN MURO DEL PIANTO?

Gerusalemme, in Israele, è considerata "città santa" per tre religioni. I cristiani vi venerano il Santo Sepolcro, i musulmani pregano nelle sue grandi moschee, gli ebrei pregano presso il Muro del Pianto, baciandone le pietre.

Queste ultime rappresentano simbolicamente l'**antico tempio** fatto costruire secondo la *Bibbia* dal re Salomone e poi da Erode il Grande, e distrutto più volte.

PERCHÉ IN EGITTO C'È UNA VALLE DEI RE?

La Valle dei Re è una stretta gola rocciosa dell'Egitto meridionale, sulla riva occidentale del Nilo.

Qui gli egizi seppellirono molti dei loro sovrani: sono state scoperte **oltre 60 tombe** che risalgono a più di 3200 anni fa.

Le tombe, che oltre al corpo mummificato del defunto contenevano **grandi tesori**, possiedono porte e passaggi segreti.

Una delle poche giunte quasi intatte fino a noi è quella del faraone Tutankhamon.

Particolare del sarcofago del faraone Tutankhamon (Museo del Cairo, Egitto). In basso, l'Australia in una foto satellitare.

CURIOSITÀ

PERCHÉ LA BANDIERA TURCA HA UNA MEZZALUNA?

L'origine del simbolo posto al centro della bandiera turca risale al tempo in cui il territorio dell'attuale Turchia era dominio dei bizantini. Si narra che la capitale Bisanzio (l'odierna Istanbul) fosse assediata dal re Filippo II di Macedonia e stesse per essere attaccata di sorpresa. Di notte la luce della luna, affiancata da una stella, giunse a rischiararla, permettendo alle truppe bizantine di accorgersi dell'attacco e di respingerlo. Da allora la falce di luna e la stella vennero adottate come emblema.

PERCHÉ FU COSTRUITO IL CANALE DI SUEZ?

Africa e Asia erano un tempo unite da una lingua di terra. Dal **Mediterraneo**, le navi erano obbligate a un lungo periplo per raggiungere i porti sul **Mar Rosso**, e viceversa.

L'apertura del canale di Suez, costruito tra il 1859 e il 1869 su progetto dell'ingegnere Ferdinand de Lesseps, fu essenziale per incrementare le comunicazioni e gli scambi. Il canale è lungo **170 chilometri** e largo 200 metri e permette il transito di navi anche molto grandi.

PERCHÉ L'OCEANIA È UN CONTINENTE PARTICOLARE?

Come indica il nome, l'Oceania è un continente posto in mezzo agli oceani Indiano e Pacifico. È formato da un'enorme isola-continente, l'Australia (vasta quasi come l'Europa: 7,7 milioni di chilometri quadrati) e da migliaia di isole sparse nelle acque dell'oceano.

Di queste solo due hanno grandi dimensioni: la **Nuova Guinea**, che è una specie di ponte verso l'Asia, e la **Nuova Zelanda**, che si trova proprio agli antipodi dell'Italia. Moltissime invece sono isole di piccola estensione, talora semplici scogli disabitati.

L'**Australia** è rimasta ignota agli europei fino al XVII secolo, ma era abitata dai progenitori degli aborigeni già 50.000 anni fa.

PERCHÉ A PECHINO C'È UNA "CITTÀ PROIBITA"?

Pechino, capitale della Cina, fu a lungo capitale dell'antico impero. Al centro del nucleo storico della città sorge il **Palazzo Imperiale**, un tempo residenza ufficiale dell'imperatore cinese e della sua corte.

Il palazzo era detto "Città proibita", in quanto l'accesso era **vietato ai cittadini**. Il complesso, oggi aperto al pubblico, è costituito da vari palazzi, splendidi giardini e laghi artificiali.

Un tratto della Grande Muraglia. Sotto, la Sala dell'Unione, nella Città proibita, era un tempo la sala del trono dell'imperatrice.

PERCHÉ FU ERETTA LA GRANDE MURAGLIA?

Nel 221 a.C. l'imperatore cinese Shi Huang ordinò la costruzione di un muro fortificato lungo il confine settentrionale dell'impero.

La Cina era all'epoca un impero ricco e fiorente e la muraglia doveva **tenere a bada i nemici**, in particolare le tribù nomadi dei mongoli (che l'avrebbero comunque conquistata secoli dopo).

La Grande Muraglia, alta e solida, munita di torri di guardia, porte e feritoie, era lunga più di **6000 chilometri**. La sua costruzione richiese anni e anni di lavoro e costò la vita a molti operai. Oggi ne restano ancora lunghi tratti.

PERCHÉ A KYOTO C'È UN PADIGLIONE D'ORO?

Antica **capitale dell'impero** giapponese, Kyoto offre lo spettacolo di splendidi palazzi imperiali inseriti in armoniose cornici naturali.

La più famosa delle architetture cittadine sorge in mezzo a un giardino: è il Padiglione d'Oro, abitazione di un dignitario giapponese del XIV secolo poi trasformato in **tempio** buddhista.

PERCHÉ RICORDIAMO HIROSHIMA E NAGASAKI?

Alla fine della Seconda guerra mondiale, nel 1945 gli Stati Uniti decisero di usare per la prima volta la **bomba atomica** per porre termine al conflitto in Giappone.

Il 6 agosto un aereo americano sganciò la bomba sulla città di Hiroshima, uccidendo 71.000 dei 350.000 abitanti. Tre giorni dopo un'altra bomba colpì Nagasaki, causando 40.000 morti.

I giapponesi si arresero, ma dopo quella tragedia era l'umanità intera a essere stata in qualche modo sconfitta. La **radioattività** nella zona rimase altissima per lungo tempo, causando l'insorgere di varie malattie fra i superstiti.

CURIOSITÀ

PERCHÉ IL GIAPPONE VIENE CHIAMATO PAESE DEL SOL LEVANTE?

Perché si trova all'Estremo Oriente, quindi laggiù ove sorge il Sole, come simboleggia il cerchio rosso posto al centro della bandiera nazionale.

PERCHÉ L'INDIA È LA PATRIA DELLA NON-VIOLENZA?

L'India è uno Stato indipendente relativamente giovane: esso conseguì infatti l'**indipendenza** dalla dominazione inglese solo nel 1947.

Fra i principali artefici della storica conquista vi fu **Mohandas Karamchand Gandhi** (1869-1948), che assunse il ruolo di guida politica e morale della nazione indiana meritandosi l'appellativo di *Mahatma* ("grande anima").

Gandhi unì i principi dell'induismo a influenze occidentali, ma soprattutto sviluppò una particolare strategia politica basata sulla **non-violenza**, che prevedeva l'uso attivo di strumenti quali la disubbidienza alle leggi, il boicottaggio di prodotti, le manifestazioni di massa, astenendosi da azioni violente.

Grazie ai risultati raggiunti con la non-violenza, Gandhi raccolse attorno a sé una moltitudine di seguaci e riuscì quasi sempre a evitare che le grandi mobilitazioni si concludessero nel sangue. Fu assassinato nel 1948 da un estremista induista. Oggi è ricordato come una delle figure morali e politiche più importanti del secolo scorso; in India è considerato **Padre della Nazione** e il suo giorno di nascita (il 2 ottobre) è festa nazionale.

PERCHÉ AD AGRA FU COSTRUITO IL TAJ MAHAL?

Agra, una città dell'India settentrionale, ospita uno dei monumenti più celebri e visitati di tutto il mondo: il Taj Mahal.

Situato sulle rive del fiume Yamuna, è un raffinato **mausoleo** in marmo bianco – finemente intarsiato e decorato – con una cupola centrale e quattro minareti che ne delimitano il quadrilatero. Lo circondano delicati e geometrici **giardini** e una sorgente d'acqua.

L'aspetto fiabesco di questo capolavoro è giustificato dalle sue origini: il Taj Mahal fu fatto costruire nel 1634 dall'imperatore Shah Jahan per accogliere le spoglie dell'amata moglie, **Mumtaz Mahal**, morta prematuramente. L'imperatore fu poi seppellito vicino a lei.

In alto, Hiroshima devastata dalla bomba atomica. Al centro, il Mahatma Gandhi, padre spirituale dell'India. Qui sotto, il Taj Mahal.

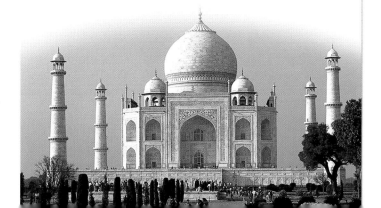

PERCHÉ BANGKOK È CONSIDERATA LA "VENEZIA ASIATICA"?

Bangkok, capitale della Thailandia, è la più grande città del Sud-est asiatico.

Sorge sul **fiume** Menam e il suo porto, il maggiore del paese, è collegato al **mare** da un canale, così come l'intera città è attraversata da **canali**, proprio come Venezia e Amsterdam.

Lungo i canali e le isole del delta del Menem sorgono caratteristiche case-palafitta di legno; per percorrere i canali gli abitanti si servono di imbarcazioni chiamate *sampan*.

PERCHÉ A RANGOON C'È UNA PAGODA D'ORO?

Le pagode sono i **monumenti sacri** del buddhismo, una religione nata nell'India settentrionale verso la fine del VI secolo a.C. e diffusasi poi in tutta l'Asia.

A Rangoon, ex capitale della Birmania (o Myanmar, stato del Sudest asiatico), si trova la celebre **Shwedagon**, soprannominata Pagoda d'oro, che custodisce reliquie dei Buddha.

L'enorme costruzione, alta 98 metri, poggia su una base quadrata sormontata da una cupola che termina con una guglia, ed è realizzata con **mattoni ricoperti d'oro**.

Un canale di Bangkok con alcune tipiche imbarcazioni.

CULTURA

QUAL È L'ORIGINE DEL NOME VENEZUELA?

Il Venezuela, lo Stato più settentrionale dell'America Meridionale, fu scoperto nel 1499 dal navigatore italiano Amerigo Vespucci. Giunto nei pressi della costa, a Vespucci si presentò probabilmente la visione del golfo di Maracaibo, che comunica con la vasta laguna di Maracaibo. Pensando alla laguna di Venezia, il navigatore chiamò quei territori Venezuela, che significa dunque "piccola Venezia".

L'incontro di Vespucci con un indigeno americano.

Qual è la città più alta del mondo?

È La Paz, in Bolivia, che sorge tra i 3600 e i 3750 metri di altezza. La Bolivia detiene anche il record dell'altezza media di una regione: i suoi altipiani si innalzano mediamente a 3700 metri sul livello del mare.
Si trova in Bolivia anche il lago più alto della Terra, il Titicaca, a un'altitudine di 3818 metri.

DATI E NUMERI

QUALI COSTRUZIONI HANNO SIMBOLEGGIATO L'EPOCA "MODERNA"?

Crystal Palace (Londra, 1851). Realizzato in ferro e in vetro su progetto di Joseph Paxton per ospitare la Grande Fiera delle Opere e dell'Industria di tutte le Nazioni, che si tenne presso l'Hyde Park di Londra; dopo l'evento il palazzo fu ricostruito in un sobborgo londinese ma nel 1936 fu distrutto da un incendio.

Statua della Libertà (New York, 1886). Realizzata dallo scultore Frederic Bartholdi basandosi su un disegno che raffigurava il leggendario colosso di Rodi, è alta 92 metri. Fu eretta per commemorare l'indipendenza degli Stati Uniti e il sostegno della Francia alla causa americana ed è diventata simbolo di libertà e speranza.

Torre Eiffel (Parigi, 1889). Realizzata su progetto di Gustave Eiffel in occasione dell'Esposizione Universale, che commemorava il centenario della rivoluzione francese. Alta 300 metri, fu il primo grattacielo mai costruito.

Transiberiana (Russia, 1904). Voluta dallo zar Alessandro III, con i suoi 9.440 chilometri è la più lunga ferrovia del mondo; collega due continenti in sette fusi orari e corre da Mosca a Vladivostok attraverso la taiga siberiana.

Canale di Panama (1914). La realizzazione del canale, iniziata nel 1903 fra difficoltà ambientali di ogni tipo, coronò il sogno di collegare l'oceano Pacifico all'Atlantico. I 50 chilometri del canale si attraversano in 8 ore.

Empire State Building (New York, 1931). Nato per iniziativa di un gruppo di finanzieri newyorkesi, è il grattacielo più famoso della metropoli americana. Alto 375 metri, i suoi 67 ascensori possono trasportare fino a 50.000 persone al giorno.

Golden Gate (San Francisco, 1937). Progettato da Charles Ellis, fu il primo ponte sospeso realizzato sopra un tratto di mare così esteso, scosso da forti venti e attraversato da pericolose correnti. Due torri alte 226 metri sostengono l'intera struttura di questo capolavoro di ingegneria, costruito in appena 4 anni, che ha resistito a ben 12 terremoti.

■ In alto, la Torre Eiffel di Parigi. Una nave presso le chiuse del canale di Panama. Qui a sinistra, il Golden Gate di San Francisco e, a destra, l'Empire State Building di New York.

SCOPERTE E INVENZIONI

Dalle caverne ai grattacieli, dal papiro al computer, dalla lampada a olio a quella alogena, dalla zattera ai transatlantici, dall'aliante all'aereo supersonico. O, più semplicemente, la vite, i bottoni, le forbici, i fiammiferi: nel corso della sua storia l'uomo ha ben saputo aguzzare l'ingegno!
Del resto, trasformare la realtà che ci circonda, adattandola ai nostri bisogni, è proprio una delle caratteristiche distintive dell'intelligenza umana.
Il secolo scorso ha conosciuto il boom della scienza e della tecnologia, campi in cui l'uomo ha fatto davvero passi da gigante: il Novecento ha visto nascere invenzioni così straordinarie che è impossibile stabilire quale sia stata la più importante. Forse quella che verrà domani. Le migliori menti sono già al lavoro…

SCOPERTE E INVENZIONI

PERCHÉ TUTTO COMINCIÒ... DALLA RUOTA?

Prima dell'invenzione della ruota gli unici mezzi per **trasportare grossi pesi** erano la slitta e i rulli ottenuti dai tronchi d'albero. Il trasporto era lento e faticoso e, soprattutto, era usato solo per spostare oggetti pesanti: gli uomini dovevano andare a piedi.

L'invenzione della ruota permise la successiva invenzione del **carro**, che rimase l'unico mezzo di trasporto per migliaia di anni.

Non sappiamo quando fu costruita la prima ruota; fra le prime testimonianze c'è l'immagine di una ruota applicata a una slitta, che appare su una tavoletta d'argilla, datata a più di 5000 anni fa, ritrovata tra le rovine di un tempio di Ur, in **Mesopotamia**. Nello stesso tempio c'è anche un bassorilievo dove compare un carro trainato da animali simili a tigri o leopardi.

🔲 A destra, un carro da guerra a ruote piene raffigurato sullo stendardo di Ur (arte sumera, 2400-2500 a.C.).

In Egitto, 2000 anni dopo, appaiono carri leggeri, eleganti, costruiti con canne di bambù e con le ruote munite di **raggi**.

Nel II secolo a.C. i romani realizzarono infine ruote con i raggi montati obliquamente sul mozzo, simili a quelli delle nostre biciclette.

PERCHÉ L'AGRICOLTURA FU COSÌ IMPORTANTE?

Molte migliaia di anni fa, i nostri antenati scoprirono che dai **semi** delle piante nascevano **nuove piante**, che a loro volta producevano nuovi frutti e nuovi semi, e cominciarono a sfruttare tale caratteristica della natura.

Nacque così l'agricoltura che cambiò profondamente le abitudini degli uomini; questi abbandonarono poco alla volta la **vita nomade** per fermarsi intorno ai campi, dando vita ai primi villaggi e alle prime comunità.

Da cacciatore e raccoglitore, l'uomo diventò produttore del proprio cibo.

🔲 In alto, un carro da guerra in bronzo ritrovato in Cina. Sotto, Per l'aratura dei campi gli antichi sumeri si servivano già dei buoi e di un rudimentale aratro.

🜋 PERCHÉ ALCUNI MATERIALI STANNO A GALLA?

Il matematico e fisico Archimede da Siracusa scoprì, nel III secolo a.C., il **principio base dell'idrostatica**.

Si dice che, mentre faceva il bagno, Archimede notò che il suo corpo incontrava una certa resistenza all'acqua e contemporaneamente il livello del liquido saliva: "**eureka**" esclamò (che in greco significa "ho trovato!").

Aveva scoperto il noto principio che da lui prese il nome: un oggetto immerso in un fluido riceve una spinta dal basso pari al peso del volume del fluido che viene spostato. Questa fondamentale legge della fisica fu applicata alla progettazione di tutto ciò che "galleggia" sia in acqua che nell'aria.

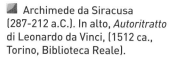
Archimede da Siracusa (287-212 a.C.). In alto, *Autoritratto* di Leonardo da Vinci, (1512 ca., Torino, Biblioteca Reale).

🜋 PERCHÉ LEONARDO FU UN GRANDE GENIO?

Leonardo da Vinci (1452-1519) è considerato il più alto genio scientifico di tutti i tempi. Lasciò una traccia innovatrice praticamente in **tutte le branche del sapere**: anatomia, botanica, idraulica, ottica, ingegneria, geologia, meccanica, chimica, astronomia, per citarne solo alcune.

Precursore di alcune conquiste della tecnica moderna, progettò **macchine per volare**, strumenti nautici e ottici, macchine belliche.

Senza dimenticare il fatto che fu un **artista** di primo piano e – naturalmente – anche in pittura si dimostrò un innovatore: introdusse lo "**sfumato**", una tecnica che consiste in graduali passaggi dalla luce all'ombra sulla tela rendendo i contorni meno definiti e ricreando un ambiente naturale dall'atmosfera più viva.

I suoi dipinti più famosi sono l'*Ultima Cena* (Milano, refettorio di S. Maria delle Grazie) e la *Gioconda*, conservata al Louvre di Parigi.

CULTURA

PERCHÉ LA PRIMA CLESSIDRA FUNZIONAVA A... LENTICCHIE?

Narra una leggenda che Semiramide, mitica regina di Babilonia, avesse inventato un curioso sistema per misurare il tempo. Per suo ordine, uno schiavo doveva spostare ritmicamente, a una a una, delle lenticchie da un vaso di bronzo a un altro. Una volta giunto a un numero stabilito, corrispondente a un tratto di tempo, doveva dare un segnale. La regina poté così dividere il giorno, dall'alba all'alba successiva, in 12 periodi di durata uniforme. L'idea delle lenticchie che passavano da un recipiente all'altro dovette ispirare gli antichi greci che usavano la clessidra (nella foto a fianco), costituita da due vasi: uno, superiore, pieno d'acqua o di sabbia, che si vuota attraverso un foro in uno inferiore. La valutazione del tempo si ricavava dalla quantità di liquido o di sabbia che passava da un vaso all'altro, ed era definita in "ore" che, naturalmente, non corrispondevano alle nostre ore di 60 minuti.

🌐 PERCHÉ I PRIMI OROLOGI ERANO A PENDOLA?

Nel 1584 **Galileo Galilei** fece una scoperta fondamentale: le **leggi del pendolo**. Il pendolo, costituito da una sbarra con un peso all'estremità inferiore, ha un periodo di oscillazione costante e quindi, applicato a un sistema di ruote, le fa muovere con un ritmo perfetto.

Fu però solo nel 1657 che il fisico e astronomo olandese **Christiaan Huygens** costruì il primo vero orologio a pendola. In seguito, lo stesso Huygens progettò un meccanismo a molla, chiamato **bilanciere**, che aprì la strada alla realizzazione di orologi sempre più precisi e di piccole dimensioni.

La precisione degli orologi fu raggiunta nel XIX secolo, prima con l'invenzione del **cronometro**, poi quando per la costruzione delle molle entrarono in uso speciali leghe d'acciaio, insensibili alle variazioni della temperatura.

◢ Una pendola viennese del 1840 circa.

◢ Qui sopra, la lampada a filamento di carbone brevettata da Thomas Edison nel 1880. In basso, ricostruzione di uno dei primi esperimenti di Edison sull'illuminazione.

🌐 PERCHÉ FU POSSIBILE REALIZZARE L'ILLUMINAZIONE ELETTRICA?

L'invenzione della lampadina a incandescenza, avvenuta nel 1879 da parte dello statunitense **Thomas Edison**, costituì la base per l'introduzione dell'illuminazione elettrica.

Nella lampadina a incandescenza la luce è emessa da un **sottile filamento**, reso incandescente dal passaggio della corrente elettrica. Per lungo tempo il filamento fu di carbone, inserito sotto vuoto nel bulbo di vetro della lampadina: ciò impediva all'ossigeno presente nell'aria di bruciare il filamento.

Nelle più moderne lampadine il filamento divenne di **tungsteno**, un metallo che fonde oltre i 3400 gradi. Oggi le lampadine a incandescenza sono state soppiantate da quelle **fluorescenti** a risparmio energetico.

CURIOSITÀ

PERCHÉ NEWTON FECE UNA SCOPERTA GUARDANDO CADERE UNA MELA?

L'inglese Isaac Newton fu uno dei più grandi scienziati del suo tempo. Di lui si ricorda sempre un episodio ormai divenuto leggendario: quando era giovane, nel 1666, sdraiato sotto a un melo vide cadere un frutto e l'evento accese in lui la scintilla di una grande intuizione. Ipotizzò infatti che la forza che faceva cadere la mela fosse la medesima che teneva anche la Luna e i pianeti all'interno delle loro orbite, vale a dire la forza di gravità. La scoperta, seguita poi dalla dimostrazione della teoria della gravitazione universale, sta alla base di tutta la fisica moderna.

PERCHÉ IL TRENO FATICÒ A IMPORSI QUALE MEZZO DI TRASPORTO?

La prima locomotiva fu progettata nel 1815 dall'inglese **George Stephenson**, dopo che lo scozzese **James Watt** nel 1764 aveva brevettato una macchina a vapore capace di alimentare una motrice in grado di trainare i carri.

Il 27 settembre 1825 Stephenson inaugurò la linea Stockton-Darlington con un **treno merci** che marciava alla velocità di 20 chilometri orari. Una seconda locomotiva di Stephenson, chiamata *Rocket* (Razzo), raggiunse i 32 chilometri orari e fu impiegata per il **primo treno viaggiatori** del mondo, sulla linea Liverpool-Manchester, nel 1830.

Nel giro di poche decine di anni, anche quella velocità "inconcepibile" fu quasi triplicata: nel 1857 negli Stati Uniti fu costruito un treno che correva a 135 chilometri orari.

Le ferrovie dovettero vincere la **diffidenza** e i timori dell'opinione pubblica e dei viaggiatori per la **velocità**, per il **fumo** emesso dalle locomotive, per il disagio delle carrozze, spesso aperte e poco confortevoli. Dovettero vincere anche l'ostilità sia dei proprietari delle terre,

■ Un convoglio all'ingresso dell'Eurotunnel.

sulle quali la posa dei binari portava scapito all'agricoltura e all'allevamento, sia delle società di navigazione, che vedevano nascere un pericoloso concorrente.

Ma il successo delle ferrovie non poté essere contrastato e il treno divenne lo strumento più efficace per lo sviluppo dell'industria e del commercio, consentendo il **trasporto rapido e a basso costo** di merci e materie prime.

PERCHÉ FU REALIZZATO L'EUROTUNNEL?

Il 6 maggio 1994 fu inaugurato il passaggio sotterraneo e subacqueo che collega direttamente Folkestone, in Gran Bretagna, a Calais, sulla costa francese.

L'Eurotunnel, il cui progetto era da tempo nei sogni degli ingegneri per **velocizzare** il collegamento tra le due nazioni, consiste di un tunnel **lungo 50 chilometri** che corre sotto la Manica nel suo punto più stretto (33 chilometri).

È composto da due gallerie di transito a senso unico e da una terza con funzioni di sicurezza e manutenzione. Moderni treni trasportano i passeggeri, mentre auto e camion vengono caricati su navette ferroviarie.

Quali sono la linea ferroviaria più alta, la più bassa e la più veloce del mondo?

La ferrovia più alta del mondo si trova in Perù e corre a 4800 metri sul livello del mare. La più bassa percorre l'Eurotunnel, sotto la Manica, a 120 metri sotto il livello del mare. Il treno più veloce è il giapponese Shinkansen che, in condizione di normale operatività, ha toccato i 443 Km/h.

🌑 PERCHÉ L'AGO DELLA BUSSOLA SI ORIENTA SEMPRE NELLA STESSA DIREZIONE?

La bussola è uno strumento che si è rivelato, attraverso i tempi, un aiuto essenziale per i naviganti, per gli esploratori, per gli aviatori e per tutti coloro che dovevano muoversi e orientarsi sulla Terra.

Inventata dagli antichi **cinesi**, che l'avrebbero usata più di 4000 anni fa, in Italia giunse probabilmente nel XII secolo per merito dei marinai di Amalfi, quando la città era una delle più fiorenti repubbliche marinare del Mediterraneo.

Nella bussola l'**ago**, essendo **magnetizzato**, si orienta sempre nella stessa direzione perché il globo terrestre funziona come una grossa **calamita**. L'ago subisce infatti l'attrazione del **polo nord magnetico**, anche se questo non corrisponde esattamente a quello geografico.

🌑 PERCHÉ IL VELOCIFERO NON EBBE SUCCESSO?

Nel **1791** il conte parigino Mede de Sivrac con un travicello di legno unì due ruote sullo stesso piano verticale. Montò a cavallo sul travicello e si spinse in avanti puntando i piedi a terra: inventò così il celerifero, detto poi "**velocifero**", antesignano della **moderna bicicletta**.

Mezzo piuttosto faticoso, il velocifero fu adottato come una divertente novità solo dai giovani.

Circa 25 anni dopo, nel **1818**, il barone bavarese Karl F. Drais von Sauerbronn costruì una macchina che dal suo nome fu chiamata *draisine*. Era in sostanza un velocifero con alcune modifiche: una leva simile a un timone che serviva come **manubrio** per la direzione e una **sella** per maggiore comodità.

Come il velocifero, però, non aveva freni, quindi guai a imboccare una discesa! Il primo biciclo a pedali fu realizzato dal francese E. Michaux nel 1855.

🌑 PERCHÉ SI COMINCIARONO A STAMPARE LIBRI?

La stampa di libri divenne possibile grazie all'invenzione dei **caratteri mobili**, blocchi di legno su ciascuno dei quali era modellato in rilievo un simbolo o una lettera, e che potevano essere **composti** in modo da formare le parole.

Un primo esempio si ebbe in Cina, dove erano stati inventati la carta e l'inchiostro, intorno al 700 d.C.

In Europa l'introduzione della stampa si deve al tedesco **Johann Gutenberg**, che intorno al 1438 iniziò a usare i caratteri mobili e il **torchio** per la stampa. Il primo libro stampato, nel 1454, fu un'edizione della *Bibbia*. Grazie a questa invenzione si verificò un'immediata diffusione della cultura e del sapere.

🔲 In alto, una bussola. Al centro, una pagina della *Bibbia Mazarina* (Magonza, museo Gutenberg), più in basso un tornio in una delle prime stamperie. Qui a sinistra, la *draisine* del 1818.

Una delle prime automobili, realizzata nel 1896 dall'americano Henry Ford.

PERCHÉ L'AUTOMOBILE È DIVENTATA UN MEZZO COSÌ DIFFUSO?

La possibilità di costruire un **veicolo capace di muoversi** senza essere trainato da un animale, ovvero dotato di un motore, fu immaginata intorno al 1500 da filosofi come Ruggero Bacone o da geni come Leonardo da Vinci; rimase però un'intuizione teorica fino in epoca moderna.

Nell'Ottocento molti studiosi si dedicarono alla ricerca dei propulsori per l'automobile e, dopo vari tentativi, il problema fu risolto con i **motori a scoppio**, costruiti e brevettati nel **1854** dagli italiani Eugenio Barsanti e Felice Matteucci.

Con la definitiva adozione degli pneumatici (1895) e l'introduzione della **guida interna**, del cambio di velocità, della trasmissione a cardano (1898) e dei **freni a disco** (1902), l'automobile divenne un veicolo affidabile e maneggevole.

Ai primi del Novecento sorsero le fabbriche per la **produzione in serie** e, verso il 1920, furono introdotte le leghe d'acciaio e alluminio destinate

alla costruzione delle carrozzerie: da allora i miglioramenti meccanici, continui e rapidissimi, hanno reso le automobili sempre più comode e sicure.

Quasi tutti i modelli possiedono oggi **dispositivi di sicurezza** come il controllo elettronico della frenata e l'airbag, un pallone che si gonfia in caso di urto per proteggere il conducente.

Una Fiat 508 S Balilla Sport del 1933-1937. Sotto, il "muso" di una Ferrari.

Il telegrafo di Morse. Al centro, un apparecchio fotografico di inizio secolo.

PERCHÉ GRAZIE AL CODICE MORSE SI POSSONO SALVARE DELLE VITE?

A inventare il telegrafo elettrico non fu uno scienziato ma un pittore americano, **Samuel B. Morse**. Egli ideò un apparecchio che con un solo filo trasmetteva un codice (detto poi alfabeto Morse) in cui a ogni lettera corrispondeva una **sequenza di impulsi** di corrente – più o meno prolungati – che si trasformavano visivamente in **linee e punti**.

L'apparato trasmettitore era un tasto che provocava il contatto elettrico; l'apparato ricevitore tracciava su una striscia di carta le linee e i punti inviati dal trasmettitore.

Applicato per la prima volta fra Washington e Baltimora nel **1844**, il sistema di Morse si diffuse rapidamente in tutto il mondo. Ebbe, fra gli altri, il merito di velocizzare le comunicazioni di emergenza: dal 1908 è in uso un segnale internazionale di richiesta di soccorso (**SOS**, dalle iniziali di *Save Our Souls*, che in inglese significa "Salvate le nostre anime") che prevede l'invio di una sequenza formata da 3 punti, 3 linee e 3 punti.

Un dagherrotipo dell'Ottocento colorato a mano.

PERCHÉ LE PRIME FOTOGRAFIE SI CHIAMAVANO DAGHERROTIPI?

Il significato letterale della parola fotografia ("scrittura di luce") rimanda a un particolare **fenomeno ottico**, studiato fin dall'antichità: se si pratica un piccolo foro su una parete di un camera buia (**camera oscura**) e attraverso questo foro si fa penetrare la luce, sulla parete opposta si forma l'immagine capovolta degli oggetti illuminati.

Nei primi decenni del XIX secolo numerosi scienziati inglesi e francesi compiono ricerche per cercare di fissare le immagini che si formavano nella camera oscura. L'esperimento decisivo fu realizzato nel 1826 dal francese **Nicéphore Niépce**, con un dispositivo formato da una cassetta munita di lente e di un quadrato di peltro spalmato di uno speciale bitume, che rimase "**impressionato**" dalla luce in modo indelebile.

Qualche anno dopo il connazionale **Louis Jacques Daguerre** riuscì a ottenere un'immagine fotografica assai migliore su una sottile lastra di rame argentato, chiamata, dal suo nome, dagherrotipo (1840). I dagherrotipi presentavano però una limitazione essendo tutti **esemplari unici**, non potevano quindi essere riprodotti in più copie. Poco dopo, lo scienziato di origine inglese **William Fox Talbot** inventò un procedimento – detto **calotipia** – che consentiva di ottenere un negativo da cui produrre copie positive.

❓ PERCHÉ È FAMOSO THOMAS ALVA EDISON?

Lo statunitense Thomas Alva Edison è considerato il più grande inventore dell'età moderna: a lui sono dovute quasi **1300 invenzioni**.

Tra le più note figura il **fonografo** (1877) che, come il grammofono, registrava e riproduceva i suoni, servendosi però di un cilindro anziché di un disco. Al 1879 risale l'invenzione della **lampadina elettrica** a filamento di carbone.

Edison fu anche un pioniere del cinema: insieme al suo gruppo di ricercatori ebbe l'idea di fotografare una serie di immagini su una stessa striscia di pellicola, che fu poi proiettata in pubblico con un apparecchio chiamato **cinetoscopio**.

La prima proiezione avvenne nel 1891 nei laboratori di Edison.

🟦 La locandina de *L'arroseur arrosé* dei fratelli Lumière, il film che aprì la via al genere comico. A sinistra, uno dei leggendari fonografi Edison.

❓ PERCHÉ AL CINEMA VEDIAMO LE IMMAGINI IN MOVIMENTO?

Dal punto di vista tecnico, il cinema rappresenta il naturale sviluppo della fotografia. Il termine cinematografo infatti (dal greco *kínesis*, "movimento", e *gráphein*, "scrivere") indica un'invenzione che permise di riprodurre la realtà in movimento.

La macchina da presa fotografa l'azione tramite una serie di rapidi scatti (**fotogrammi**) che vengono messi in fila su una **pellicola** e proiettati su uno schermo.

La sequenza dei fotogrammi si susseguono sullo schermo a una velocità tale che il nostro occhio non è in grado di distinguere un fotogramma da quello successivo; al contrario, percepisce un **movimento continuo**: le immagini si trasformano in un unico flusso senza interruzioni.

L'invenzione della macchina da presa e del proiettore è attribuita ai francesi **Auguste e Louis Lumière**, che nel 1895 inaugurarono a Parigi la prima proiezione cinematografica.

CULTURA

QUAL È L'ORIGINE DEL NOME BIRO?

La penna a sfera fu inventata nel 1938 dal giornalista e critico d'arte ungherese Laszló Biró. Si narra che Biró, osservando alcuni ragazzi che giocavano a bocce, notò che le palle, dopo essere passate in una pozzanghera, lasciavano dietro di loro una riga di fango. Da qui l'idea di una piccolissima sfera che, scorrendo nella punta della penna, si impregna di un inchiostro molto denso e grasso in grado di non seccarsi a contatto con l'aria. Biró brevettò la prima penna a Parigi; poi, caduto in miseria, cedette il brevetto alla società americana Parker.

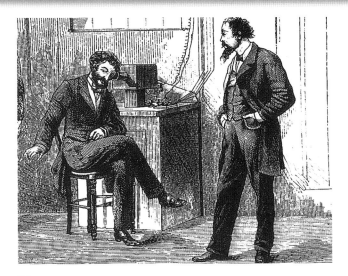

Alexander Bell sperimenta il telefono.

PERCHÉ L'INVENZIONE DEL TELEFONO HA UNA DOPPIA PATERNITÀ?

Tra il 1876 e il 1888 tre inventori si contesero la paternità dell'invenzione del telefono: Alexander Graham **Bell** ed Elisha **Gray** (americani) e l'italiano Antonio **Meucci**.

Il primo telefono fu realizzato nel 1856 da Meucci, che però non poté brevettare l'invenzione per mancanza di denaro. Nel 1876 Alexander G. Bell, che si occupava della rieducazione dei sordi, nell'ambito della sua attività ideò e realizzò un telefono, di cui chiese il brevetto. Nello stesso giorno, a distanza di poche ore, Elisha Gray, un fisico studioso di telecomunicazioni, chiese lo stesso brevetto.

Il brevetto **fu attribuito a Bell**, ma poiché l'apparecchio era analogo al suo, Meucci si impegnò in una lunga **controversia legale** dalla quale uscì sconfitto nel 1888. Più tardi la sua priorità fu dimostrata, ma Meucci non ne ebbe alcun vantaggio perché nel frattempo i rivali avevano trovato i finanziamenti per impiantare le centrali e i collegamenti indispensabili al funzionamento di una **rete telefonica**.

PERCHÉ PRENDIAMO GLI ANTIBIOTICI?

Il primo antibiotico che venne realizzato fu la **penicillina**, scoperta nel 1928 dal batteriologo inglese **Alexander Fleming**.

Lo scienziato scoprì che una colonia di batteri coltivati su una piastra venivano debellati da una muffa formatasi per caso.

La penicillina fu il primo medicinale "antibiotico", cioè capace di **uccidere selettivamente i batteri patogeni** in concentrazioni tali da non essere pericoloso per l'uomo. Con l'uso dell'antibiotico molte malattie un tempo mortali, come la meningite e la polmonite, poterono essere curate.

Riproduzione del telefono di Bell.

CULTURA

QUAL È L'ORIGINE DEL NOME CELLULA?

Tutti gli organismi viventi sono formati da cellule, le unità fondamentali in grado di nutrirsi e riprodursi. Il termine "cellula", che significa "piccola cella" o "cavità", fu introdotto nel 1665 dall'inglese Hook; lo studioso aveva notato che il sughero, osservato al microscopio, presentava tante piccole cavità, separate da pareti, che chiamò cellule. Nel 1838 il botanico M. Schleiden scoprì che tutti i tessuti vegetali sono formati da cellule; l'anno seguente lo zoologo T. Schwann dimostrò che anche i tessuti animali sono formati da cellule. La fondamentale scoperta mise in risalto la somiglianza di base che esiste fra tutti gli esseri viventi.

Minuscoli invertebrati visti al microscopio.

PERCHÉ L'AEROPLANO PUÒ VOLARE?

Pur essendo più pesante dell'aria, l'aeroplano può volare grazie alle **ali** e ai **motori**. Le ali fendono l'aria che viene spinta via dalla loro superficie superiore, con il risultato che si crea una **pressione** maggiore sotto le ali che non sopra.

La pressione dell'aria sul lato inferiore spinge dunque le ali verso l'alto. Per **decollare** e per rimanere in volo tuttavia l'aeroplano deve muoversi a una **forte velocità**: la spinta è assicurata dai motori.

Il primo biplano a motore fu costruito dai fratelli americani **Orville e Wilbur Wright**. Con il Flyer 1, nel 1903 Orville compì un volo sperimentale della durata di appena 12 secondi: il velivolo si alzò dal suolo di circa 3 metri.

In alto, un moderno quadrimotore Boeing 747 SP. A destra, un elicottero. Al centro il Flyer I dei fratelli Wright.

PERCHÉ NACQUE L'ELICOTTERO?

L'elicottero nacque dall'esigenza di costruire apparecchi capaci di decollare verticalmente e in spazi ristretti. Un primo modello sperimentale fu costruito dall'ingegnere italiano **Enrico Forlanini** nel 1877; aveva un motore a vapore e si innalzò fino a 13 metri dal suolo.

Una via di mezzo tra l'aeroplano e l'elicottero, chiamato "autogiro", fu inventato nel 1919 dallo spagnolo **Juan de la Cierva**, che nel 1928 attraversò la Manica con il suo prototipo. Il primo vero elicottero fu realizzato nel 1939 dall'ingegnere ucraino **Igor Sikorsky**.

CULTURA

PERCHÉ L'AMBIZIONE DEL VOLO È ANTICA QUANTO L'UOMO?

Il volo rappresenta una delle più antiche aspirazioni dell'uomo, stimolata dall'osservazione degli uccelli. Una leggenda nata alla corte di Minosse, antico re di Creta, ha come protagonisti Dedalo e il figlio Icaro. Dedalo, architetto reale e inventore del famoso labirinto, fu accusato di aver aiutato l'eroe Teseo a uccidere il Minotauro e venne rinchiuso nel labirinto insieme al figlio. Egli, per fuggire, costruì due paia di ali tenute insieme con la cera e spiccarono il volo. Il figlio, dimenticando le istruzioni paterne, si spinse troppo in alto e il Sole sciolse la cera. Le ali si staccarono e Icaro terminò tragicamente il suo volo.

Maso da san Friano, *La caduta di Icaro*.

PERCHÉ SI COSTRUIRONO I GRATTACIELI?

Per sfruttare al massimo i costosi terreni delle grandi città e grazie al crescente **sviluppo tecnologico**, verso la fine del XIX secolo negli Stati Uniti fu ideato il grattacielo.

Il primo fu eretto a **Chicago** nel 1879. In origine, queste costruzioni in muratura alte circa 50 metri contavano 10 o 12 piani; poiché tutto il grattacielo poggiava sulle pareti, i muri della base erano spessi anche fino a 3 metri, per poi assottigliarsi in alto.

Nel 1883 fu usata per la prima volta una **struttura metallica** di ferro (poi di acciaio) che sostituì la funzione portante delle pareti e rese possibile l'aumento dell'altezza dei grattacieli.

Oggi le pareti di alcuni grattacieli sono completamente in **vetro**.

PERCHÉ GLI ALIMENTI SI CONSERVANO PIÙ A LUNGO NEL CONGELATORE?

La perfetta conservazione degli alimenti nei nostri congelatori si deve al commesso viaggiatore americano **Clarence Birdseye**.

Mentre si trovava nel Labrador, osservò che il sistema migliore per conservare gli alimenti stava nella **velocità di raffreddamento** più che nel raggiungimento di basse temperature.

È il principio dei surgelati, che Birdseye mise a punto in laboratorio ponendo alcune fette di carne tra due piastre metalliche a una temperatura molto bassa. La prima vendita al dettaglio di surgelati fu effettuata nel **1930** a Springfield, nel Massachusetts (USA).

PERCHÉ È POSSIBILE OTTENERE LE "FOTOCOPIE"?

Inventata nel **1938** dall'americano **Chester F. Carlson**, la fotocopiatrice è diventata una macchina di uso comune. Ma come funziona?

Mettendo un foglio da riprodurre sul vetro della fotocopiatrice, una serie di specchi e di lenti proiettano l'immagine del foglio su un **cilindro ruotante**, rivestito di materiale sensibile alla luce.

Di conseguenza, la luce carica elettrostaticamente il cilindro in corrispondenza dei

◢ In alto, le Petronas Tower di Kuala Lumpur. Qui a lato, una fotocopiatrice.

DATI E NUMERI

LE STRUTTURE ARCHITETTONICHE PIÙ ALTE DEL MONDO

NOME	LOCALITÀ E ANNO DI COSTRUZIONE	ALTEZZA (metri)
Burj Khalifa	Dubai, Emirati Arabi, 2010	828
Taipei 101	Taipei, Taiwan, 2004	509
World Financial Center	Shanghai, Cina, 2008	492
Int. Commerce Center	Hong Kong, 2010	484
Petronas Towers I e II	Kuala Lumpur, Malaysia, 1998	452
Zifeng Tower	Nanchino, Cina, 2009	450
Willis Tower	Chicago, USA, 1973	442
Guangzhou Center	Canton, Cina, 2009	438
Jin Mao Tower	Shanghai, Cina, 1998	421
Int. Finance Centre	Hong Kong, 2003	415
Trump Hotel and Tower	Chicago, USA, 2009	415
Citic Plaza	Canton, Cina, 1997	391

CURIOSITÀ

A CHE VELOCITÀ VANNO GLI ASCENSORI?

I grattacieli non avrebbero potuto avere successo se, contemporaneamente, non fossero stati inventati gli ascensori. Il primo ascensore mosso da un motore elettrico fu realizzato nel 1880 dall'industriale tedesco Werner von Siemens. La velocità degli ascensori andò aumentando progressivamente: ai primi del Novecento, gli ascensori normali raggiungevano la velocità di 12 metri al minuto, che salì poi a 72; i più rapidi toccavano i 500 metri. Oggi ci sono ascensori che viaggiano a 750 metri al minuto.

Il Central Plaza di Hong Kong.

dei canali disponibili nella cella; spostandosi in una zona servita da un'altra cella, il sistema trasferisce il segnale su un canale della nuova cella, lasciando libero il precedente.

Nel 1992 è stato inaugurato il sistema **GSM** che, utilizzando la tecnologia digitale nelle trasmissioni, ha permesso anche l'invio degli SMS.

Oggi, con i nuovi standard **G3** e **G4** (ovvero terza e quarta "generazione"), è possibile scambiarsi immagini, filmati, vedere la televisione e consultare pagine Internet, come su un computer. Quest'ultima generazione di telefonini evoluti, gli *smartphone*, vengono usati anche per restare in contatto attraverso i social network.

punti scuri del foglio (cioè scritte e disegni). Successivamente, sul cilindro viene distribuita una finissima polvere d'inchiostro (il **toner**) che aderisce soltanto ai punti in cui si sono accumulate le **cariche elettrostatiche**, riproducendo l'esatta immagine della pagina.

Infine, il foglio di carta viene pressato sul cilindro e **riscaldato**, in modo che l'inchiostro vi aderisca in maniera permanente.

PERCHÉ SI È AFFERMATA LA TELEFONIA MOBILE?

I telefoni cellulari furono introdotti intorno al **1980** in Svezia (dalla Ericsson), in Finlandia (dalla Nokia) e negli Stati Uniti (dalla AT&T).

Il sistema della telefonia mobile è basato sulla suddivisione del territorio in una serie di celle, ognuna con una stazione ricetrasmittente. Quando un utente fa una chiamata utilizza uno

PERCHÉ LA CHITARRA È DIVENTATA "ELETTRICA"?

Le **origini** della chitarra, il popolare strumento a corde con una cassa armonica a forma di otto, risalgono agli **assiri ed egizi**.

Introdotta dagli arabi in Europa nel 1200, questo strumento diventò popolare alla fine del 1700, con l'introduzione della sesta corda e l'opera di compositori come Niccolò Paganini, che le dedicò molti pezzi solistici.

In età moderna la chitarra è diventata lo strumento principe della musica rock, grazie alla sua versione elettrica, che risale al 1932 ad opera di **Adolphus Rickenbacker**.

Nella chitarra elettrica le corde non producono un suono ma la loro vibrazione è convertita in **segnale elettrico** da un gruppo di riproduttori detti pick up.

Il segnale elettrico, amplificato, giunge agli **altoparlanti**, dove viene convertito in suono.

Un telefono cellulare di prima generazione. A sinistra, una Gibson Les Paul del 1977.

PERCHÉ QUELLA NUCLEARE È LA PIÙ POTENTE FORMA DI ENERGIA?

Un chilo di combustibile nucleare (uranio e plutonio) può produrre un'energia pari a 3 milioni di chili di carbone. Nei reattori nucleari i **nuclei dell'uranio** vengono bombardati con particelle chiamate neutroni; questi rompono il nucleo degli atomi di uranio trasformandoli in nuclei più piccoli: in tal modo si libera un'enorme quantità di **energia**.

Il primo reattore nucleare fu costruito a Chicago (USA) nel 1942, grazie alle ricerche e agli esperimenti svolti dal fisico italiano **Enrico Fermi**, che per primo produsse energia nucleare mediante una controllata reazione a catena dell'uranio.

Purtroppo il nucleare fu usato quasi immediatamente a scopi bellici e nel 1945, al termine della seconda guerra mondiale, le prime **bombe atomiche** furono scagliate sulle città giapponesi di Hiroshima e Nagasaki.

Da allora nessun'arma nucleare è stata più usata contro gli uomini, eppure è stato calcolato che esistano abbastanza ordigni nucleari da **distruggere la vita** sul pianeta.

PERCHÉ SI USANO I CODICI A BARRE?

La tecnologia dei codici a barre fu inventata da **Jerome Lemelson**, un prolifico inventore che alla sua morte lasciò circa 500 brevetti.

Questo sistema costituisce una "**carta di identità**" per ogni prodotto. La sequenza di barre e numeri cela dati che corrispondono al paese di fabbricazione (le prime 2 cifre), al nome dell'azienda produttrice (le successive 5 cifre) e alla tipologia di prodotto (le restanti 5).

Nei negozi i codici sono interpretati da speciali "**lettori ottici**" a penna o a scanner: facendo scivolare il prodotto sulla cassa o passando la penna sull'etichetta, il computer a cui è collegato il sistema è in grado di trasformare i codici in una serie di informazioni.

Il "fungo" causato da un'esplosione nucleare.

AMBIENTE

PERCHÉ QUELLA NUCLEARE È LA PIÙ PERICOLOSA FORMA DI ENERGIA?

La reazione nucleare causa, oltre all'energia, l'emissione di pericolose radiazioni che oltre una certa soglia diventano mortali per gli esseri viventi. Ecco perché i reattori delle centrali nucleari sono protetti da spessi scudi per impedire la fuoriuscita di radioattività. Il 27 aprile 1986 esplose uno dei quattro reattori della centrale di Cernobyl, in Ucraina, disseminando una radioattività pari a quella sprigionata dalla bomba atomica su Hiroshima. Gli effetti si fecero sentire in tutta Europa (Italia compresa) e riguardarono la salute degli abitanti, la terra e i raccolti. L'incidente segnò l'avvio di un aspro dibattito sul nucleare e fu l'occasione per lo sviluppo di una "coscienza ecologica" più diffusa e consapevole.

Il simbolo internazionale di radioattività.

DATI E NUMERI

ALCUNE INVENZIONI CHE CI HANNO RESO PIÙ FACILE LA VITA

INVENZIONE	ANNO	INVENTORE
Aeroplano a motore	1903	Orville e Wilbur Wright (USA)
Automobile	1885	Karl F. Benz (Germania)
Bicicletta a pedali	1855-62	Pierre ed Ernest Michaux (Francia)
Cibi surgelati	1924	Clarence Birdseye (USA)
Computer	1946	scienziati statunitensi
Condizionatore d'aria	1902	Willis H.Carrier (USA)
Elicottero	1877	Enrico Forlanini (Italia)
Fiammiferi	1827-29	John Walker (Gran Bretagna)
Forno a microonde	1946	Percy L. Spencer (USA)
Fotocopiatrice	1934-37	Chester F. Carlson (USA)
Fotografia	1841	William H. Fox Talbot (Gran Bretagna)
Frigorifero	1921	N. Wales e E.J. Copeland (USA)
Gru	III sec a.C.	Archimede (Grecia)
Lampadina	1879	Thomas Alva Edison (USA)
Lavatrice elettrica	1906	Alva Fisher (USA)
Macchina per scrivere	1808	Pellegrino Turri (Italia)
Microfono	1877	Thomas Alva Edison (USA)
Microscopio	1590	Hans e Zacharias Janssen (Olanda)
Motocicletta a benzina	1885	Gottlieb Daimler (Germania)
Ombrello	1750 ca.	(Francia)
Penna a sfera	1938	Laszló e Georg Biró (Ungheria)
Pila elettrica	1800	Alessandro Volta (Italia)
Plastica	1846	Christian Schönbein (Svizzera)
Radio	1895	Guglielmo Marconi (Italia)
Registratore	1898	Valdemar Poulsen (Danimarca)
Scala mobile	1894	Jess Reno (USA)
Stampa a caratteri mobili	1438	Johann Gutenberg (Germania)
Stufa a gas	1826	James Sharp (Gran Bretagna)
Telefono	1871	Antonio Meucci (Italia)
Telefono cellulare	1979	Ericsson Company (Svezia)
Televisione	1929	Vladimir Kosma Zworykin (URSS)
Tram elettrico	1888	Frank J. Sprague (USA)
Videoregistratore	1956	W. Johnson e J. Mullin (USA)
Vite	1556	Georg Bauer (Germania)

COMUNICAZIONE E INFORMATICA

Dopo aver realizzato i primi esperimenti nel giardino di casa, nel 1894 il giovane Guglielmo Marconi si recò in Inghilterra, dove riuscì a trasmettere segnali in codice Morse a 12 chilometri di distanza, senza usare fili di alcun tipo. I mezzi di comunicazione hanno conosciuto da allora un processo evolutivo rapido e inarrestabile, con esiti che fino a qualche decennio fa parevano impensabili e che, per il futuro, promettono ancora di stupire. Alcuni programmi televisivi raggiungono già oggi via satellite miliardi di spettatori in tutto il pianeta, mentre con lo sviluppo della tecnologia informatica e la sua diffusione di massa le informazioni viaggiano addirittura simultaneamente da una parte all'altra del globo. Basta un semplice "click" del mouse...

DALLA RADIO ALLA TELEVISIONE

❓ PERCHÉ COMUNICHIAMO A DISTANZA "SENZA FILI"?

La scoperta delle onde elettromagnetiche si deve al fisico tedesco **Rudolph Hertz** che, nel 1887, riuscì a generare delle cariche oscillatorie che potevano essere trasmesse nello spazio.

L'**oscillatore** di Herz aprì la strada alla realizzazione di un dispositivo capace di utilizzare le onde elettromagnetiche per stabilire comunicazioni a distanza e senza collegamento diretto fra trasmettitore e ricevente.

Il sistema fu poi sviluppato da **Guglielmo Marconi** con l'invenzione del telegrafo senza

fili, capace di trasmettere **messaggi radio** sotto forma di segnali come quelli dell'alfabeto Morse. Nel 1894 Marconi riuscì a inviare i primi chiari e riconoscibili segnali in assenza di fili.

Più tardi, il fisico canadese-americano Reginald Fessenden perfezionò il telegrafo di Marconi con un sistema che consisteva nel modulare le onde elettromagnetiche del telegrafo con un **segnale audio**. In questo modo si poté inviare il suono via onde elettromagnetiche.

❓ PERCHÉ LE ONDE RADIO COPRONO GRANDI DISTANZE?

Le onde radio sono onde elettromagnetiche con lunghezza d'onda compresa fra qualche metro e alcuni chilometri.

Sono quindi della stessa natura di quelle luminose del Sole (cioè della luce) e quindi viaggiano alla **velocità della luce**. Ma, poiché hanno una lunghezza d'onda circa 10 miliardi di volte più grande, non possono essere osservate direttamente e devono essere captate mediante speciali antenne.

🔲 Marconi riceve il primo messaggio attraverso l'oceano Atlantico (1901).

🔲 In alto una replica del trasmettitore di Marconi. Sotto, un modello di ricevitore marconiano.

🌐 PERCHÉ "ASCOLTIAMO" LA RADIO?

Una radio capta le onde irradiate nello spazio dalla stazione trasmittente. All'interno della **stazione trasmittente**, voci e suoni vengono trasformati in impulsi elettrici tramite un microfono; la corrente elettrica che ne risulta è molto debole e deve essere amplificata.

Un oscillatore genera onde elettromagnetiche a frequenza molto elevata. La corrente amplificata e l'onda entrano insieme in un modulatore, che le miscela dando così origine a un'**onda modulata**.

A questo punto l'antenna trasmittente invia nello spazio l'onda modulata, che viene captata dall'**antenna ricevente**.

Inizia così un procedimento inverso al precedente: il segnale elettrico viene ritrasformato in sonoro all'interno del ricevitore, che è dotato di un altoparlante in grado di riconvertire l'elettricità in onde sonore.

🌐 PERCHÉ FU IMPORTANTE L'INVENZIONE DELLA RADIO?

L'invenzione della radio rappresentò non solo un progresso dal punto di vista tecnologico, ma soprattutto un **evento culturale** di primaria importanza.

Con la radio le distanze vennero praticamente abolite: paesi lontani poterono rapidamente **comunicare** tra loro,

CULTURA

QUAL È L'ORIGINE DEL NOME RADIO?

Il termine nasce come abbreviazione di una serie di parole come radiofonia, radiotelegrafo, radioricevitore, radiotrasmissione. Deriva dal latino *radius*, che significa raggio e si riferisce alle onde elettromagnetiche irradiate dalle trasmittenti.

■ Una radio del 1949.

mentre programmi culturali e di informazione si diffusero presso un vasto pubblico.

Negli anni Trenta del Novecento la radio iniziò a essere usata anche come strumento di **propaganda politica ed economica** (per esempio, nacquero le pubblicità per i prodotti destinati al largo consumo).

L'intervento delle lavorazioni industriali su grande scala consentì la produzione di apparecchi dal costo sempre più contenuto e la conseguente diffusione della radio.

■ Al centro, un ricevitore con altoparlante del 1927.

■ I partecipanti a una festa natalizia raccolti intorno a un apparecchio radio; particolare da un dipinto di W. R. Scott (1922).

Quale fu la prima trasmissione radio a entrare in funzione?

Il 24 dicembre 1906, dalla località di Brant Rock nel Massachusetts (USA)
il fisico canadese-americano Reginald Fessenden realizzò la prima
trasmissione radio della storia, trasmettendo due brani musicali
e un discorso. La prima stazione radio a modulazione di frequenza (FM)
fu inaugurata nel 1938 dalla General Electric a Schenectady (New York).

PERCHÉ FU POSSIBILE COSTRUIRE RADIO TASCABILI?

Le prime, ingombranti radio funzionavano a **valvole**. Dalla fine della Seconda guerra mondiale le valvole (prima nelle radio, poi in tutti gli apparecchi realizzati grazie alle innovazioni dell'ingegneria elettronica) furono sostituite dai **transistor**.

Il transistor è un semiconduttore che svolge lo stesso lavoro delle valvole, ma ha dimensioni assai contenute e inoltre funziona con un minimo di energia a bassa tensione.

L'introduzione del transistor rese quindi possibile la realizzazione di radio sempre più piccole, e alimentate a **batteria**.

PERCHÉ MOLTE RADIO TRASMETTONO IN FM?

Con le ricerche dell'americano E. H. Armstrong, negli anni Trenta del Novecento le trasmissioni radiofoniche furono perfezionate grazie a un sistema di emissione di onde cortissime ad ampiezza fissa e frequenza modulabile (**modulazione di frequenza**, cioè FM).

Assegnando a ogni stazione un canale di frequenza specifico si evitavano le interferenze e, inoltre, si trasmettevano segnali di alta qualità.

Quasi tutte le radio commerciali oggi trasmettono in **FM**.

Al centro una radiolina tascabile. In alto, un radio "Saba" del 1957, uno dei primi modelli italiani a trasmettere in FM Qui sotto, manifesto EIAR del1939.

DATI E NUMERI

LA DIFFUSIONE DELLA RADIO IN ITALIA

La prima stazione trasmittente italiana, URI, nel 1928 si trasformò nell'EIAR, Ente Italiano Audizioni Radiofoniche, e poi nel 1944 in RAI, Radio Audizioni Italiane. Agli inizi, non più di 1 italiano su 100 possedeva una radio. Durante la Seconda guerra mondiale molti si sintonizzavano di nascosto sulla proibita Radio Londra, che trasmetteva informazioni aggiornate sul conflitto. Nel dopoguerra la radio diventò il principale mezzo di comunicazione di massa, con più di 5 milioni di apparecchi venduti, superando perfino i quotidiani. Nel 1976, con la liberalizzazione delle frequenze, esplosero le "radio libere", fenomeno inizialmente considerato solo giovanile, che diede invece l'avvio alla creazione delle centinaia di stazioni radio alle quali è possibile sintonizzarsi oggi in tutta Italia.

PERCHÉ LA TELECAMERA CATTURA LE IMMAGINI?

L'obiettivo della telecamera riprende le immagini, concentrandole su un **sensore**.

Questo è in grado di convertire i raggi luminosi in **impulsi elettrici**, adatti a essere registrati o trasmessi, mentre i suoni vengono raccolti dai microfoni.

PERCHÉ CI GIUNGONO LE IMMAGINI TELEVISIVE?

Le immagini e i suoni della televisione si propagano per **onde radio**, così come avviene per le trasmissioni radiofoniche.

Le telecamere riprendono le immagini, mentre i microfoni catturano i suoni; tutto viene trasformato in impulsi elettrici. Il **segnale** audiovisivo così composto viene quindi indirizzato al trasmettitore, che ha il compito di amplificarlo e trasformarlo in radioonde.

L'**antenna** dei televisori capta le onde emesse dalla stazione, e i circuiti elettrici dell'apparecchio ricevente ritrasformano il segnale in immagini e suoni sullo schermo. Con il passaggio dalla televisione analogica a quella **digitale**, si sono resi disponibili un maggior numero di canali ed è migliorata la qualità del segnale.

Un operatore televisivo negli studi RAI. Al centro, una videocamera amatoriale.

PERCHÉ SI PUÒ GUARDARE LA TELEVISIONE SUL MONITOR DEL COMPUTER?

Il computer e il televisore utilizzano standard diversi per l'elaborazione delle immagini.

Mentre la TV elabora le immagini linea per linea, il monitor effettua la visualizzazione punto per punto. Utilizzare un monitor per guardare la televisione è dunque possibile solo mediante **apposite schede**, dotate di sintonizzatore TV, da inserire nel proprio computer come scheda grafica.

Questi dispositivi convertono gli standard e la gestione dei dati provenienti dall'antenna, dal videoregistratore, dalla videocamera.

Un satellite artificiale per le telecomunicazioni. In basso, alcuni ripetitori televisivi.

PERCHÉ VEDIAMO LA TELEVISIONE A COLORI?

La telecamera a colori scompone l'immagine ripresa nei **tre colori primari** (rosso, verde e blu), generando tre distinti segnali video, uno per ciascun colore.

Il ricevitore televisivo capta a sua volta questi segnali e, a seconda del tipo di monitor del televisore (CRT, LCD, Plasma, ecc.) lo traduce accendendo dei piccoli punti di colore rosso, verde e blu con diversa luminosità.

Questo sistema di composizione del colore si chiama sistema **RGB** dalle iniziali inglesi dei colori rosso, verde, blu (**Red, Green, Blue**).

Osservata da vicino, l'immagine televisiva a colori risulta pertanto composta da una miriade di puntini di colore rosso, verde e blu. Da lontano, invece, i colori risultano fusi in un'unica immagine comprensiva di tutte le tonalità cromatiche.

PERCHÉ SI USANO I RIPETITORI?

Le prime trasmissioni televisive coprivano solo **distanze molto brevi**.

Le radioonde che trasportano le immagini televisive vengono propagate infatti, tramite speciali antenne, in linea retta. Per coprire grandi distanze si rese necessario lo sviluppo dei ripetitori, antenne collegate al trasmettitore principale mediante **ponti-radio** o linee via cavo, in grado di far superare alle onde ostacoli fisici quali, ad esempio, le montagne.

Grazie ai **satelliti artificiali** (ripetitori televisivi situati nello spazio) oggi i programmi televisivi possono essere trasmessi simultaneamente in tutto il mondo.

PERCHÉ È POSSIBILE STIMARE QUANTE PERSONE HANNO VISTO UN PROGRAMMA TELEVISIVO?

Il gradimento dei vari programmi da parte di un campione selezionato di telespettatori viene registrato da una società chiamata **Auditel**, nata nel 1984. Nelle case di circa 5000 famiglie, tra il telefono e il televisore è applicato un piccolo apparecchio chiamato **Meter**, che raccoglie i dati provenienti da altri piccoli apparecchi, le unità di identificazione, appoggiate su ogni televisore della casa.

Ciascuna di queste unità è in grado di riconoscere la frequenza sulla quale il televisore è sintonizzato, il tempo di permanenza su ogni singolo programma e l'identità di chi è seduto davanti allo schermo, grazie a uno speciale **telecomando**.

Un computer elabora poi i dati, proiettandoli su **scala nazionale**: si possono così calcolare le percentuali di telespettatori che assistono alle diverse trasmissioni.

DAL TRANSISTOR AL PERSONAL COMPUTER

PERCHÉ IL TRANSISTOR È L'ANTENATO DEI MODERNI COMPUTER?

Messo a punto nel 1948 dai ricercatori americani William Shockley, Walter Brattain e John Bardeen (premio Nobel 1956), il transistor **sostituì le valvole** nelle macchine elettroniche, dimostrandosi molto più affidabile, a dispetto delle piccole dimensioni.

Si trattò del primo dispositivo di amplificazione e commutazione a semiconduttore.

I transistor sono composti da una sfoglia sottile (wafer) di **cristalli di silicio**, la quale amplifica la corrente elettrica che vi passa attraverso. Possono essere collegati, in modo da formare circuiti complessi come, per esempio, i **circuiti integrati**.

Un transistor delle prime generazioni. In alto, piano di circuiti monolitici studiato nei laboratori IBM.

PERCHÉ NACQUERO I CIRCUITI INTEGRATI?

I circuiti integrati, la cui produzione prese avvio a metà del Novecento, constano di un singolo pezzo che contiene **diversi transistor**, collegati in modo da formare un circuito.

Un esempio di circuito integrato è il microprocessore, una scheggia di silicio che contiene migliaia di transistor in un'unità molto piccola, base dei **moderni computer**.

Il microprocessore contiene l'unità centrale di elaborazione, esegue le varie istruzioni dei programmi, controlla e regola le varie attività del sistema.

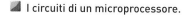
I circuiti di un microprocessore.

PERCHÉ IL COMPUTER "CONOSCE" SOLO DUE NUMERI?

Il sistema numerico in base al quale opera un computer si chiama **binario**. In base a questo sistema tutte le informazioni sono trascritte in sequenze di soli due numeri: l'**1** e lo **0**.

La totalità delle istruzioni fornite a un computer deve esser scritta con queste due cifre soltanto, che saranno poi codificate.

Il numero delle caselline necessarie per scrivere un numero si chiama numero di **bit**, dall'espressione inglese *binary digit*, che significa "cifra binaria".

Un gruppo di 8 bit forma un **byte**, che costituisce l'unità di misura minima di un computer.

🌐 PERCHÉ L'AVVENTO DEL PC SEGNÒ UNA SVOLTA?

Il primo calcolatore elettronico, l'**ENIAC**, fu costruito nel 1946 negli Stati Uniti; funzionava a valvole, pesava oltre 30 tonnellate ed era più grande di un appartamento.

Più tardi i calcolatori, sempre molto ingombranti, si diffusero nelle **grandi aziende** per compiere complesse operazioni matematiche.

La svolta avvenne alla fine degli anni Settanta, con lo sviluppo del transistor e la nascita del **personal computer** (PC), ovvero del computer per un solo utente. Piccolo e relativamente poco costoso, il PC ha conosciuto da allora una diffusione rapidissima e capillare divenendo un oggetto di uso comune.

Con modelli ogni volta più evoluti e potenti le sue applicazioni sono sempre più vaste: dalla scrittura, al disegno e alla grafica, fino alla **multimedialità**: musica, giochi, filmati, foto, e tramite Internet è possibile stare collegati con tutto il mondo.

L'ENIAC, il primo voluminoso computer. Al centro, la prima generazione di Apple iMac. Sotto, la scheda madre di un PC.

🌐 PERCHÉ I COMPUTER HANNO PIÙ "MEMORIE"?

Il "cuore" di un computer è costituito dall'hardware, in cui rientra tutto ciò che compone fisicamente l'elaboratore. Nell'hardware trovano posto tre tipi di memorie.

ROM (sigla di Read Only Memory), memoria permanente di sola lettura che contiene le istruzioni per far partire il computer e non può essere modificata.

RAM (sigla di Random Access Memory o Memoria ad Accesso Casuale), è quella che il computer utilizza per lavorare: per aprire e utilizzare i vari programmi e i dati archiviati.

DISCO FISSO. Nel disco c'è tutto il contenuto del computer, compreso il sistema operativo.

Con il rapido sviluppo delle tecnologie disponibili i computer presentano memorie sempre più estese che permettono una migliore velocità e capacità di archiviazione dei dati.

CULTURA

QUAL È L'ORIGINE DEL NOME PIXEL?

Il termine deriva dalle parole inglesi *picture* (immagine) e *element* (elemento): il pixel è infatti il più piccolo elemento di cui sono composte le immagini digitali. I pixel sono minuscoli quadratini (nell'immagine sopra, una serie) che l'occhio nudo non riesce a distinguere. Quanto più i pixel sono numerosi, tanto più alta è la risoluzione dell'immagine (cioè la quantità di dettagli visibili). Nella fotografia si indica la risoluzione in megapixel (milioni di pixel), mentre per i monitor si indica il numero di pixel base per altezza (ad esempio 1680x1050).

PERCHÉ I COMPUTER HANNO LE "PORTE"?

Le "porte" sono **prese** di diversa forma situate di solito sul retro del computer e servono a comunicare con le "periferiche": tastiera, mouse, monitor, modem, stampante, scanner o altro.

Oggi le porte più usate sono le **USB** (Universal Serial Bus), che permettono di collegare diverse periferiche a una sola porta. Esistono porte per utilizzi specifici, come le Firewire, eSATA, Ethernet, audio, video.

La stampante e il mouse sono esempi di periferiche. Sopra, i videogiochi sono tra i software più diffusi.

PERCHÉ SI USANO I SOFTWARE?

Software è il termine generico che indica i **programmi** (o applicazioni) di tutti i tipi che fanno funzionare il computer: per esempio, il sistema operativo, un programma di scrittura o di grafica, un videogioco.

In pratica, tutto ciò che un computer è in grado di fare viene dettato da un programma. I programmi possono essere realizzati in diversi "**linguaggi**" a seconda dei computer su cui saranno utilizzati.

DATI E NUMERI

BREVE GLOSSARIO INFORMATICO

BIT Unità di misura fondamentale dell'informatica; nella memoria del computer corrisponde a circuito aperto o chiuso e può contenere i numeri zero e uno.

BYTE Insieme di 8 bit, cioè la quantità di memoria necessaria per rappresentare un numero da 0 a 256 oppure una lettera dell'alfabeto. I multipli sono il kilobyte (KB, 1024 byte), il megabyte (MB, 1024 Kb) e il gigabyte (GB, 1024 Mb).

DATABASE Vasto archivio di informazioni organizzato in modo che i dati possano essere facilmente reperiti e organizzati.

FILE Documento che contiene testi, suoni o immagini registrati sul PC o su memorie esterne.

HARD DISK Disco metallico sigillato, contenuto all'interno del computer, o esterno, nel quale si possono memorizzare dati e programmi.

JOYSTICK Dispositivo di input simile al mouse, è costituito di una leva che si muove in tutte le direzioni e da una serie di pulsanti.

MOUSE Letteralmente "topo", per via della sua forma, è un dispositivo che attraverso movimenti sul piano di lavoro sposta un puntatore sullo schermo e permette di dare i comandi al computer.

SISTEMA OPERATIVO È il programma fondamentale installato su ogni computer che gli permette di funzionare ed eseguire altri programmi scritti appositamente. Ne esistono di "proprietari" (come Microsoft Windows, Unix, Apple OS X) e di "open source" (come GNU/Linux, Android).

SOFTWARE Programma contenente le istruzioni che permettono al computer di eseguire varie operazioni. Ci sono software per ogni cosa: per scrivere, disegnare, progettare, giocare ecc.

WIRELESS Sistema di collegamento senza fili, tra le periferiche e il computer.

Quanti file ci sono in un computer?

Il termine file nel linguaggio informatico indica un documento, un programma, un insieme di dati digitali (testo, immagine, suono, filmato ecc.) contenuto nel computer. Il numero di file che può contenere un computer dipende dalla capacità del suo hard disk e dal peso in byte dei singoli file.

PERCHÉ ANCHE I COMPUTER SI "AMMALANO"?

I computer possono essere "infettati" da virus. Informatici, naturalmente.

Il primo software con caratteristiche di autoreplicazione "**virale**" fu realizzato dalla Bell nel 1950 e si chiamava *Core wars*.

Un virus può entrare nel computer attraverso file precedentemente infettati, trasmessi anche tramite posta elettronica (detti **troyan**). Questi sono in grado di far compiere operazioni indesiderate all'insaputa del proprietario (carpire informazioni come password, cancellare dati dal disco, spedire email).

Per difendersi esistono programmi chiamati "**antivirus**", che analizzano i file indicando la presenza di eventuali virus.

PERCHÉ IL COMPUTER SI "ADDORMENTA"?

Se è stata attivata una particolare preferenza, quando il computer non è utilizzato per un determinato periodo di tempo il sistema operativo si mette in **pausa** e il monitor si oscura.

È un modo per **risparmiare energia**, riducendo al minimo le funzioni, proprio come quando noi dormiamo.

Sembrerà strano, ma mentre sono inattivi alcuni computer "sognano": pesciolini in un acquario, paesaggi tridimensionali, oggetti o fumetti che appaiono o scompaiono dallo schermo… I responsabili sono, ovviamente, speciali programmi detti "**salvaschermo**".

Cestino

PERCHÉ OGNI TANTO VA SVUOTATO IL CESTINO?

Per eliminare dei file, si buttano nel cestino: ma in questo modo **non vengono eliminati** definitivamente, infatti è ancora possibile recuperarli tirandoli fuori dal cestino.

Per eliminarli del tutto bisogna svuotare il cestino; lo spazio sul disco viene così liberato e i file **non sono più recuperabili**.

Rappresentazione di un immaginario attacco di virus informatici. Al centro, il cestino sulla scrivania del computer.

PERCHÉ I DISCHI OGNI TANTO VANNO "RIORDINATI"?

Anche se su un computer le informazioni possono essere per noi ben ordinate in documenti e cartelle, all'interno del disco sono disposte in modo molto più complicato e un documento può anche essere sparso su moltissimi piccoli "frammenti" memorizzati in diversi punti del disco. Questo disordine aumenta sempre di più durante il normale uso del disco.

Per leggere un documento, il disco impiega un meccanismo chiamato "testina" che salta da un punto all'altro per recuperare tutti i frammenti che costituiscono un documento.

Se questi frammenti sono tanti e lontani l'uno dall'altro, la testina deve muoversi molto per andarli a recuperare. Se invece sono pochi e vicini tra loro, bastano pochi movimenti e la lettura è più veloce.

Per questo ogni tanto conviene riordinare il disco (**deframmentazione**), usando degli appositi programmi, in modo da disporre tutti i frammenti l'uno accanto all'altro.

PERCHÉ I CD E I DVD SI POSSONO SCRIVERE UNA VOLTA SOLA?

I supporti ottici, **CD** oppure **DVD**, da alcuni anni vengono utilizzati per archiviare una notevole quantità di dati.

Quando si incide uno di questi supporti si usa il "**masterizzatore**",

che tramite un sottilissimo **raggio laser** di alta potenza brucia delle minuscole aree della superficie del disco per produrre i puntini chiari e scuri che, nel linguaggio del computer, vengono tradotti nei numeri zero e uno, utilizzati per memorizzare le informazioni.

Dato che la superficie del disco viene proprio "bruciata", non è più possibile cancellarla e riscriverla.

Esistono anche CD e DVD riscrivibili, anche se non sono molto utilizzati.

PERCHÉ SI USA LO SCANNER?

Lo scanner è un apparecchio che consente l'analisi e la **riproduzione** di documenti scritti, sia grafici sia fotografici.

Un fascio di luce analizza il documento attraversandolo per linee parallele (**scansione**). Il raggio riflesso, la cui intensità dipende dalla tonalità più o meno chiara di ciascun punto, agisce su un sensore che trasforma il segnale luminoso in un segnale elettrico analogico.

Questo viene trasformato in un segnale elettrico digitale per essere memorizzato e utilizzato dal computer, che riproduce l'immagine a video.

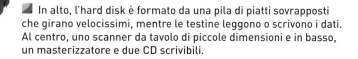

In alto, l'hard disk è formato da una pila di piatti sovrapposti che girano velocissimi, mentre le testine leggono o scrivono i dati. Al centro, uno scanner da tavolo di piccole dimensioni e in basso, un masterizzatore e due CD scrivibili.

PERCHÉ LE LETTERE DELLE TASTIERE HANNO QUELLA DISPOSIZIONE?

Nel 1868 l'americano Christopher Latham Sholes brevettò la moderna macchina per scrivere e ne ideò la tastiera, rimasta poi inalterata anche nei computer. Si tratta della cosiddetta tastiera **Qwerty**, dalle lettere dei primi sei tasti della fila superiore.

L'idea di Sholes fu di raggruppare le lettere in modo tale che tutte quelle vicine nelle parole di uso comune nella **lingua inglese** si trovassero ai lati, distanziate tra loro, così da poter essere battute alternativamente con tutte le dita.

Anche se la tastiera Qwerty è la più diffusa, ci sono anche altri tipi di tastiere, per esempio la **Qzerty** e la **Azerty**.

In alto, una tastiera Qwerty. Qui sotto, un casco per la realtà virtuale.

DATI E NUMERI

IL CINEMA DIGITALE

Le tecnologie più recenti, a partire dal 1995, hanno portato alla realizzazione di particolari CD capaci di contenere film completi con immagini ad alta risoluzione, suono stereo ad alta fedeltà con il parlato selezionabile in lingue diverse. La tecnologia si chiama DVD (Digital Video Disc) e i dischi, uguali nella forma e dimensioni ai normali CD, possono contenere sette volte le informazioni di quest'ultimo. Nel 2002 ha fatto ingresso nel mercato un nuovo tipo di prodotto chiamato Blu Ray Disc, supporto nato per i film in alta definizione. Questo può contenere olte 50 GB (Giga Byte), è dunque quasi 12 volte più capiente di un DVD. È una tecnologia ancora in evoluzione e molte case stanno sviluppando prototipi molto più capienti (anche 400 GB). Nel 2009 sono stati commercializzati i primi Blu Ray Disc 3D.

PERCHÉ ESISTE UNA REALTÀ VIRTUALE?

La realtà virtuale nasce per essere applicata in campo **militare** e **scientifico**: ad esempio per simulazioni di combattimento o per addestramento, per le **operazioni chirurgiche** a distanza o con l'uso di micro-apparecchi computerizzati.

Nella realtà virtuale, che consiste in immagini tridimensionali percepibili tramite particolari apparecchiature collegate a computer, l'utente è completamente immerso nelle immagini e nei suoni e può interagire con gli oggetti che lo circondano come se fossero reali.

Esistono, ad esempio, riproduzioni di cabine di pilotaggio nelle quali è possibile vivere l'esperienza del volo in maniera totalmente realistica. I piloti possono così fare **pratica simulata** prima di salire a bordo di un vero aereo.

NELL'ERA DI INTERNET

PERCHÉ È NATA INTERNET?

Internet è nata nel 1969 su impulso del Ministero della Difesa degli Stati Uniti, che volle creare una **rete di computer** in grado di permettere a tutte le basi militari americane nel mondo di comunicare tra loro anche in caso di guerra.

All'epoca la rete si chiamava **Arpanet** e collegava una trentina di elaboratori. Il termine Internet venne usato per la prima volta nel 1973, quando degli scienziati americani realizzarono un **protocollo di trasmissione** che permetteva di connettere fra loro reti di computer di tipo differente.

Nel 1983, per motivi di sicurezza, le informazioni militari furono trasferite su una rete separata, chiamata **Milnet**; dall'anno successivo la rete Internet diventò sempre più articolata evolvendo rapidamente nella più grande rete telematica mondiale, oggi ad uso civile.

PERCHÉ INTERNET È DETTA LA GRANDE RETE?

I dati e le informazioni disponibili in rete sono in realtà "contenute" in milioni di computer sparsi in tutto il mondo; lo strumento che permette di accedere a queste informazioni è il **World Wide Web** (WWW), che in inglese significa "grande ragnatela mondiale".

Il World Wide Web fu inventato nel 1992 presso il CERN di Ginevra allo scopo di per-

mettere alle università di condividere le loro ricerche.

In pochi anni il sistema si è evoluto nella rete che permette lo scambio di testi, immagini, suoni, filmati in tutto il mondo. Opera per mezzo di due standard: l'**HTML** (il linguaggio ipertestuale) e l'**HTTP** (il protocollo di trasferimento dei dati su Internet).

PERCHÉ SI USA IL MODEM?

Il primi modem analogici (dalle iniziali dei termini inglesi *modulator/demodulator*) erano dispositivi che collega un computer a una linea telefonica tradizionale per collegarsi a Internet o **comunicare** con altri computer. La velocità di connessione era piuttosto lenta rispetto agli standard attuali.

Oggi i modem più usati con il computer sono quelli **ADSL** che consentono di collegarsi alla rete Internet a velocità elevate. Anche i telefoni cellulari di ultima generazione possiedono un modem per collegarsi a Internet, lo stesso tipo che, sotto forma di "**chiavetta**" USB, può essere applicato ai computer portatili.

■ In alto, il simbolo di Internet. Al centro, la grande rete di computer sparsi per tutto il globo. Sotto, uno dei primi modem.

PERCHÉ CI SI ABBONA A UN PROVIDER?

I provider sono i **fornitori** che permettono agli utenti di accedere a Internet.

Ogni volta che ci colleghiamo a Internet, in realtà ci colleghiamo al provider che, a sua volta, ci **connette alla rete**.

Nell'indirizzo di posta elettronica di solito compare il nome del provider a cui si è abbonati: sui computer del provider vengono infatti depositati i messaggi di posta, finché l'utente non li ha scaricati sul proprio computer.

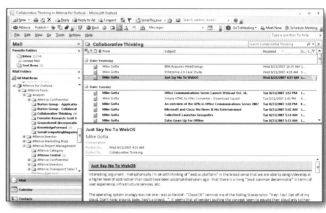

Una schermata da Outlook Express.

PERCHÉ SI USA IL LINGUAGGIO IPERTESTUALE?

Il linguaggio ipertestuale (contraddistinto dalla sigla **HTML**) fu inventato nel 1990 dal fisico inglese Tim Berners-Lee del CERN di Ginevra.

Tale linguaggio è diventato lo **standard** per le navigazioni attraverso i siti Internet in quanto consente di spostarsi tra documenti diversi, custoditi in vari computer, semplicemente "**cliccando**" su una parola.

PERCHÉ MOLTI INDIRIZZI WEB INIZIANO CON HTTP://?

Su Internet ci sono diversi modi di trasferire i dati, noti come protocolli di trasferimento. Il più comune è l'HTTP (sigla per **Hyper Text Tranfer Protocol**, ovvero "Protocollo per il trasferimento di ipertesti").

L'HTTP permette al server (cioè al computer a cui ci colleghiamo) di interpretare le nostre richieste e inviarci le informazioni. Esso contiene le **istruzioni** che permettono all'utente, mentre scorre un documento ipertestuale contenente legami (i cosiddetti **link**), di saltare a un altro documento e richiamare informazioni.

CULTURA

QUAL È L'ORIGINE DEL SIMBOLO @?

Il simbolo @, quello che si usa negli indirizzi di posta elettronica, deriva da un antico modo di scrivere le lettere detto "legamento". Le lettere "a" e "d" erano spesso scritte con un unico segno, a formare il termine latino *ad*, cioè "verso", nel senso di andare verso qualcosa o qualche luogo. Nel mondo anglosassone il senso venne modificato in *at*, che significa "a" o "presso" (anche per indicare un indirizzo). Il simbolo apparve poi su un tasto di una macchina per scrivere americana del 1902, ed era utilizzato per abbreviare la frase *at a price of* ovvero "al prezzo di". Successivamente, nel 1972 il simbolo venne acquisito dall'inventore della posta elettronica, Ray Tomlinson, per separare il nome del destinatario dal server di destinazione. Come a dire: Mario Rossi presso (@) Yahoo.com. Data la forma a spirale in Italia questo simbolo viene chiamato "chiocciola".

PERCHÉ PER NAVIGARE SERVE IL BROWSER?

Si chiama browser (da una parola inglese che si riferisce a "**navigare**" in Internet) il programma che permette di accedere ai siti e quindi di leggere o scaricare documenti.

Per aprire una pagina basta scriverne l'indirizzo corretto nella finestra principale del programma. All'interno delle pagine web il puntatore del mouse in certi punti si trasforma in una "**manina**": lì è attivo il collegamento (detto link) a un'altra pagina o a un altro sito, raggiungibili con un semplice click del mouse.

Una giovane "navigatrice". Al centro, i loghi di due dei principali browser: Firefox ed Explorer. Sotto, l'home page di Google.

PERCHÉ SONO UTILI I MOTORI DI RICERCA?

Data la complessità della Rete, per **cercare qualcosa** in Internet ci si può rivolgere a siti chiamati motori di ricerca.

Basta immettere la parola o l'argomento da cui partire per la ricerca e in breve questi "motori" forniscono una **lista di indirizzi** web in cui è contenuta la parola in questione.

PERCHÉ ATTRAVERSO INTERNET SI POSSONO CONOSCERE ALTRE PERSONE?

In Internet è possibile fare "chiacchierate" virtuali con altre persone collegate alla rete.

È il mondo delle **chat-line** (dall'inglese *to chat*, "chiacchierare"), siti nei quali si comunica in tempo reale con altre persone semplicemente scrivendo i propri messaggi con la tastiera, che vengono simultaneamente ricevuti dagli altri utenti collegati.

Il successo delle chat, alcune delle quali sono diventate vere e proprie **comunità virtuali**, ha dato origine a un nuovo termine: chattare, ovvero "comunicare per via telematica".

PERCHÉ IN RETE SI USANO GLI EMOTICONS?

La freddezza delle comunicazioni per via telematica è stata superata con l'invenzione degli "emoticons", simboli da costruire con i caratteri della tastiera che riproducono altrettante "faccette". Si leggono inclinando la testa a sinistra e vengono usati per **esprimere emozioni** nei messaggi di posta elettronica.

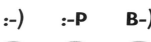

Tre emoticons molto famosi: da sinistra, sono contento o sto ridendo; linguaccia: ti sto prendendo in giro; sono "figo".